财务与会计类应用型创新系列规划教材

Accounting

# 《会计学基础》

## 学习辅导及习题精编

周 虹 耿照源 主 编

ZHEJIANG UNIVERSITY PRESS
浙江大学出版社

# 目　录

# 第1章 总 论

## 1.1 内容简介

本章主要涉及五个方面的内容：①讨论会计、信息与决策之间的联系；②讨论会计目标；③介绍会计信息系统的运作程序；④回归什么是会计的本质命题；⑤了解与会计职业相关的知识结构。

### 1.1.1 会计、信息与决策之间的联系

无论是个人还是企业，每天都要接触众多信息，判断信息是否有用的标准是信息是否与决策相关。会计、信息与决策的关系通常指的是通过会计的方式搜集、分析信息，从而为决策者进行决策提供充分的信息支持，为决策者做出正确决策提供帮助。

以营利为目的的企业以及不以营利为目的的非营利性组织，相对个人而言都是会计信息的积极使用者。

### 1.1.2 会计目标

企业提供会计信息的主要目的是满足会计信息使用者的需要，有助于会计信息使用者做出经济决策，这种观点被称为会计目标的决策有用观。会计目标的另一种观点是受托责任观，即会计的目标是向资源提供者报告资源管理者受托责任的履行情况。

根据会计信息使用者在企业内部经营决策中权限的不同，会计信息使用者可分为外部使用者和内部使用者。外部使用者主要通过企业对外公布的财务会计报告获得会计信息。内部使用者不仅可通过财务会计报告获得会计信息，而且可通过管理会计报告获取需要的企业内部管理资料。

### 1.1.3 会计信息系统

会计信息系统指的是一套用于处理会计信息的相互关联的、系统的活动或程序。企业可根据自身特点和成本效益原则选择手工会计核算形式或会计电算化账务处理系统。一般一个会计信息系统都包括以下一些基本程序：①记录交易或者事项；②将类似业务进行分类；③将分类后的结果进行汇总合计；④传递会计信息；⑤分析传递出来的会计信息。

会计核算方法包括设置账户、复式记账、填制和审核会计凭证、登记账簿、成本计算、财产清查和编制财务会计报告。第三章开始会对这七种方法加以系统介绍，这七种方法也是本书的核心内容。

### 1.1.4 会计的含义与职能

会计界存在众多学派，对于什么是会计的问题，至今仍未取得一致的认识。最为主流的两种观点分别是信息系统论和管理活动论。信息系统论认为，会计的本质是一个信息系统，强调会计的反映和支持决策的职能。管理活动论则认为会计为管理的各个环节提供信息。本书倾向于会计的信息系统论观点，将现代会计定义为：会计是以计量、处理和传达一个经济单位的财务信息为主的经济信息系统。会计信息的使用者根据这个信息系统所提供的信息做出合理的经济决策。

会计的基本职能是反映企业的经济活动，监督经济活动的运行。参与经济决策是会计的衍生职能。

### 1.1.5 会计职业与会计学科体系

按会计所服务的领域分类，会计可分为企业会计、非营利组织会计、公共会计和会计教育。

按工作侧重点分类，会计可分为财务会计、管理会计、内部审计、注册会计师和会计教育工作者。

## 1.2 重难点分析

本章的重难点包括：会计信息内部使用者的理解和会计的职能。

### 1.2.1 会计信息内外部使用者的理解

会计信息内部使用者泛指企业内部各级管理人员。会计信息外部使用者指的是企业内部各级管理人员以外的人员。需要注意的是，在现代企业管理制度下，广大股东虽然是企业的所有者，但除了参与管理的董事会成员之外，其他投资者都是会计信息外部使用者。

### 1.2.2 会计的职能

会计的反映职能是会计最为重要的职能。会计人员以货币为主要计量单位，通过确认、计量、记录、报告等环节，反映客观经济活动的情况。

会计的监督职能是指通过专门的方法控制经济活动的运行，以实现预定目标。监督的标准为合法性和合理性，包括事前监督、事中监督和事后的反馈控制。

会计的参与经济决策职能源于企业决策所需的大部分信息通过会计信息系统搜集。因此，在企业经济决策中会计扮演了重要的角色。

## 1.3 学习提示

学习会计目标时，要理解企业信息以及企业决策的含义；学习会计定义时，要对会计信息的使用者以及为什么要使用会计信息有所了解。

## 1.4 学习资源介绍

1. 关于会计目标的讨论，参见 http://baike.baidu.com/link? url=5tNjnrjJpXEa5kTOr4cPnenqwUkTg1ifldH4oM67Ek3XP8PRM2x7Y4ewVgwMCcjV

2. 更多关于会计职业的信息，参见 http://www.canet.com.cn

### 习 题

**一、讨论题**

1. 讨论一下你们身边存在的会计信息，你们是如何使用的？
2. 组织有哪些类型，它们是否都需要会计信息？
3. 财务会计和管理会计的区别是什么？
4. 组织信息的外部使用者有哪些需求，会计如何满足他们的要求？
5. 组织信息的内部使用者的需求是如何得到满足的？
6. 会计信息系统的设计依据是什么？
7. 会计信息系统一般通过什么样的程序运作，使用什么样的核算方法？
8. 关于会计的含义有哪些不同观点，如何理解？
9. 会计的基本职能是什么？
10. 会计的职业有哪些层次，彼此有什么区别？它们对会计学科知识体系的架构有什么影响？

**二、判断题**

1. 会计是一种商业语言。 (　　)
2. 现代会计的主要工作是簿记工作。 (　　)
3. 会计是一个以财务信息为主的经济信息系统。 (　　)
4. 财务会计信息和管理会计信息都侧重历史性。 (　　)
5. 管理会计可以进行预算管理、成本控制和业绩评价等工作。 (　　)
6. 会计的目标是要帮助组织节省成本、提高效益。 (　　)

7. 企业内部审计人员的重要工作是对财务会计报告提供独立审计意见。（　）

8. 会计是一个服务于会计信息使用者，使其据以做出决策的信息系统。（　）

9. 会计的方法实质上就是记账、算账和报账的方法。（　）

10. 会计的职能只有两个，即反映和监督。（　）

11. 会计可反映已经发生的经济活动的情况。（　）

12. 财务会计在提供会计信息的过程中，可以对发生的经济活动进行控制，也能应用会计信息进行预测和参与经济决策。（　）

13. 财务会计以会计信息的外部使用者为主要服务对象，主要通过财务会计报告传递和披露会计信息。（　）

14. 财务会计、成本会计是从管理会计中分离出来的。（　）

15. 会计师事务所、律师事务所等一般采用公司制企业形式。（　）

16. 会计的目标是向会计信息使用者提供有助于其做出正确决策的信息。（　）

17. 会计信息系统的设计应考虑成本效益原则。（　）

18. 注册会计师是一种自由职业，注册会计师可以直接为企业或组织提供审计业务和管理咨询业务。（　）

**三、单项选择题**

1. 企业会计信息的外部使用者不包括（　）。

A. 银行　　B. 分厂厂长

C. 客户　　D. 公众

2. 企业会计信息的内部使用者不包括（　）。

A. 财务部经理　　B. 总经理

C. 营销总管　　D. 股东

3. 企业会计人员的责任不包括（　）。

A. 成本控制　　B. 建立内部牵制制度

C. 独立评价企业财务会计报告　　D. 进行税务筹划

4. 会计的基本职能是（　）。

A. 反映、监督和参与经济决策　　B. 监督、控制和参与经济决策

C. 记录、分析和检查　　D. 监督、控制和分析

5. 会计系统的程序一般不包括（　）。

A. 分析会计信息　　B. 设置内部牵制程序

C. 对经济业务进行分类　　D. 记录交易或者事项

6. 财务会计方法不包括（　）。

A. 会计预测方法　　B. 会计核算方法

C. 会计检查方法　　D. 会计分析方法

7. 会计核算方法不包括（　）。

A. 成本计算　　B. 设置账户

C. 财产清查　　D. 报表分析

8. 除了（　），其他都是管理会计信息的特点。

A. 有效性　　B. 以未来为导向

C. 遵循一定的会计准则　　D. 及时性

9. 财务会计的特点不包括(　　)。

A. 灵活性　　B. 受一定的会计准则的约束

C. 反映历史信息　　D. 主要通过财务会计报告传递信息

10. 在中国,成为注册会计师不需要具备的是(　　)。

A. 两年审计经验　　B. 通过国家的专业考试

C. 公正性　　D. 会计师职称

11. 会计的用户观念表明(　　)。

A. 提供的会计信息应满足政府财税部门或其他部门监督管理的需要

B. 提供的会计信息应满足会计师事务所等中介机构审计的需要

C. 提供的会计信息应能满足会计信息使用者据以决策的需要

D. 提供的会计信息应能满足投资者和管理层据以决策的需要

12. 下列选项中属于非营利组织会计的是(　　)。

A. 寺庙、基金会和慈善机构会计

B. 小服装店、维修店、煤气站会计

C. 会计师事务所、房地产中介机构会计

D. 商业银行会计

13. 财务会计(　　)。

A. 主要服务于企业会计信息的内部使用者

B. 不受公认或法定会计准则的约束

C. 以通用的财务会计报告为主要方式来传递与披露财务信息

D. 根据管理与决策的需要确定会计程序与报告形式

14. 管理会计(　　)。

A. 以会计信息的外部使用者为主要服务对象

B. 以会计信息的内部使用者为主要服务对象

C. 以通用的财务会计报告为主要方式来传递与披露财务信息

D. 以复式记账系统为信息生成基础

15. 会计的基本职能是(　　)。

A. 控制与监督　　B. 反映与监督

C. 反映与核算　　D. 反映与分析

16. 会计信息系统包括(　　)过程。

A. 输入—处理—输出　　B. 输入—输出

C. 处理—输出　　D. 输入—处理

17. (　　)发表的审计意见,是对会计报表所提供信息的可信性的一种合理保证。

A. 会计师　　B. 注册会计师

C. 设计师　　D. 内部审计师

**四、综合思考题**

1. 你是新成立的一家商业公司的会计主管人员,需要为公司设计会计系统。请问:

(1)你将考虑什么因素进行设计?

(2)你的设计将包含哪些功能、程序?

(3)你设计出的会计系统的职能是什么?

(4)怎么解释你设计的会计系统的目标?

2.请参考《会计学基础》教材第2章开头的会计报表,说出企业的债权人、投资者、管理层各自关心什么问题,会计报表是如何表达出相关信息的,他们可能做出什么样的决策。

3.思考以下几个有关会计职业的问题,它们对学习会计的角度和态度有很大帮助:

(1)如果你想成为一家跨国公司亚太地区的财务总监,从现在起,你该如何设计自己的学习和职业生涯?

(2)如果你想在公共会计业取得一定成绩,该如何努力呢?

(3)你觉得不同的会计职业可能获得的价值是怎样的,分别会面临哪些挑战?

(4)为什么懂得财会知识的企业管理人员很有优势?你知道哪些人从财会领域做起成为企业经营管理者(如首席执行官或地区总裁等)的?

4.小张是一名会计专业的本科生,今年7月毕业。请根据本章有关会计职业的内容,分析小张可以从事哪些职业。若小张尚不具备某些会计职业的从业资格,请提出小张努力的方向。

# 第2章　会计信息处理的基础

## 2.1　内容简介

本章主要阐述会计对象、会计要素、会计计量属性、会计等式等基础知识，目的是使初学者明确会计所要反映和监督的基本内容，理解会计等式的基本原理，为深入学习会计的基本方法奠定理论基础。

### 2.1.1　会计对象

会计对象就是会计所要反映和监督的内容，即企事业单位的资金运动。所谓资金运动，是指企事业单位所拥有的资金不是闲置不动的，而是随着物资流的变化不断变化的。资金运动的基本形态表现为资金投入、资金运用（也称为资金的循环与周转）和资金退出三个过程。

#### 2.1.1.1　工业企业的资金运动过程

从图2.1中可以看出，对工业企业来说，资金从货币形态开始，依次经过供（采购）、产（生产）、销（销售），转化为储备资金、生产资金、成品资金、结算资金形态，最后又回到货币资金形态，这样一个过程，称为一个资金循环。

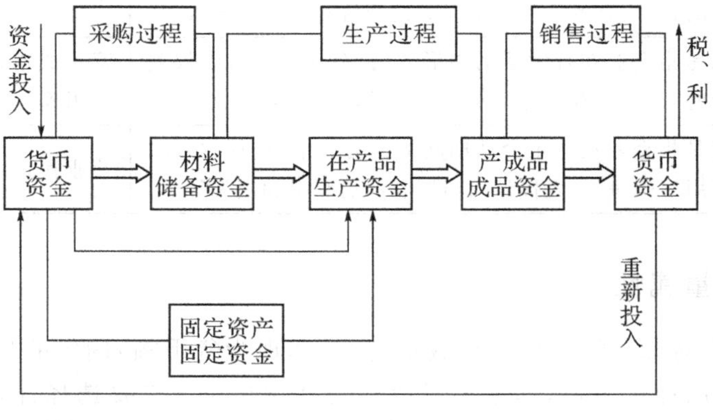


图2.1　工业企业资金运动过程

1. 储备资金

储备资金是指企业支付货币购买原材料等物资起到原材料出库止所占用的资金。

2. 生产资金

生产资金是指从劳动要素投入生产起到产品完工入库止所占用的资金。

3. 成品资金

成品资金是指从产品完工、检验合格、入库起到产品销售止所占用的资金。

4. 结算资金

结算资金是指成品(商品)销售取得应收账款权利起到收回欠款止所占用的资金。

#### 2.1.1.2 商业企业的资金运动过程

商业企业由于不存在生产过程,其资金运动过程相对工业企业要简单一些。资金从货币资金开始,经过供(采购)、销(销售),转化为成品资金形态,又回到货币资金形态。

### 2.1.2 会计要素

会计要素是对会计对象的基本分类,是会计对象的具体化,共分为六大类,即资产、负债、所有者权益、收入、费用和利润。其中资产、负债和所有者权益三项会计要素主要反映企业某一特定日期的财务状况,称为静态会计要素;收入、费用和利润三项会计要素主要反映企业某一会计期间的经营成果,称为动态会计要素(见表 2.1)。

**表 2.1 会计要素**

| 会计要素 | 概念 | 构成 |
| --- | --- | --- |
| 资产 | 资产是指由过去的交易或者事项形成的、由企业拥有或者控制的、预期能够给企业带来经济利益的资源 | 流动资产和非流动资产 |
| 负债 | 负债是指由过去的交易或者事项形成的、预期会导致经济利益流出企业的现时义务 | 流动负债和非流动负债 |
| 所有者权益 | 所有者权益是指企业资产扣除负债后由所有者享有的剩余权益,在数值上等于企业全部资产减去全部负债后的余额 | 所有者投入的资本、直接计入所有者权益的利得和损失、留存收益等 |
| 收入 | 收入是指企业在日常活动中形成的、会导致所有者权益增加的、与所有者投入资本无关的经济利益的总流入 | 主营业务收入、其他业务收入 |
| 费用 | 费用是指企业在日常活动中形成的、会导致所有者权益减少的、与向所有者分配利润无关的经济利益的总流出 | 营业成本、税金及附加、期间费用等 |
| 利润 | 利润是指企业在一定会计期间的经营成果,包括收入减去费用后的净额、直接计入当期利润的利得和损失等 | 营业利润和营业外收支 |

### 2.1.3 会计计量属性

会计计量是指对确认的项目进行数量(主要体现为货币额)确定的过程。对会计要素进行计量,一要运用计量单位,即主要以货币为计量单位。二要选择计量标准,即计量属性。会计计量属性的种类包括历史成本、重置成本、可变现净值、现值和公允价值,对这五种计量属性的理解见表 2.2。

表 2.2　会计计量属性

| 计量属性 | 对资产的计量 | 对负债的计量 |
|---|---|---|
| 历史成本 | 按照购置时的金额计量 | 按照承担现时义务时的金额计量 |
| 重置成本 | 按照现在购买时的金额计量 | 按照现在偿还时的金额计量 |
| 可变性净值 | 按照正常对外销售所收到的金额扣除该资产至完工估计将发生的成本、估计的销售费用以及相关税费后的金额计量 | |
| 现值 | 按照未来现金流量的折现金额计量 | |
| 公允价值 | 是市场参与者在计量日发生的有序交易中，出售一项资产所能收到或者转移一项负债所需支付的价格，即脱手价格 | |

按照《企业会计准则》的规定，企业在对会计要素进行计量时，一般应当采用历史成本，如果采用重置成本、可变现净值、现值和公允价值计量，应当保证所确定的会计要素的金额能够取得并可靠计量。这是对会计计量属性选择的一种限定条件。

## 2.1.4　会计等式

会计等式也称为会计平衡公式，它是表明各会计要素之间基本关系的恒等式。

### 2.1.4.1　静态会计等式

资产＝权益

资产＝负债＋所有者权益

等式左边代表的是企业拥有的各项资源，等式右边表示的是资源的来源方式。

该等式表明在某一时点上（期初或期末）资产、负债、所有者权益之间的恒等关系，是最基本的会计等式（又称为第一等式），该等式是编制资产负债表的理论基础。该等式反映的是企业资金的相对静止状态，也称为静态会计等式。

### 2.1.4.2　动态会计等式

广义的收入（包括利得）－广义的费用（包括损失）＝利润

该等式表明了企业在一定期间的经营成果与相应的收入、费用之间的关系，说明了企业利润的形成过程，是编制利润表的理论基础。该等式反映的是企业某一期间资金的动态表现，故也称为动态会计等式。

### 2.1.4.3　扩展的会计等式(综合会计等式)

收入的实现和费用的发生会导致资产、负债发生变化，收入、费用变化的差额就是利润，利润最终归属于所有者权益。因此，产生了扩展的会计等式：

资产＝负债＋所有者权益＋（收入－费用）

该等式可以变形为

资产＋费用＝负债＋所有者权益＋收入

## 2.1.5　经济业务对会计等式的影响

会计等式反映了资产、负债、所有者权益、收入、费用等会计要素之间的关系，它始终是成立的，任何经济业务的发生都不会破坏会计等式的平衡关系。

经济业务的发生对会计等式的影响表现为:①会计等式两边同时增加或减少同样的金额;②会计等式某单边(左边或右边)的要素项目一增一减,增加或减少的金额相等。简言之,就是“等式两边,同增同减;等式一边,有增有减”。

## 2.2 重难点分析

本章专门阐述会计要素及其相关内容,重点是会计要素、会计等式、经济业务对会计等式的影响等,难点在于会计要素的划分及彼此的联系、经济业务的发生对会计等式的影响等。

## 2.3 学习提示

### 2.3.1 所有者权益与负债的区别

所有者权益与负债的区别如下:

(1)除非发生减资、清算,企业不需要偿还所有者权益;而负债是企业对外承担的经济责任,需要定期偿还,还须支付有关的费用。

(2)企业清算时,只有在清偿所有的负债后,才能将所有者权益返还给所有者。

(3)所有者能够参与利润的分配,债权人则无此项权利,只能按照事先约定的条件收取利息。

### 2.3.2 收入与利得的区分

收入是在日常活动中形成的。所谓日常活动,是指企业为实现其经营目标所开展的经常性活动及与之有关的活动。比如,工业企业制造并销售产品、商品流通企业销售商品、咨询公司提供咨询服务等,均属于企业为实现其经营目标所开展的经常性活动,由此产生的经济利益总流入构成收入的“主营业务收入”。工业企业转让无形资产使用权、出售多余的原材料等,属于与经常性活动相关的活动,由此产生的经济利益的总流入构成收入中的“其他业务收入”。与日常活动不相关的偶发交易或事项带来的经济利益流入,如报废固定资产所获得的净收益,称为利得,计入“营业外收入”。

### 2.3.3 收入与费用的配比

正确确定一个会计期间的收入和与其相关的成本、费用,以便计算当期的损益,这是配比的要求。

收入与费用的配比包括两方面的内容:一是收入与费用在因果联系上的配比,即取得一定的收入时发生了一定的支出,而发生这些支出的目的就是取得这些收入;二是收入与费用在时间意义上的配比，即一定会计期间的收入与费用的配比。

### 2.3.4　经济业务的类别

企业发生的经济业务分为外部经济业务（交易）和内部经济业务（事项）。

#### 2.3.4.1　交　易

交易是指两个不同会计主体之间发生的、以商品（或劳务）购销为主要内容、体现等价交换的价值转移。

#### 2.3.4.2　事　项

事项是指发生在会计主体内部各部门之间的涉及资源转移的各项经济活动，如生产过程中耗用原材料。

## 2.4　学习资源介绍

1. 会计要素划分的国际比较，参见 http://www.chinaacc.com/new/287/288/299/2006/1/ad603315273517160028450.htm

2. 会计恒等式的相关内容，参见 http://www.chinaacc.com/new/635_649_/2009_11_5_su6182255330151190023 0855.shtml

## 习　题

**一、讨论题**

1. 通过你的观察，资产负债表和利润表有哪些基本特征和元素？
2. 资金的运动过程一般是怎样的？
3. 什么是会计要素？在我国《企业会计准则》的界定下，它包括哪些部分？
4. 资产和负债的特征分别是什么？确认条件又是什么？它们各自有哪些主要内容？
5. 所有者权益和负债有什么区别？它们的含义和主要内容是什么？
6. 收入和利得有什么关系？收入的确认标准是什么？
7. 费用和损失有什么不同？费用和成本的关系是什么？费用该如何确认？
8. 利润包括哪些内容？有几个层次？该如何分步计算？
9. 会计计量属性有哪些？解释一下历史成本属性的含义和公允价值的含义。
10. 会计等式有哪些？含义是什么？它们分别在什么时期得出？
11. 分别举一个经济业务的例子，使其能够让：

(1)资产和负债同时减少，其他要素没有受到影响。

(2)一项资产增加，另一项资产减少，其他要素没有受到影响。

12. 会计要素和会计报表的关联是什么？

13. 经济业务对会计等式的影响规律是什么？能举出例子来吗？

二、判断题

1. 资产按照购置时支付的现金或者现金等价物的金额，或者按照购置资产时所付出的对价的公允价值计量。这种计量属性是历史成本属性。（　　）

2. 资产的总额等于权益的总额，有时可能直接等于所有者权益的总额。（　　）

3. 利润总额等于营业利润。（　　）

4. “收入－费用＝利润”是资金运动的静态会计等式。（　　）

5. 企业的资金运动过程比较复杂，包括货币资金、成品资金、储备资金等诸种状态的资金形式之间的转化关系。（　　）

6. 费用要素包括损失。（　　）

7. 资产的一部分来自债权人，一部分来自投资者。（　　）

8. 成本和费用相似又不同，前者和对象相关，后者和期间相关。（　　）

9. 会计等式的平衡不会被任何经济业务所打破。（　　）

10. 历史成本计量属性是资产和负债最基本的计量属性，但是要素计量中也可以采取其他计量属性，不需要满足特别的条件。（　　）

11. 存放在仓库中已毁损变质而没有任何转让价值的商品，由于企业对其拥有所有权并且能对其进行实际控制和支配，因此，应该将其作为企业的资产。（　　）

12. 与所有者权益相比，负债一般有确定的偿还期，而所有者权益没有。（　　）

13. 资产反映了企业所拥有资源的各种占用形式，权益反映了资源的各项来源，两者之间存在相互依存、相互制约的关系。（　　）

14. 将要发生的债务也可以被确认为负债。（　　）

15. 企业按照合同规定向购货单位预收的款项属于企业的负债。（　　）

16. 所有者权益又称“剩余权益”，是指企业取得利润后，先支付债权人的利息，剩余为投资者所有，全部以利润分配的形式分配给投资者。（　　）

17. 资本公积金是一种资本的储备形式，可以用来弥补企业的亏损。（　　）

18. 对于一项经济资源，只有企业拥有所有权，才能将其作为企业的资产予以确认。（　　）

19. 收入的特点之一是在企业日常活动中形成，所以企业处置固定资产、无形资产产生的净收益不能作为企业的收入。（　　）

20. 费用与损失的区别在于，费用是企业经常性的主动行为所产生的，而损失是被动的、管理者通常难以控制的行为所产生的。（　　）

21. 费用确认的时点应根据相关支出的效用发挥时点而不是实际支付款项的时点来确定。（　　）

22. 如果一项支出能够给企业带来超过一个会计期间的效益，那么应对其进行资本化处理，计入资产，而不是将其作为当期费用。（　　）

23. 企业发生的成本并没有导致经济利益流出企业，只是导致企业的资源从一种形态转变成另一种形态，而费用的发生会导致所有者权益减少，经济利益流出企业。（　　）

24. 任何经济业务的发生，都会引起会计恒等式两边发生变化。（　　）

25. 利润要素从金额上等于收入要素减去费用要素。（　　）

26. 营业利润主要是企业通过日常经营活动主动获得的，不包括企业无法控制的非日常活动产生的盈亏。（　　）

27. “资产＝负债＋所有者权益”反映了企业资金运动过程中某一期间的财务状况平衡关系。（　　）

28. “收入－费用＝利润”体现了动态会计要素彼此之间的关系，称为动态会计等式，是利润表的编制基础。（　　）

29. 企业收到某单位还来的欠款 2 万元，该项经济业务会引起会计等式左右两边同时增加。（　　）

30. 根据配比性要求，为取得当期收入而付出的代价，应作为当期的费用被确认。（　　）

**三、单项选择题**

1. 费用的发生可能会引起（　　）。
   A. 所有者权益增加　　B. 资产减少
   C. 负债减少　　D. 资产增加

2. 下列业务中只引起会计等式左边变动的是（　　）。
   A. 支付本月水电费　　B. 赊账购买固定资产
   C. 举借新债还旧债　　D. 收到投资者投入的货币资金

3. 一项负债减少的同时，可能发生的另一种变化是（　　）。
   A. 资产的增加　　B. 收入的减少
   C. 所有者权益的增加　　D. 费用的增加

4. 下列属于所有者权益要素的是（　　）。
   A. 银行存款　　B. 固定资产
   C. 长期借款　　D. 盈余公积

5. 下列不属于本企业资产的是（　　）。
   A. 寄售在其他商店的商品　　B. 外购在途、尚未入库的材料
   C. 融资性租赁租入的固定资产　　D. 经营性租赁租入的固定资产

6. 引起资产和权益同时增加的是（　　）。
   A. 投资者投入固定资产　　B. 提取盈余公积
   C. 收到其他公司前欠的货款　　D. 销售商品收到货款

7. 下列要素中（　　）不反映在利润表中。
   A. 净资产　　B. 收入
   C. 利润　　D. 费用

8. 属于流动资产的是（　　）。
   A. 厂房　　B. 库房里的商品
   C. 机器设备　　D. 专利权

9. 下列等式中不正确的是（　　）。
   A. 资产＝权益　　B. 资产＝负债＋所有者权益
   C. 资产＋利润＝负债＋所有者权益　　D. 资产＋费用＝负债＋所有者权益＋收入

10. 企业权益总额为 50 万元，收到之前赊销应收的款项 6 万元并存入银行，此时企业的资产总额为（　　）。

A. 44 万元　　B. 50 万元
C. 56 万元　　D. 62 万元

11. 某企业6月初的资产总额为6万元，负债总额为2.5万元。6月份取得的收入共计2.8万元，发生的费用共计1.8万元，则6月末该企业的所有者权益总额为（　　）。
A. 3.5 万元　　B. 8.5 万元
C. 4.5 万元　　D. 1 万元

12. 某企业年初资产总额为22.6万元，负债总额为4.8万元。本年度取得的收入共计8.9万元，发生的费用共计9.3万元，年末负债总额为5万元，则该企业年末资产总额为（　　）。
A. 22.4 万元　　B. 22.2 万元
C. 22.8 万元　　D. 23.1 万元

13. 企业月初资产总额为400万元，本月发生以下经济业务：①赊购材料10万元；②用银行存款偿还短期借款20万元；③收到购货单位偿还的欠款15万元并存入银行。该企业月末资产总额为（　　）。
A. 410 万元　　B. 390 万元
C. 395 万元　　D. 405 万元

14. 凡为形成企业生产经营能力，在以后各期取得收益而发生的各种支出，即支出能给企业带来的收益与若干会计年度有关的，应作为（　　）。
A. 偿债性支出　　B. 权益性支出
C. 资本性支出　　D. 收益性支出

15. 在某一会计年度，如果把资本性支出当作收益性支出处理了，则会导致（　　）。
A. 本年度虚增资产，虚增收益　　B. 本年度虚增资产，虚减收益
C. 本年度虚减资产，虚增收益　　D. 本年度虚减资产，虚减收益

16. 下列各项支出中属于资本性支出的是（　　）。
A. 支付本月的职工工资
B. 支付上个月的水电费
C. 支付本季度办公用房的租金
D. 支付预计可以使用五年的生产设备的价款

17. 如果企业资产按照现在购买相同或相似资产所需支付的现金或现金等价物的金额计量，负债按照现在偿付该项债务所需支付的现金或现金等价物的金额计量，则其采用的会计计量属性为（　　）。
A. 历史成本　　B. 重置成本
C. 现值　　D. 公允价值

18. 下列各项中不应被确认为企业资产的是（　　）。
A. 购入的固定资产　　B. 计划下个月购入的原材料
C. 销售商品暂未收回的款项　　D. 预付给供应商的货款

19. 一个企业的资产总额与所有者权益总额（　　）。
A. 必然相等　　B. 有可能相等
C. 不可能相等　　D. 只有在期末时相等

20. 企业收入的发生往往会引起(　　)。

A. 资产增加　　B. 负债增加

C. 资产减少　　D. 所有者权益减少

21. 下列经济业务中会使企业月末的资产总额发生变化的是(　　)。

A. 将现金存入银行　　B. 从银行提取现金

C. 购买机器设备,款项已付　　D. 购买商品,货款未付

22. 某企业将盈余公积转增为实收资本,会引起(　　)。

A. 资产增加　　B. 负债减少

C. 所有者权益增加　　D. 所有者权益不变

23. 下列各项中属于资产的是(　　)。

A. 预收账款　　B. 实收资本

C. 资本公积　　D. 预付账款

24. 某企业刚成立时的权益总额为 70 万元,成立后发生了一笔以银行存款 20 万元购买生产设备的经济业务,则该业务发生后企业的资产总额为(　　)。

A. 50 万元　　B. 70 万元

C. 80 万元　　D. 90 万元

25. 一项导致企业资产增加、负债增加的经济业务发生后,会使原有的资产总额与权益总额(　　)。

A. 同时增加　　B. 同时减少

C. 不变　　D. 发生不等额的变动

26. 如果某一经济业务的发生仅涉及负债这一会计要素,则该要素中某些项目(　　)。

A. 同增变动　　B. 同减变动

C. 一增一减变动　　D. 不变动

27. 某企业 5 月初的资产总额为 30 万元,5 月末的负债总额比 5 月初减少了 3 万元,5 月末的所有者权益比 5 月初增加了 10 万元,则该企业 5 月末的资产总额为(　　)。

A. 17 万元　　B. 27 万元

C. 37 万元　　D. 43 万元

28. 下列会计计量属性中最基本的是(　　)。

A. 历史成本　　B. 重置成本

C. 现值　　D. 公允价值

29. 已知企业某月所获得的营业利润为 60 万元,当月发生的投资收益为 20 万元,营业外收入为 10 万元,营业外支出为 8 万元,则企业该月的利润总额为(　　)。

A. 62 万元　　B. 70 万元

C. 82 万元　　D. 90 万元

30. 某企业某月初的资产总额为 80 万元,本月以银行存款 15 万元偿还欠供应商的货款,收到投资者投入的作价 25 万元的无形资产,月末该企业的权益总额为(　　)。

A. 65 万元　　B. 70 万元

C. 80 万元　　D. 90 万元

## 四、多项选择题

1. 下列关于费用的说法中正确的有(　　)。
   A. 费用会导致所有者权益的减少
   B. 费用应和收入实现配比
   C. 费用的发生可能导致负债的增加
   D. 费用的确认依循权责发生制
   E. 费用是在日常活动中产生的

2. 下列属于收入要素的有(　　)。
   A. 主营业务收入　　B. 销售费用
   C. 营业外收入　　D. 其他业务收入
   E. 主营业务成本

3. 关于资产的特征,下列表述中正确的是(　　)。
   A. 由企业过去的交易或者事项形成　　B. 由企业所控制
   C. 存放在企业　　D. 预期能给企业带来经济利益
   E. 由企业所拥有

4. 下列属于静态要素的有(　　)。
   A. 收入　　B. 所有者权益
   C. 资产　　D. 费用
   E. 负债

5. 能够引起会计等式两边同时增加的业务是(　　)。
   A. 用银行存款偿还前欠外公司的货款　　B. 以银行存款购买设备
   C. 收到投资者投入的机器设备　　D. 从银行提取现金
   E. 购买材料,货款暂时没有支付

6. 属于期间费用的是(　　)。
   A. 所得税费用　　B. 管理费用
   C. 销售费用　　D. 财务费用
   E. 主营业务成本

7. 会计要素的计量属性有(　　)。
   A. 公允价值　　B. 可变现净值
   C. 重置成本　　D. 历史成本
   E. 现值

8. 下列支出中属于收益性支出的有(　　)。
   A. 当月短期借款的利息支出　　B. 行政部门办公费支出
   C. 当月的工资支出　　D. 购置无形资产的支出
   E. 销售产品的运费支出

9. 与其他计量属性相比,历史成本计量属性的优点有(　　)。
   A. 有原始凭证作为证明,可随时查证
   B. 比较容易获得实际数据
   C. 金额接近当前市价

D. 会计核算手续简单，不必经常调整账目

E. 可防止企业随意改动资产价格从而造成经营成果虚假

10. 资产按其流动性可分为(　　)。

A. 流动资产　　B. 非流动资产

C. 固定资产　　D. 非固定资产

E. 货币性资产

11. 具有以下哪几个特征的资产可归为流动资产？(　　)

A. 主要以交易为目的而持有　　B. 使用流动资金购买

C. 使用寿命超过一个会计年度　　D. 没有实物形态

E. 能够在一年或超过一年的一个正常营业周期内变现、出售或者耗用

12. 根据会计恒等式，下列经济业务中不会发生的有(　　)。

A. 资产增加，负债减少，所有者权益不变

B. 资产不变，负债增加，所有者权益增加

C. 资产有增有减，权益不变

D. 债权人权益增加，所有者权益减少，资产不变

E. 资产减少，所有者权益增加，负债不变

13. 企业销售产品可能会引起(　　)。

A. 银行存款增加　　B. 主营业务收入增加

C. 应收账款增加　　D. 预收账款减少

E. 应付账款增加

14. 下列关于“资产＝负债＋所有者权益”的说法中正确的有(　　)。

A. 是最基本的会计等式　　B. 反映了三个静态会计要素之间的关系

C. 称为静态会计等式　　D. 反映了企业特定时点的静态财务状况

E. 是编制资产负债表的依据

15. 关于负债，下列表述中正确的是(　　)。

A. 是企业的一种经济业务或经济责任，代表了债权人对借款人的资产的要求权

B. 一般根据偿还期限的长短划分为流动负债和非流动负债

C. 企业往往会在将来把本企业拥有或控制的资产或劳务转移给对方以清偿债务

D. 一项义务在符合负债定义的同时，还必须满足一定的确认条件才可以在资产负债表中作为负债列示

E. 正在筹划的未来的交易事项，也会产生负债

16. 下列属于所有者权益的有(　　)。

A. 投资者投入的资本　　B. 法定盈余公积

C. 未分配的利润　　D. 利得

E. 应付股利

17. 下列经济业务中，只引起会计等式左边会计要素变动的有(　　)。

A. 购买原材料 500 元，货款暂欠

B. 从银行提取现金 1 000 元

C. 以银行存款偿还到期的借款 2 万元

D. 接受投资者投入的专利权一项，作价 20 万元

E. 购买价值 5 万元的设备一台，以银行存款支付

18. 下列经济业务中，只引起会计等式右边会计要素变动的有（ ）。

A. 向银行借款，支付所欠供应商货款

B. 将资本公积转为实收资本

C. 某企业将本企业所欠货款转为投入的资本

D. 以银行存款支付上月的职工工资

E. 收到某单位所欠货款，存入银行

19. 费用的划分界限受到（ ）的影响。

A. 权责发生制　　B. 收付实现制

C. 配比性　　D. 公允价值

E. 划分收益性支出和资本性支出

20. 费用的构成内容包括（ ）。

A. 营业成本　　B. 税金及附加

C. 期间费用　　D. 资产减值损失

E. 长期待摊费用

21. 下列属于无形资产的有（ ）。

A. 专利权　　B. 著作权

C. 商标权　　D. 股权

E. 土地使用权

22. 非流动资产的特点有（ ）。

A. 流动性强　　B. 流动性较弱

C. 周转快　　D. 周转慢

E. 形态相对稳定

23. 费用的特征有（ ）。

A. 是企业在日常活动中发生的经济利益流出

B. 费用的发生会导致所有者权益减少

C. 表现为资产的减少或负债的增加或兼而有之

D. 与向所有者分配利润有关

E. 企业的日常活动以外的偶发交易或事项发生的耗费

24. 利润按照和企业经营活动的关系，可以分为（ ）。

A. 营业利润　　B. 营业外收支

C. 营业收入　　D. 营业成本

E. 税金及附加

25. 企业所拥有的各项资源的来源有（ ）。

A. 资产　　B. 负债

C. 收入　　D. 费用

E. 所有者权益

## 五、业务题

### 业务题一

1. 目的：熟悉资产和负债的定义、界定条件。
2. 资料：表 2.3 是一些企业的资产和负债项目。

**表 2.3　资产和负债项目**

| 百货公司 | | 乳制品工厂 | | 律师事务所 | |
|---|---|---|---|---|---|
| 资产 | 负债 | 资产 | 负债 | 资产 | 负债 |
| 库存现金 | | 库存现金 | | 库存现金 | |
| 银行存款 | | 银行存款 | | 银行存款 | |
| | | | | | |
| | | | | | |
| | | | | | |
| | | | | | |

3. 要求：请为这些企业分别再举出三个以上可能存在的资产项目和负债项目。

### 业务题二

1. 目的：熟悉资产、负债和所有者权益要素的界定和内容。
2. 资料：表 2.4 是一家企业 11 月 30 日的相关资料。

**表 2.4　某企业 11 月 30 日的相关资料**　　单位：元

| 序号 | 项目内容 | 项目金额 | 资产 | 负债 | 所有者权益 |
|---|---|---|---|---|---|
| 1 | 欠交的税金 | 3 200 | | | |
| 2 | 预收的押金 | 48 000 | | | |
| 3 | 运输货物用的卡车 | 1 000 000 | | | |
| 4 | 上月未分配的利润 | 160 000 | | | |
| 5 | 从利润中提取的盈余公积 | 16 000 | | | |
| 6 | 向银行借入的三年期借款 | 2 000 000 | | | |
| 7 | 存放在库房的完工产品 | 527 200 | | | |
| 8 | 房屋建筑物 | 4 500 000 | | | |
| 9 | 应收的货款 | 350 000 | | | |
| 10 | 应付的购货款 | 150 000 | | | |
| 11 | 投资者投入的资本 | 4 000 000 | | | |
| | 合计 | | | | |

3. 要求：根据上述资料，计算资产、负债和所有者权益的总额，并填入表 2.4。

## 业务题三

1. 目的：按经济内容对业务进行分类，熟悉资产、负债和所有者权益要素的内容。

2. 资料：一家企业当前的静态状况如表 2.5 所示。

表 2.5　某企业资产、负债和所有者权益的相关资料　　单位：元

| 资料内容 | 资产 | 负债 | 所有者权益 |
| --- | --- | --- | --- |
| 仓库里存放的商品 240 000 元 | | | |
| 出纳保险箱里的现金 15 000 元 | | | |
| 应付给 A 公司的货款 32 000 元 | | | |
| 存在银行的款项 380 000 元 | | | |
| 投资者投入的资本 600 000 元 | | | |
| 运输用的汽车等交通工具 270 000 元 | | | |
| 以前年度积累的未分配利润 560 000 元 | | | |
| 办公用的房屋建筑物 460 000 元 | | | |
| 从银行借入的三年期贷款 350 000 元 | | | |
| 预收 B 公司的购货款 60 000 元 | | | |
| 采购人员预支的差旅费 4 000 元 | | | |
| 欠交的税金 31 900 元 | | | |
| 拥有的非专利技术价值 50 000 元 | | | |
| 向 C 公司投入的 200 000 元 | | | |
| 应收 D 公司的货款 8 000 元 | | | |
| 预付 E 公司的货款 6 900 元 | | | |
| 合计 | | | |

3. 要求：

(1)根据表 2.5 中的资料内容，区分资产、负债和所有者权益，将金额填入对应空格中。

(2)计算各个要素的合计数，验证静态会计等式。

## 业务题四

1. 目的：按经济内容对业务进行分类，了解收入和费用的内容，进一步掌握资产、负债和所有者权益要素的内容及分类。

2. 资料：一家企业一段时期里发生的经济业务如表 2.6 所示。

表 2.6　某企业资产、费用、负债、所有者权益和收入的相关资料　　单位:元

| 资料内容 | 资产 | 费用 | 负债 | 所有者权益 | 收入 |
|---|---|---|---|---|---|
| 销售商品收入 250 000 元 | | | | | |
| 借款利息 4 500 元 | | | | | |
| 正在加工的产品 37 500 元 | | | | | |
| 仓库里存放的材料 78 000 元 | | | | | |
| 向银行借入的三个月期借款 40 000 元 | | | | | |
| 支付的广告费 10 000 元 | | | | | |
| 车间的机器设备 400 000 元 | | | | | |
| 出租设备收入 15 000 元 | | | | | |
| 法定盈余公积 10 500 元 | | | | | |
| 行政部门的办公费 3 000 元 | | | | | |
| 销售部门的差旅费 5 000 元 | | | | | |
| 拥有的商标使用权价值 100 000 元 | | | | | |
| 赊销商品收入 50 000 元 | | | | | |
| 应交未交的各项税金总计 6 500 元 | | | | | |
| 投资者投入的资本 500 000 元 | | | | | |
| 销售商品的成本 230 000 元 | | | | | |
| 存放在银行的款项 38 000 元 | | | | | |
| 应付的上个月办公人员薪酬 10 000 元 | | | | | |
| 销售商品支付的包装费 1 000 元 | | | | | |
| 以前年度没有分配的利润 25 000 元 | | | | | |
| 合计 | | | | | |

3. 要求:

(1)根据资料内容,区分其归属于哪项会计要素,将金额填入右边对应空格中。

(2)计算各个要素的合计数,验证“资产+费用=负债+所有者权益+收入”会计等式。

### 业务题五

1. 目的:熟悉收入和费用的实现和确认规则。

2. 资料:下列是企业本月发生的一些业务,哪些应该被确认为本月收入或费用?

(1)销售了大宗货物,价格为 30 000 元,但是款项未收,预计三个月后收款。

(2)支付了办公部门明年的期刊订阅费 2 500 元。

(3)预定了一张机票,支付了机票款 1 800 元,起飞时间是下个月 3 日。

(4)收到了定金 6 000 元,答应客户下个月发货,货物总价为 20 000 元。

(5)上个月预收货款,这个月发出这批货物,并开出发票,总价为 15 000 元。

(6)本月初从银行借入一笔半年期借款100 000元，合同规定每个月利息为480元。利息和本金将在到期日支付。

(7)购买历史成本为200 000元的机器设备，每个月折旧3 000元。

业务题六

1. 目的：熟悉会计等式的平衡关系，理解经济业务对会计等式的影响规律。

2. 资料：表2.7中左边是一家企业的部分经济业务信息，右边是经济业务对会计等式的影响类型。

**表2.7　经济业务对会计等式的影响**

| 经济业务 | 影响类型 |
| --- | --- |
| 1. 收回一笔应收的货款 | A. 一项资产增加，一项负债增加 |
| 2. 开具银行支票，归还以前欠付的货款 | B. 一项资产增加，一项所有者权益增加 |
| 3. 收到投资者投入的专利权 | C. 一项资产增加，另一项资产减少 |
| 4. 借入短期借款，用以归还所欠货款 | D. 一项资产减少，一项负债减少 |
| 5. 计提本月应该承担的利息费用 | E. 一项资产减少，一项所有者权益减少 |
| 6. 盈余公积转增资本 | F. 一项负债增加，一项所有者权益减少 |
| 7. 购买货物，款项未付 | G. 一项负债减少，一项所有者权益增加 |
| 8. 用银行存款满足投资者的抽资要求 | H. 一项资产减少，一项费用增加 |
| 9. 宣布将向投资者分配股利 | I. 一项负债增加，一项费用增加 |
| 10. 销售商品，下个月才能收到货款 | J. 一项资产增加，一项收入增加 |
| 11. 支付本月办公部门的水电费 | K. 一项负债增加，另一项负债减少 |
| 12. 投资者代企业归还银行借款，作为追加投资 | L. 一项所有者权益增加，另一项所有者权益减少 |

3. 要求：指出表2.7左边中的经济业务分别对应右边的哪种影响类型。

业务题七

1. 目的：进一步熟悉资产、负债、所有者权益等会计要素的内容及静态会计要素之间的关系。

2. 资料：某企业12月31日的资产、负债及所有者权益如表2.8所示。

**表2.8　资产负债表(简表)**　　单位：元

| 资产 | 金额 | 负债及所有者权益 | 金额 |
| --- | --- | --- | --- |
| 库存现金 | 2 580 | 短期借款 | 150 000 |
| 银行存款 | 120 000 | 应付账款 | 65 000 |
| 应收账款 | 45 500 | 预收账款 | 15 000 |
| 预付账款 | 56 000 | 应付职工薪酬 | 20 000 |

续表

| 资产 | 金额 | 负债及所有者权益 | 金额 |
|---|---|---|---|
| 其他应收款 | 3 200 | 长期借款 | B |
| 存货 | A | 实收资本 | 80 000 |
| 长期股权投资 | 75 000 | 资本公积 | 20 000 |
| 固定资产 | 145 000 | 盈余公积 | 35 000 |
| 无形资产 | 40 000 | 未分配利润 | 15 000 |
| 合计 | 500 000 | 合计 | C |

3. 要求：

(1)计算表 2.8 中 A、B、C 所代表的金额。

(2)计算该企业的流动资产总额、非流动资产总额。

(3)计算该企业的流动负债总额、非流动负债总额。

(4)计算该企业的留存收益。

业务题八

1. 目的：掌握权责发生制和收付实现制下收入和费用的确认。

2. 资料：A 公司 9 月份发生以下与收入、费用有关的经济业务。

(1)销售产品 50 000 元，货款存入银行。

(2)年初开始将闲置的一台设备出租，月租金为 2 500 元，本月收到承租单位支付的第四季度租金 7 500 元。

(3)上月向 Z 公司销售商品，价格为 80 000 元，本月收到货款，存入银行。

(4)预付下一季度财产保险费 6 000 元，用银行存款支付，本季度财产保险费 6 000 元已于 6 月份支付。

(5)支付本季度银行借款利息 9 000 元，其中本月借款利息为 3 000 元。

(6)收到 X 公司支付的购货款 36 000 元，该批产品尚未生产完工，因此未发货。

(7)管理部门购买办公用品，价款为 1 500 元，以现金支付。

(8)所租用的办公用房年租金为 36 000 元，每季度末支付下一季度的租金，本月支付第四季度的租金 9 000 元。

3. 要求：

(1)对以上经济业务分别按照权责发生制和收付实现制进行收入和费用的确认，并将其金额填入表 2.9。

表 2.9　收入和费用确认表　　单位：元

| 业务序号 | 权责发生制 | | 收付实现制 | |
|---|---|---|---|---|
| | 收入 | 费用 | 收入 | 费用 |
| 1 | | | | |
| 2 | | | | |
| 3 | | | | |
| 4 | | | | |
| 5 | | | | |
| 6 | | | | |
| 7 | | | | |
| 8 | | | | |
| 合计 | | | | |

(2)分别计算权责发生制和收付实现制下的利润：

权责发生制下的利润＝

收付实现制下的利润＝

(3)思考按两种确认标准计算的利润为什么不一致。

业务题九

1.目的：进一步理解会计要素之间的平衡关系。

2.资料：A、B、C、D是四家相互独立的公司，20××年1月初、1月末的资产、负债、所有者权益及本月发生的收入、费用的部分金额如表2.10所示。

表 2.10　四家公司的部分会计要素　　单位：元

| 项目 | | A公司 | B公司 | C公司 | D公司 |
|---|---|---|---|---|---|
| 期初 | 资产 | 45 000 | (　　) | 90 000 | 82 000 |
| | 负债 | 18 000 | 45 000 | (　　) | 41 000 |
| | 所有者权益 | (　　) | 98 000 | 80 000 | (　　) |
| 本期发生 | 收入 | 76 000 | 46 000 | (　　) | 29 000 |
| | 费用 | (　　) | 72 000 | 25 000 | (　　) |
| 期末 | 资产 | 94 000 | 96 000 | (　　) | 65 000 |
| | 负债 | (　　) | (　　) | 25 000 | 47 000 |
| | 所有者权益 | 79 000 | (　　) | 115 000 | (　　) |

3.要求：根据会计要素之间的平衡关系，计算表2.10中括号处的数字。

业务题十

1. 目的：练习经济业务的发生对会计要素的影响，进一步理解会计恒等式。

2. 资料：阳光机械厂 20××年 4 月初资产总额为 60 000 元，负债总额为 26 000 元，所有者权益总额为 34 000 元。本月发生的经济业务如下。

(1)投资者追加投资 16 000 元，存入银行。

(2)华阳公司同意将本厂前欠的货款 5 000 元转为其对本厂的投资。

(3)从银行提取现金 2 000 元备用。

(4)收到光明公司前欠的货款 38 000 元，其中 15 000 元直接归还银行短期借款，其余款项存入银行。

(5)购入原材料，价格为 31 000 元，已验收入库，款项未付。

(6)本月销售总价为 80 000 元的商品，其中 50 000 元收到货款，已存入银行，其余款项未收到。

(7)本月所销售的产品的成本为 50 000 元。

(8)生产车间领用总价为 41 000 元的原材料，用于产品生产。

(9)管理部门购买办公用品花费 2 000 元，以银行存款支付。

(10)从银行借入三年期借款 250 000 元，款项存入银行。

(11)购买生产用设备一台，价格为 160 000 元，款项已付。

(12)将一台闲置的设备暂时出租出去，收到本月租金 3 500 元，存入银行。

3. 要求：

(1)分析每笔经济业务所引起的会计要素的变动情况，并将分析结果填入表 2.11。

**表 2.11　分析结果**　　单位：元

| 业务序号 | 资产 | 费用 | 负债 | 所有者权益 | 收入 |
|---|---|---|---|---|---|
| 1 | | | | | |
| 2 | | | | | |
| 3 | | | | | |
| 4 | | | | | |
| 5 | | | | | |
| 6 | | | | | |
| 7 | | | | | |
| 8 | | | | | |
| 9 | | | | | |
| 10 | | | | | |
| 11 | | | | | |
| 12 | | | | | |
| 合计 | | | | | |

(2)计算该厂 4 月份的利润总额。

(3)计算该厂 4 月末的资产总额、负债总额、所有者权益总额。

# 第3章 会计循环

## 3.1 内容简介

本章介绍会计信息的加工过程，即从经济业务发生的录入（会计分录）开始到会计报告的信息输出（会计报表）为止。本章的主要内容包括设置账户、复式记账法、借贷记账法与会计分录、过账、试算平衡、账项调整、结账。

### 3.1.1 会计科目与账户

会计科目是对会计要素进行分类所形成的具体项目。设置会计科目并在此基础上设置会计账户是会计核算的一种专门方法。

#### 3.1.1.1 会计科目

会计科目是对会计对象的具体内容进行分类，并赋予其标准的名称。会计科目在会计核算中的作用：第一，设置会计科目，可以对纷繁复杂、性质不同的经济业务进行科学的分类，可以将复杂的经济信息变成有规律的、易识别的经济信息，并为将其转换成会计信息奠定基础；第二，从信息分类的角度看，设置会计科目是对性质相同的信息给予约定的代码；第三，会计科目的设置在会计核算中占有重要地位，它决定着账户的开设及报表结构的设计。

#### 3.1.1.2 账 户

设置账户是按照规定的会计科目在账簿中对各项经济业务进行分类和系统、连续记录的一种手段。会计科目仅仅是分类核算的项目或标志，而核算指标的具体数据则要通过设置账户取得。所以，设置会计科目之后，还必须根据设置的会计科目设置一系列反映不同经济内容的账户，用来对各项经济业务进行分类记录。

1.账户的分类

账户一般有三种分类方法，其分类依据分别是账户的经济内容、隶属关系、用途和结构。按照经济内容的不同，账户可分为资产类账户、负债类账户、共同类账户、所有者权益类账户、成本类账户和损益类账户；按隶属关系的不同，账户可分为总分类账户和明细分类账户；按用途和结构的不同，账户可分为基本账户、调整账户、成本账户和损益计算账户。

2.账户的结构

账户的结构是指在账户中如何记录和提供核算指标。由于账户主要记录会计要素的增加、减少的变化情况，所以账户被分为两边，一边记录增加额，另一边记录减少额。

在一个期间里，账户增加方登记的金额称为“本期增加发生额”，账户减少方登记的金额称为“本期减少发生额”。期末，该账户的结余数称为“期末余额”，从上期期末承接而来的余额称为“期初余额”。期初余额、本期发生额与期末余额之间的关系可以表述为

期末余额＝期初余额＋本期增加发生额－本期减少发生额

账户的两边，哪边登记增加额，哪边登记减少额，取决于账户的性质和记账的方法。

#### 3.1.1.3　会计科目与账户的关系

账户是依据会计科目设置的，它们既有联系又有区别。两者的联系在于：会计科目是设置账户的依据，是账户的名称；而账户是会计科目的具体运用，会计科目所反映的经济内容就是账户所要登记的内容。两者的区别在于：会计科目只是对会计对象具体内容的分类，是为了统一各会计主体的核算内容、口径和核算方法而规定的，是对特定经济项目赋予的标准称谓，本身没有什么结构，而账户则由各会计主体按照会计科目在账簿中设置，具有一定的结构，能够记录和反映会计要素的增减变化和余额。

在实际工作中，账户和会计科目往往通用，不加区别。

### 3.1.2　复式记账法

复式记账法(double entry bookkeeping)是对发生的每一项经济业务，都要以相等的金额，在两个或两个以上相互联系的账户中进行登记的一种记账方法。简而言之，复式记账法就是对每项经济业务做双重平衡记录，其强调三层含义：一是同时在两个或两个以上账户中登记；二是账户之间有对应关系；三是对应账户所记的金额相等。

资金运动的内在规律性是复式记账的理论依据。会计主体发生的经济业务无非是涉及资金的增加或减少，每项经济业务发生之后，要影响两个或两个以上会计要素，或同一个会计要素中的两个或两个以上的项目发生增减变化。这种增减变化具有两大规律：其一，资产要素与权益要素同增或同减，增减金额相等；其二，资产要素内部或权益要素内部有增有减，增减金额相等。

根据记账符号的不同，复式记账法主要有增减记账法、收付记账法和借贷记账法三种。目前全世界广泛使用的是借贷记账法(debit and credit bookkeeping)。我国目前也将借贷记账法作为记账方法。

### 3.1.3　借贷记账法与会计分录

#### 3.1.3.1　借贷记账法

借贷记账法是以“借”和“贷”作为记账符号，记录经济业务的发生和完成情况的一种复式记账法。对于借贷记账法应重点从以下三个方面把握。

1. 借贷记账法的记账符号

记账符号是指在某一记账方法下表示“增加”或“减少”意思的符号，借贷记账法中的记账符号为“借”和“贷”二字。作为单纯的记账符号，它们表示的是记账的位置或方向。在借贷记账法下，账户左边的部位称为“借方”，账户右边的部位称为“贷方”。至于借方和贷方，哪个记增加，哪个记减少，则由账户的性质决定。

2. 借贷记账法的账户结构

借贷记账法下，账户的基本结构分为“借方”和“贷方”两方，并规定会计等式“资产＋费用＝负债＋所有者权益＋收入”中左边的项目，即资产类、费用类项目用借方登记增加数，

贷方登记减少数；等式右边的项目，即负债类、所有者权益类和收入类项目用贷方登记增加数，借方登记减少数。

简而言之，会计等式左边的项目，账户左边（借方）登记增加；等式右边的项目，账户右边（贷方）登记增加。

3. 借贷记账法的记账规则

借贷记账法的记账规则为“有借必有贷，借贷必相等”。“有借必有贷”指的是经济业务在账户中的登记方向；“借贷必相等”指的是经济业务在账户中登记的金额。

#### 3.1.3.2 会计分录

所谓会计分录（accounting entries），是指根据记账方法，针对每项经济业务确定其应当登记的账户名称、借贷方向及金额的书面记录。它是会计语言的一种表达方式。在实务工作中，会计分录是按照一定的格式要求填写在记账凭证上的，作为登记账簿的依据。

1. 会计分录的编制步骤

编制会计分录一般经过分析经济业务涉及的会计要素、确定经济业务应予登记的账户名称、分析会计要素的增减变化、确定增减变化在账户中的登记方向、确定应予登记的金额等几个基本步骤。

2. 会计分录的格式

会计分录的一般格式为：借方科目在上、贷方科目在下，且借、贷方科目及金额应错开，借方在前、贷方退后。

3. 会计分录的分类

根据每项经济业务所涉及的账户的多少，可以把会计分录分为简单会计分录（“一借一贷”的分录）和复合会计分录（“一借多贷”“一贷多借”“多借多贷”的分录）。由于“多借多贷”的分录里对应关系过于复杂，不能清楚地反映资金的来去脉络，也不易于验证记录的正确性，因此在会计实务中应避免使用这种分录。

### 3.1.4 过 账

根据会计分录登记相关账户，称为过账、记账或者登账。在会计核算过程中，对于发生的经济业务要按照复式记账的要求登记在两个或两个以上的总分类账户中，凡是在总分类账户下设有明细分类账户的，还要记入各总分类账户的明细分类账户，这称为“平行登记”。

进行总分类账户与明细分类账户的平行登记，需要把握以下要点：①期间相同（在同一会计期间登记到总分类账户及其明细分类账户）；②依据相同（登记账簿的依据相同）；③方向相同（借、贷方向相同）；④登记的金额相等。

### 3.1.5 试算平衡

所谓试算平衡（trial balance），是指根据会计等式的平衡原理，按照记账规则的要求，通过汇总计算和比较，检查账户记录的正确性、完整性的技术方法。在借贷记账法下，按照“有借必有贷，借贷必相等”的记账规则，每一笔会计分录都保持着借方和贷方金额相等，将一定会计期间的全部经济业务的会计分录都记入相关账户后，所有账户的借方发生额与贷方发生额的合计数也必然相等。

#### 3.1.5.1 试算平衡的方法

试算平衡包括发生额试算平衡法和余额试算平衡法。

1. 发生额试算平衡法

发生额试算平衡法的平衡公式为

全部账户本期借方发生额合计数＝全部账户本期贷方发生额合计数

据此编制的试算平衡表称为"总分类账发生额试算平衡表"。

2. 余额试算平衡法

根据计算余额时间的不同，余额试算平衡法又分为期初余额平衡法和期末余额平衡法两类。

平衡公式为

全部账户的期初借方余额合计数＝全部账户的期初贷方余额合计数

全部账户的期末借方余额合计数＝全部账户的期末贷方余额合计数

根据期末余额试算平衡编制的试算平衡表称为"期末余额试算平衡表"。

#### 3.1.5.2 试算平衡的功能及局限性

试算平衡可以保证所有经济业务都以相等的金额记入借贷双方。因此，对于借贷方金额不相等的错误，试算平衡是能够检验出来的，如编制会计分录时一方的金额有误，在登账时一方的金额遗漏、登错或方向登错。

试算不平衡，表明账户记录肯定有错误，而试算平衡了，不一定说明账户记录绝对正确，因为有些错误不会影响借贷双方的平衡关系，如漏记、重复登记某项经济业务，颠倒了记账方向，记错有关账户。

因此，试算平衡方式在查验影响借贷平衡的错误时简便、有效，而对不会影响借贷平衡的错误无能为力。

### 3.1.6 账项调整

按照权责发生制确认收入和费用，可能会导致款项的收付与收入、费用的确认出现时间差，因此，需要在期末通过账项调整，将收入和费用以合理的金额分配进合适的会计期间。账项调整是通过编制会计分录来达到调整目的的，所编制的这些分录称为调整分录。账项调整业务主要有以下四种类型。

#### 3.1.6.1 收入的递延确认

收入的递延确认是指并没有在收到款项的时候对收入予以确认，而是递延到实际提供服务或商品的时候才予以确认，即"本期收到款项，以后期间确认收入"。一般通过设置"其他应付款""预收账款"等负债类过渡科目来实现收入的递延。

在收到款项时，贷记"其他应付款""预收账款"等负债类科目；在实际提供服务或商品时，按照归属于该期间的金额，将收到款项时确认的负债类过渡科目从借方转到收入类科目的贷方，确认进该期利润。

#### 3.1.6.2 费用的递延确认

费用的递延确认是指并没有在支付款项的时候对费用予以确认，而是递延到受益的期间才予以确认，即"本期支付款项，以后期间确认费用"。一般通过设置"预付账款""其他应收款"等资产类过渡科目来实现费用的递延。

在支付款项时，借记“预付账款”“其他应收款”“长期待摊费用”等资产类科目；在受益的会计期间，按照归属于该期间的金额，将支付款项时确认的资产类过渡科目从贷方转到费用类科目的借方，确认进该期利润。

#### 3.1.6.3 应计未付的费用

应计未付的费用是指本期承担费用，但款项在以后期间支付的情况。

对于该类业务，在受益的期间(费用发生时)，借记当期应确认的费用，贷记“应付利息”“应付职工薪酬”等负债类过渡科目；在实际支付款项时，再将这些负债类过渡科目转销掉，即借记该类科目，从而达到费用在发生的当期确认、款项在实际支付时记录的目的。

#### 3.1.6.4 应计未收的收入

应计未收的收入是指本期实现了收入，但款项在以后期间才能收到的情况。

对于该类业务，在实现收入时，借记“应收账款”“其他应收款”等资产类过渡科目，贷方确认相应的收入；在实际收到款项时，再贷记该资产类过渡科目，从而达到收入在实现时确认、款项在实际收到时记录的目的。

### 3.1.7 结　账

结账是指在会计期末结算各种账簿记录的金额，计算出本期利润总额、净利润，以便编制报表。结账的工作除了结算账簿的发生额和余额外，一个重要的步骤就是确定本期的利润总额、净利润，计算累计的利润总额和累计净利润。

我国会计准则所要求的结账方法为账结法，即在每个会计期末(1 月至 12 月的每个月末)都要对各损益类账户进行账务处理，将余额都转入“本年利润”账户。在“本年利润”账户里进行配比，结算出本期的利润总额和净利润。

在会计期末将损益类账户的余额转入“本年利润”账户的账务处理，称为结账分录。对于损益类账户中的收入类账户，如主营业务收入、其他业务收入、营业外收入等，由于其余额在贷方，在结清该类账户时，应当借记收入类账户、贷记“本年利润”账户；对于损益类账户中的费用类账户，如主营业务成本、其他业务成本、税金及附加、管理费用、销售费用、财务费用、营业外支出等，由于其余额在借方，在结清该类账户时，应当借记“本年利润”账户、贷记费用类账户。编制结账分录之后，收入类、费用类账户的余额为零，“本年利润”账户的余额就是本年累计的利润。

## 3.2 重难点分析

本章需要重点掌握的内容有：①账户的设置与结构；②借贷复式记账法的原理、记账规则及各类账户的结构；③会计分录的编制；④试算平衡的原理及方法；⑤期末进行账项调整应编制的调整分录；⑥结账的方法及结账分录的编制。

本章的难点在于对借贷复式记账法的理解和实际运用，包括：①借贷复式记账法下各类账户的结构、登记方法；②对发生的各项经济业务编制会计分录；③期末进行账项调整应编制的调整分录及结账分录；④试算平衡表的编制。

# 3.3　学习提示

## 3.3.1　会计科目记忆小窍门

（1）收付对应，如应收账款与应付账款、应收票据与应付票据、预收账款与预付账款、其他应收款与其他应付款。

（2）收支对应，如主营业务收入与主营业务成本、其他业务收入与其他业务成本、营业外收入与营业外支出。

（3）长短对应，如长期借款与短期借款。

（4）看得见、摸得着的科目，如库存现金、原材料、库存商品、固定资产。

（5）资产中的“准备”类科目，如坏账准备、存货跌价准备、固定资产减值准备、无形资产减值准备。

## 3.3.2　账户结构学习小窍门

### 3.3.2.1　运用会计综合等式学习账户结构

综合会计等式为

资产＋费用＝负债＋所有者权益＋收入

规律：等式左边的项目（资产、费用），账户左边（借方）表示增加；等式右边的项目（负债、所有者权益、收入），账户右边（贷方）表示增加（见表 3.1）。

**表 3.1　账户结构的总结**

| 借方 | 贷方 |
|---|---|
| **资产类的增加** | 资产类的减少 |
| 负债类的减少 | **负债类的增加** |
| 所有者权益类的减少 | **所有者权益类的增加** |
| 收入利润类的减少 | **收入利润类的增加** |
| **费用类的增加** | 费用类的减少 |

### 3.3.2.2　账户基本结构的总结

（1）对每一个账户来说，如果有期初余额，只可能在账户的一方（借方或贷方）。

（2）如果期末余额与期初余额的方向相同，说明账户的性质未变；如果期末余额与期初余额的方向相反，则说明账户的性质已经发生改变。例如，“应收账款”账户，如果期初余额和期末余额均在借方，余额表示的就是企业应收而尚未收回的款项，是一项债权，属于资产；如果期初余额在借方而期末余额在贷方，表示企业本期收回的金额大于应收的金额，期末余额表示的则是企业预先收到的款项，是一项债务，属于负债。

### 3.3.3 记账规则背诵口诀

#### 3.3.3.1 借贷记账法口诀

复式记账很简单，一笔分录记两边。
关键分清借和贷，左边是借右边贷。
资产费用在借方，权益收入反过来。

#### 3.3.3.2 记账规则之歌

借增贷减是资产，权益和它正相反。
成本资产总相同，细细记牢莫弄乱。
损益账户要分辨，费用收入不一般。
收入增加贷方看，减少借方来结转。

### 3.3.4 会计分录编制技巧

会计分录的编制步骤如下。

(1)确认经济业务所涉及的账户(会计科目)。

(2)分析业务涉及的资金是增还是减，数额是多少。

(3)根据账户的类别，结合资金的增减，确定每个账户的借贷方向。

(4)按照规定的格式写出会计分录，具体规定如下：

①先写借方科目，再写贷方科目，一个会计科目写一行；

②贷方左空两格开始书写；

③在一借多贷、多借一贷、多借多贷的情况下，借方或贷方的文字要对齐，金额也要对齐。

(5)根据“有借必有贷，借贷必相等”的记账规则检查会计分录要素是否齐全。

## 3.4 学习资源介绍

1. 企业会计准则应用指南——会计科目和主要账务处理，参见 http://www.chinaacc.com/new/63/64/78/2006/8/wa977616022860026160-0.htm

2. 借贷记账法的由来及记账规则，参见 http://www.chinaacc.com/new/287_288_/2009_7_16_la903519136161790026422.shtml

## 习 题

一、讨论题

1. 会计循环通常包括哪些步骤，它们的顺序和关联是怎样的？

2. 什么是账户？它有什么意义？设置账户应该遵循怎样的原则？

3. 账户的结构通常有哪些形式？

4. 按照不同的分类方式，账户能够分成哪些类型？它们各自有什么特点？

5. 复式记账法的原理是什么？你觉得这种记账法的科学性体现在哪里？

6. “有借必有贷，借贷必相等”这个记账规则怎么理解？怎么应用？

7. “借”和“贷”两个记账符号是如何发挥作用的？

8. 会计分录是什么？它应该包括哪些要素？会计分录有哪些不同形式？

9. 编制会计分录应该经过怎样的思考路径？看到一笔经济业务，你会怎么分析？如何一步步得到会计分录？谈谈你的感想。

10. 什么是对应账户？

11. 试算平衡的原理是什么？为什么要进行试算平衡？

12. 试算平衡的“盲点”是什么？为什么？

13. 为什么要编制调整分录？调整分录有哪些类型？

14. 结账的含义是什么？有哪些方法？

15. 结账的主要内容是什么？通常如何进行账务处理？

**二、判断题**

1. 账项调整是根据复式记账原理进行的。（　　）

2. 成本类账户和损益类账户中的费用类账户的结构相同。（　　）

3. 会计账户是根据会计科目设置的，会计科目也是账户的名称。（　　）

4. 试算平衡表中全部账户的期初余额合计数，加上本期发生额合计数，应等于期末余额合计数。（　　）

5. 借贷记账法下，账户的性质决定账户的哪一边登记增加数，哪一边登记减少数。（　　）

6. 借贷记账法下试算平衡的依据是会计账户的基本结构。（　　）

7. 对于一笔经济业务，单式记账法只记一个账户，复式记账法记两个账户。（　　）

8. 借贷记账法的记账规则是“账户借方登记增加数，贷方登记减少数”。（　　）

9. 企业赊购货物时，资产和负债同时增加。（　　）

10. 按提供资料的详细程度不同，账户可分为总分类账户和明细分类账户。（　　）

11. 在实务工作中，账户和会计科目往往通用，不加区别。（　　）

12. 设置账户时除了要服从统一的规定以外，也要兼顾企业自身的特点，使账户具有一定的灵活性。（　　）

13. 账户被分为两边，左边记录增加额，右边记录减少额。（　　）

14. 总分类账户的余额应该和其各明细分类账户的余额之和相等。（　　）

15. 对同一个经济业务而言，需要同时登记总分类账户和明细分类账户。（　　）

16. 复式记账法强调任何经济业务有“来”必有“去”，这种来龙去脉的建立，是建立在会计等式的基础上的。（　　）

17. 借贷记账法中的“借”和“贷”是一种记账符号，“借”表示增加，“贷”表示减少。（　　）

18. 成本类账户期末如果有余额，余额通常在借方，表示成本的累积数。（　　）

19. 收入类账户和费用类账户一般没有期末余额，但有期初余额。（　　）

20. 凡是有借方余额的账户均属于资产类账户。 （ ）

21. 账户记录通过试算平衡后，表明账户记录完全正确。 （ ）

22. 试算平衡能够查验会计记录工作中的所有错误。 （ ）

23. 在借贷记账法下，任何账户都具有“期末余额＝期初余额＋本期借方发生额－贷方发生额”的基本关系。 （ ）

24. 成本类账户的结构与资产类账户相同。 （ ）

25. 资产从被购买到被使用消耗的过程也是费用递延的过程。 （ ）

26. 为了防止结账分录出现差错，需要编制结账后的试算平衡表。 （ ）

27. “制造费用”“管理费用”“销售费用”均属于损益类科目。 （ ）

28. 账项调整是通过编制会计分录来达到调整目的的，所编制的这些分录称为调整分录。 （ ）

29. 试算平衡在查验影响借贷平衡的错误时简便、有效，但是对不会影响借贷平衡的错误无能为力。 （ ）

**三、单项选择题**

1. 费用的发生可能会引起（ ）。

A. 所有者权益增加　　B. 资产减少

C. 负债减少　　D. 资产增加

2. “借”和“贷”记账符号表示（ ）。

A. 债权债务关系　　B. 记账的金额

C. 账务的平衡关系　　D. 记账的部位

3. 下列账户中和“实收资本”账户结构相同的是（ ）。

A. 应收账款　　B. 应付账款

C. 主营业务收入　　D. 管理费用

4. 复式记账法下，每笔经济业务都以相等的金额在（ ）登记。

A. 两个账户　　B. 一个或两个账户

C. 两个或两个以上账户　　D. 两个以上

5. 下列科目中属于损益类的是（ ）。

A. 制造费用　　B. 本年利润

C. 长期待摊费用　　D. 税金及附加

6. 账户的对应关系是指（ ）。

A. 成本类账户与损益类账户之间的关系

B. 资产类账户与负债类账户之间的关系

C. 一项业务中有关账户之间的应借应贷关系

D. 总分类账户与明细分类账户之间的关系

7. 下列记账差错中能通过编制试算平衡表判断的是（ ）。

A. 颠倒了记账方向

B. 只登记会计分录的借方或贷方，漏记另一方

C. 借方登记的会计科目选择错误

D. 漏记某项经济业务

8. 符合所有者权益类账户记账规则的是(　　)。

A. 借方登记减少额　　B. 贷方登记减少额

C. 期末一般无余额　　D. 期末余额在借方

9. 下列账户中年末一般没有余额的是(　　)。

A. 生产成本　　B. 所得税费用

C. 盈余公积　　D. 长期借款

10. 下列分录中属于结账分录的是(　　)。

A. 借:库存商品
　　贷:生产成本

B. 借:无形资产
　　贷:实收资本

C. 借:营业外收入
　　贷:本年利润

D. 借:管理费用
　　贷:银行存款

11. 下列分录中属于调整分录的是(　　)。

A. 借:管理费用
　　贷:累计折旧

B. 借:财务费用
　　贷:银行存款

C. 借:银行存款
　　贷:预收账款

D. 借:生产成本
　　贷:原材料

12. 下列分录中属于应收未收收入调整分录的是(　　)。

A. 借:应收账款
　　贷:其他业务收入

B. 借:预收账款
　　贷:其他业务收入

C. 借:财务费用
　　贷:应付利息

D. 借:销售费用
　　贷:其他应收款

13. 下列账户中,与负债类账户结构相同的是(　　)。

A. 资产类账户　　B. 成本类账户

C. 费用类账户　　D. 所有者权益类账户

14. 下列属于成本类账户的是(　　)。

A. 营业成本　　B. 原材料

C. 生产成本　　D. 销售费用

15. 借贷记账法下,为了保证会计分录有清晰的账户对应关系,在会计实务中不提倡使用的分录形式是(　　)。

A. 一借一贷　　B. 一借多贷

C. 多借一贷　　D. 多借多贷

16. 账户的分类方法中,最基本的分类方法是(　　)。

A. 按照经济内容分类　　B. 按照隶属关系分类

C. 按照用途和结构分类　　D. 按照与报表的关系分类

17. “预收账款”账户期初贷方余额为 1 500 元,本期增加发生额为 2 000 元,本期减少发生额为 500 元,则该账户期末余额为(　　)元。

A. 借方 3 000　　B. 贷方 3 000

C. 0　　D. 贷方 4 000

18. “固定资产”账户期初余额为 3 000 元,本期借方发生额为 2 500 元,期末借方余额为

4 000 元，则该账户本期贷方发生额为(　　)。

A. 500 元　　B. 1 500 元

C. 2 500 元　　D. 4 500 元

19. 新华公司"银行存款"总分类账户下设"工商银行"和"建设银行"两个明细账户。6 月末，"银行存款"总分类账户为借方余额 45 万元，"工商银行"明细账户为借方余额 30 万元，则"建设银行"明细账户为(　　)。

A. 借方余额 75 万元　　B. 贷方余额 75 万元

C. 借方余额 15 万元　　D. 贷方余额 15 万元

20. 收入类账户在期末结账后(　　)。

A. 有借方余额　　B. 有贷方余额

C. 无余额　　D. 有可能有余额

21. 成本类账户与费用类账户的不同之处在于(　　)。

A. 期末结账后，成本类账户可能有余额，而费用类账户没有余额

B. 登记增加数、减少数的方向不同

C. 期末余额的方向不同

D. 期初余额的方向不同

22. 在实务工作中，会计分录是记录在(　　)上的。

A. 原始凭证　　B. 记账凭证

C. 会计账簿　　D. 会计报表

23. 我国会计准则所要求的结账方法是(　　)。

A. 账结法　　B. 表结法

C. 试算平衡法　　D. 工作底稿法

24. 在期末将损益类账户这样的临时账户的余额结清，转入永久性账户的账务处理，称为(　　)。

A. 调整分录　　B. 结账分录

C. 简单分录　　D. 复合分录

25. 账结法下，在每个月末，都需要将损益类账户的余额转入(　　)。

A. "本年利润"账户　　B. "利润分配"账户

C. "盈余公积"账户　　D. "资本公积"账户

26. 目前世界上最通用的记账方法是(　　)。

A. 单式记账法　　B. 借贷记账法

C. 增减记账法　　D. 收付记账法

27. 借记"银行存款"账户、贷记"应收账款"账户的业务，表明(　　)。

A. 债务增加　　B. 债务减少

C. 债权增加　　D. 收回债权

28. 在借贷记账法下，账户的左边称为(　　)。

A. 增加方　　B. 减少方

C. 借方　　D. 贷方

29. 每期计提固定资产折旧时应贷记的账户是(　　)。

A. 固定资产　　　　　B. 固定资产减值准备

C. 累计折旧　　　　　D. 管理费用

30. 借贷记账法下，所有者权益类账户的期末余额等于(　　)。

A. 期初借方金额＋本期借方发生额－本期贷方发生额

B. 期初借方金额＋本期贷方发生额－本期借方发生额

C. 期初贷方金额＋本期贷方发生额－本期借方发生额

D. 期初贷方金额＋本期借方发生额－本期贷方发生额

31. 下列各项中，能够反映本期负债增加的是(　　)。

A. 负债类账户的期初余额　　　　　B. 负债类账户的贷方发生额

C. 负债类账户的借方发生额　　　　D. 负债类账户的期末余额

**四、多项选择题**

1. 借贷记账法中的记账符号“借”对于下列哪几个会计要素来说表示减少？(　　)

A. 资产　　　　　B. 负债

C. 所有者权益　　D. 收入

E. 费用

2. 下列账户中用贷方登记增加数的有(　　)。

A. 盈余公积　　　B. 应付账款

C. 预收账款　　　D. 其他业务收入

E. 累计折旧

3. 期末一般没有余额的账户是(　　)。

A. 损益类账户中的收入类账户　　B. 资产账户

C. 成本类账户　　　　　　　　　D. 所有者权益类账户

E. 损益类账户中的费用类账户

4. 借贷记账法下，账户之间的试算平衡包括(　　)。

A. 本期发生额平衡　　B. 期初余额平衡

C. 差额平衡　　　　　D. 期末余额平衡

E. 资产权益平衡

5. 设置账户应遵循的原则有(　　)。

A. 统一性和灵活性相结合　　B. 完整性和稳定性相结合

C. 满足需要，内外兼顾　　　D. 统一编号，简明实用

E. 与报表项目相同

6. 一笔完整的会计分录包括的内容有(　　)。

A. 账户名称　　B. 记账符号(方向)

C. 金额　　　　D. 货币计量单位

E. 余额

7. 复式记账法的优点有(　　)。

A. 可以系统、完整地反映资本运动的全貌

B. 保持了账户间双重等量记账所形成的平衡关系

C. 便于检查交易记录的正确性

D. 操作简单,简化了账簿的登记工作

E. 能够保证不发生错账

8. 以下各项错误中,通过试算平衡难以发现的有(　　)。

A. 漏记某笔经济业务　　B. 只登记了借方金额

C. 账户名称错误　　D. 借贷方向颠倒

E. 重复登记某笔经济业务

9. 在借贷记账法下,账户的借方一般用来登记(　　)。

A. 资产的增加　　B. 收入的增加

C. 费用的增加　　D. 成本的增加

E. 负债的增加

10. 在借贷记账法下,账户的贷方一般用来登记(　　)。

A. 资产的增加　　B. 资产的减少

C. 负债的增加　　D. 负债的减少

E. 所有者权益的增加

11. 下列各项中,应于期末结转到"本年利润"账户借方的有(　　)。

A. 主营业务收入　　B. 主营业务成本

C. 其他业务收入　　D. 税金及附加

E. 管理费用

12. 下列项目中,在期末结账后,如果有余额,余额方向一般在贷方的有(　　)。

A."实收资本"账户　　B."生产成本"账户

C."无形资产"账户　　D."盈余公积"账户

E."营业外收入"账户

13. 借贷记账法中的记账符号"贷"对于下列哪几个会计要素来说表示增加?(　　)

A. 资产　　B. 负债

C. 所有者权益　　D. 收入

E. 费用

14. 下列关于总分类账户和明细分类账户关系的表述中正确的有(　　)。

A. 总分类账户是明细分类账户的合并统一

B. 总分类账户统驭、控制其明细分类账户

C. 明细分类账户对总分类账户所反映的内容起到补充说明的作用

D. 总分类账户的余额与其各明细分类账户余额之和相等

E. 所有的账户都既有总分类账户又有明细分类账户

15. 下列关于借贷记账法下"有借必有贷,借贷必相等"记账规则的理解中正确的有(　　)。

A. 登记一个账户的借方,必须同时登记该账户的贷方

B. 在一个账户中,借方登记的金额必须与贷方登记的金额相等

C. 如果在一个账户的贷方进行了登记,则必须同时在另外一个或多个账户的借方进行登记

D. 如果在一个账户的借方进行了登记,则必须同时在另外一个或多个账户的贷方

进行登记

E. 记入账户借方、贷方的金额必须相等

16. 下列关于试算平衡的表述中正确的有（　　）。

A. 试算平衡能够检查出全部账户的本期借方、贷方发生额是否相等，但不能检查账户使用是否正确

B. 试算平衡表中借方合计数与贷方合计数不相等，说明账户记录有误

C. 试算平衡仅能证明借方总额等于贷方总额

D. 试算平衡表是平衡的，说明账户记录正确无误

E. 试算平衡可以保证所有经济业务都以相等的金额记入借贷双方

17. 根据试算平衡原理编制的试算平衡表有（　　）。

A. 本期发生额试算平衡表　　B. 期末余额试算平衡表

C. 本期发生额及期末余额试算平衡表　　D. 期初余额试算平衡表

E. 借方发生额试算平衡表

18. 借贷记账法下，复合会计分录是指（　　）。

A. 一借一贷的会计分录　　B. 一借多贷的会计分录

C. 多借一贷的会计分录　　D. 多借多贷的会计分录

E. 写出明细科目的会计分录

19. 账户的两边，哪边登记增加额，哪边登记减少额，取决于（　　）。

A. 所记录经济业务的金额　　B. 记账方法

C. 账户的性质　　D. 记账人员

E. 账户的隶属关系

20. 账项调整业务的类型有（　　）。

A. 收入的递延　　B. 费用的递延

C. 应计未付的费用　　D. 应计未收的收入

E. 结转成本

## 五、业务题

### 业务题一

1. 目的：熟悉会计科目的设置和分类。
2. 资料：第 2 章业务题四的相关信息如表 3.2 所示。

**表 3.2　某企业资产、费用、负债、所有者权益和收入的相关资料**

| 资料内容 | 资产 | 费用 | 负债 | 所有者权益 | 收入 |
|---|---|---|---|---|---|
| 销售商品收入（示例） | | | | | 主营业务收入 |
| 借款利息（示例） | | 财务费用 | | | |
| 仓库里存放的材料 | | | | | |
| 向银行借入的三个月期借款 | | | | | |
| 支付的广告费 | | | | | |
| 车间的机器设备 | | | | | |

续表

| 资料内容 | 资产 | 费用 | 负债 | 所有者权益 | 收入 |
|---|---|---|---|---|---|
| 出租设备收入 | | | | | |
| 从利润中提取的法定盈余公积 | | | | | |
| 行政部门的办公费 | | | | | |
| 销售部门的差旅费 | | | | | |
| 拥有的商标使用权 | | | | | |
| 赊销商品收入 | | | | | |
| 应交未交的各项税金 | | | | | |
| 投资者投入的资本 | | | | | |
| 销售商品的成本 | | | | | |
| 存放在银行的款项 | | | | | |
| 应付的上个月办公人员薪酬 | | | | | |
| 销售商品支付的包装费 | | | | | |
| 以前年度没有分配的利润 | | | | | |

3.要求:在表格中的相应空格内填写对应的会计科目名称。

业务题二

1.目的:熟悉借贷记账法下各类账户的性质和结构。

2.资料:表3.3是某企业6月30日部分账户的期初余额和本期发生额情况。

**表3.3 某企业6月30日部分账户的期初余额、本期发生余额和期末余额** 单位:元

| 账户名称 | 期初余额 | 本期借方发生额 | 本期贷方发生额 | 期末余额 | |
|---|---|---|---|---|---|
| | | | | 借或贷 | 金额 |
| 银行存款 | 20 000 | 50 000 | 15 000 | | |
| 应收账款 | 150 000 | 320 000 | 230 000 | | |
| 原材料 | 83 000 | 46 000 | 28 000 | | |
| 固定资产 | 600 000 | 44 000 | 30 000 | | |
| 短期借款 | 50 000 | 29 000 | 40 000 | | |
| 应付账款 | 38 640 | 29 640 | 84 000 | | |
| 预收账款 | 20 000 | 31 000 | 42 000 | | |
| 应付职工薪酬 | 64 330 | 56 330 | 35 000 | | |
| 长期借款 | 200 000 | 100 000 | 150 000 | | |
| 实收资本 | 350 000 | | 20 000 | | |
| 盈余公积 | 20 000 | | 15 000 | | |

3. 要求：根据账户期末余额的计算公式，计算并填列这些账户的期末余额方向及金额。

业务题三

1. 目的：理解会计等式和试算平衡原理。

2. 资料：已知某企业资产、负债和所有者权益的期初余额、本期发生额和期末余额的若干数据（见表 3.4）。

3. 要求：根据静态会计等式和试算平衡的原理，在表 3.4 空白处填上合适的金额。

**表 3.4　某企业资产、负债、所有者权益的期初余额、本期发生余额和期末余额**　单位：万元

| 项目 | 资产 | 负债 | 所有者权益 |
|---|---|---|---|
| 期初余额 | 20 | 8 | (　　) |
| 本期借方发生额 | (　　) | 5 | 3 |
| 本期贷方发生额 | 8 | (　　) | 6 |
| 期末余额 | (　　) | 9 | (　　) |

业务题四

1. 目的：熟悉会计科目的设置，练习运用借贷记账法编制会计分录，学习登记账户和编制试算平衡表。

2. 资料：3 月 31 日，一家加油站的相关账户余额如表 3.5 所示。

**表 3.5　加油站 3 月 31 日账户余额**　单位：元

| 账户名称 | 借方余额 | 账户名称 | 贷方余额 |
|---|---|---|---|
| 库存现金 | 8 000 | 短期借款 | 250 000 |
| 银行存款 | 750 000 | 应付账款 | 180 000 |
| 应收账款 | 85 000 | 预收账款 | 130 000 |
| 预付账款 | 15 000 | 应付职工薪酬 | 20 000 |
| 库存商品 | 800 000 | 实收资本 | 3 000 000 |
| 固定资产 | 2 600 000 | 未分配利润 | 678 000 |
| 合计 | 4 258 000 | 合计 | 4 258 000 |

4 月份，加油站发生了以下经济业务（为简化问题，不考虑增值税）。

(1)购入加油设备一台，价值 40 000 元，货款用银行存款支付（见表 3.6）。

**表 3.6　用银行存款支付加油设备款**　单位：元

| 账户名称 | 要素类别 | 金额变化 | 借方 | 贷方 |
|---|---|---|---|---|
| 固定资产 | 资产 | 增加 | 40 000 | |
| 银行存款 | 资产 | 减少 | | 40 000 |

(2)从银行提取现金 20 000 元(见表 3.7)。

**表 3.7 从银行提取现金** 单位:元

| 账户名称 | 要素类别 | 金额变化 | 借方 | 贷方 |
|---|---|---|---|---|
| | | | | |
| | | | | |

(3)用现金发放上个月员工工资 20 000 元(见表 3.8)。

**表 3.8 用现金发放上个月员工工资** 单位:元

| 账户名称 | 要素类别 | 金额变化 | 借方 | 贷方 |
|---|---|---|---|---|
| | | | | |
| | | | | |

(4)用银行存款支付本月水电费和电话费等杂费 3 400 元(见表 3.9)。

**表 3.9 用银行存款支付本月水电费和电话费等杂费** 单位:元

| 账户名称 | 要素类别 | 金额变化 | 借方 | 贷方 |
|---|---|---|---|---|
| | | | | |
| | | | | |

(5)赊购 97 号汽油一批,金额 230 000 元(见表 3.10)。

**表 3.10 赊购 97 号汽油一批** 单位:元

| 账户名称 | 要素类别 | 金额变化 | 借方 | 贷方 |
|---|---|---|---|---|
| | | | | |
| | | | | |

(6)预收客户交付的现金 800 元,为客户办理加油卡(将来客户可通过刷卡买油,不必再支付款项)(见表 3.11)。

**表 3.11 预收客户支付的现金** 单位:元

| 账户名称 | 要素类别 | 金额变化 | 借方 | 贷方 |
|---|---|---|---|---|
| | | | | |
| | | | | |

(7)收到客户交还的上个月欠款 5 000 元,存入银行(见表 3.12)。

**表 3.12 收到客户交还的上个月欠款** 单位:元

| 账户名称 | 要素类别 | 金额变化 | 借方 | 贷方 |
|---|---|---|---|---|
| | | | | |
| | | | | |

(8)收到股东投入的200 000元并存入银行(见表3.13)。

**表3.13 收到股东投入的资金并存入银行** 单位:元

| 账户名称 | 要素类别 | 金额变化 | 借方 | 贷方 |
|---|---|---|---|---|
| | | | | |
| | | | | |

(9)销售汽油取得收入400 000元,其中300 000元已经收到并存入银行,其余款项尚未收到(见表3.14)。

**表3.14 销售汽油取得收入** 单位:元

| 账户名称 | 要素类别 | 金额变化 | 借方 | 贷方 |
|---|---|---|---|---|
| | | | | |
| | | | | |
| | | | | |

3.要求:

(1)参照资料中表3.6的示例,对每项经济业务进行分析,完成表3.7至表3.14,编制会计分录。

(2)将每笔分录填入相应的T形账户。

(3)根据资料提供的期初余额,编制本期发生额和期末余额试算平衡表(见表3.15)。

**表3.15 发生额和余额试算平衡表**

××××年4月 单位:元

| 账户名称 | 期初余额 | | 本期发生额 | | 期末余额 | |
|---|---|---|---|---|---|---|
| | 借方 | 贷方 | 借方 | 贷方 | 借方 | 贷方 |
| | | | | | | |
| | | | | | | |
| | | | | | | |
| | | | | | | |
| | | | | | | |
| | | | | | | |
| | | | | | | |
| | | | | | | |
| | | | | | | |
| | | | | | | |
| | | | | | | |
| | | | | | | |
| | | | | | | |
| | | | | | | |
| 合计 | | | | | | |

业务题五

1. 目的:练习运用借贷记账法编制会计分录,熟悉编制试算平衡表的步骤和方法。

2. 资料:7 月 1 日,陈天开设了一家牙科医院。医院在 7 月发生了以下业务(为简化问题,不考虑增值税)

(1)7 月 1 日,陈天以银行存款向医院投资 400 万元。

(2)7 月 3 日,医院以银行存款购买价格为 300 万元的工作用房。

(3)7 月 5 日,向银行借款 200 万元,还款期限为 2 年。

(4)7 月 6 日,购买医疗设备,价格为 170 万元,以银行存款支付。

(5)7 月 10 日,购买价值 60 万元的办公家具(均为固定资产),以银行存款支付 20 万元,约定在下个月支付剩余 40 万元。

(6)7 月 12 日,在几家报纸上做广告,支付 3 万元的广告费。

(7)7 月 18 日,提供治疗服务,开出金额为 2 500 元的发票,收到 2 000 元现金,剩余 500 元将在 30 天内收讫。

(8)7 月 20 日,收到一个患者支付的 1 万元诊疗费,约定在五个月里每个月进行一次治疗,当天提供了第一次治疗服务。

(9)7 月 28 日,收到 7 月 18 日患者所欠的 500 元现金。

(10)7 月 31 日,计算本月管理人员薪水 3 000 元,下月初支付。

(11)7 月 31 日,计提本月借款的利息 2 000 元,本金到期时一并归还。

3. 要求:

(1)请在表 3.16 中填入每笔业务的相关金额,查看会计算式是否平衡。

**表 3.16　牙科医院 7 月业务的相关金额**　　单位:元

| 序号 | 资产+ | 费用 | = | 负债+ | 所有者权益+ | 收入 |
|---|---|---|---|---|---|---|
| 1 | | | | | | |
| 2 | | | | | | |
| 3 | | | | | | |
| 4 | | | | | | |
| 5 | | | | | | |
| 6 | | | | | | |
| 7 | | | | | | |
| 8 | | | | | | |
| 9 | | | | | | |
| 10 | | | | | | |
| 11 | | | | | | |
| 合计 | | | | | | |

(2)为上述业务编制会计分录。

(3)将每笔业务填入相应的 T 形账户。

(4)编制 7 月份的发生额和余额试算平衡表(见表 3.17)。

**表 3.17　发生额和余额试算平衡表**

××××年 7 月　　　　单位:元

| 账户名称 | 本期发生额 | | 期末余额 | |
|---|---|---|---|---|
| | 借方 | 贷方 | 借方 | 贷方 |
| | | | | |
| | | | | |
| | | | | |
| | | | | |
| | | | | |
| | | | | |
| | | | | |
| | | | | |
| | | | | |
| | | | | |
| | | | | |
| | | | | |
| | | | | |
| | | | | |
| 合计 | | | | |

(5)根据试算平衡的结果,说明牙科医院 7 月的盈利情况。

业务题六

1. 目的:练习运用借贷记账法编制会计分录,熟悉编制试算平衡表的步骤和方法。

2. 资料:一家出售日用品的小百货店在 7 月份发生表 3.18 中的业务(为简化问题,假设小百货店是一家小规模纳税人商业企业,暂忽略增值税和售价金额核算法)

3. 要求:

(1)为每笔业务编制会计分录(见表 3.18)。

**表 3.18　会计分录表**　　　　单位:元

| 业务 | 会计分录 |
|---|---|
| 7 月 1 日,收到投资者陈某投入的 40 万元投资款,存入银行 | |
| 7 月 3 日,开出 21 000 元支票支付三个月的租金 | |
| 7 月 5 日,向银行借款 10 万元,期限为两年 | |

续表

| 业务 | 会计分录 |
| --- | --- |
| 7月10日，购买空调、冷柜等设备花费18 000元，用银行存款支付 | |
| 7月15日，以银行存款3 000元支付广告宣传费 | |
| 7月20日，购买待出售的百货商品30万元，商品已验收入库，已用转账支票支付20万元，其余款项未付 | |
| 7月31日，本月累计出售百货商品40 000元，款项已存入银行 | |
| 7月31日，结转本月所售商品成本30 000元 | |
| 7月31日，摊销本月店面租金7 000元(用"管理费用"账户) | |
| 7月31日，计提本月应承担的借款利息650元 | |
| 7月31日，结转本月收入类账户 | |
| 7月31日，结转本月费用类账户 | |

(2)编制发生额试算平衡表(见表3.19)。

**表3.19　发生额试算平衡表**

××××年7月　　单位:元

| 账户名称 | 本期发生额 | |
| --- | --- | --- |
| | 借方 | 贷方 |
| | | |
| | | |
| | | |
| | | |
| | | |
| | | |
| | | |
| | | |
| | | |
| | | |
| | | |
| | | |
| | | |
| | | |
| | | |
| | | |
| | | |
| | | |
| 合计 | | |

业务题七

1. 目的：熟悉会计分录和会计要素。

2. 资料：某公司发生的记账错误如表 3.20 所示。

**表 3.20 某公司记账错误**

| 记账错误事项 | 资产 | 负债 | 所有者权益 | 净利润 |
|---|---|---|---|---|
| 1. 现购设备误记为赊购设备 | 高估 | 高估 | 无 | 无 |
| 2. 赊购商品未记账 | | | | |
| 3. 赊销收入未记账 | | | | |
| 4. 少提折旧 | | | | |
| 5. 漏提利息 | | | | |

3. 要求：根据示例完成表 3.20，判断记账错误对相应项目的影响（用“高估”“低估”和“无”填列）。

业务题八

1. 目的：练习期末进行账项调整应编制的调整分录。

2. 资料：某企业 6 月份与账项调整有关的业务如下。

（1）本月短期借款为 200 000 元，年利率为 6%，计提本月利息费用，并以银行存款支付本季度利息费用。

（2）以银行存款支付下半年的财产保险费 18 000 元，本月的保险费 3 000 元已于年初支付。

（3）上个月接受一笔预收货款 30 000 元，本月交货，对方已收到该批产品（暂不考虑增值税）。

（4）企业暂时闲置的房屋从下个月开始出租，收到半年的租金 60 000 元，存入银行。

（5）计提本月行政办公楼的折旧费 30 000 元。

（6）年初将一项专利权租赁出去，每月租金为 20 000 元，本年全部租金已于 1 月份收到。

（7）本年行政管理部门订阅报刊的费用为 3 600 元，已于上年末全部支付，本月应承担的报刊订阅费为 300 元。

（8）本月开始从汽车租赁公司租入轿车一台，供销售部门使用，租期为 1 年，以银行存款支付年租金 72 000 元，本月应承担的租赁费为 6 000 元。

3. 要求：为上述各项业务编制会计分录。

业务题九

1. 目的：练习期末结账相关业务的处理，熟悉结账分录的编制及利润的计算。

2. 资料：某企业 12 月份收入类、费用类账户的发生额如表 3.21 所示。

表 3.21　某企业 12 月收入类、费用类账户的发生额　　单位:元

| 账户名称 | 贷方发生额 | 账户名称 | 借方发生额 |
|---|---|---|---|
| 主营业务收入 | 300 000 | 主营业务成本 | 180 000 |
| 其他业务收入 | 50 000 | 其他业务成本 | 20 000 |
| 投资收益 | 36 000 | 税金及附加 | 28 000 |
| 营业外收入 | 33 000 | 销售费用 | 30 000 |
| | | 管理费用 | 40 000 |
| | | 财务费用 | 24 000 |
| | | 资产减值损失 | 32 000 |
| | | 营业外支出 | 35 000 |

3.要求:

(1)编制结账分录。

(2)计算本月的利润总额。

# 第4章　借贷记账法的具体应用(一)

## 4.1　内容简介

商业企业的资金运动形式相对比较简单，表现为“货币资金—成品资金—货币资金”，相应地，企业的主要经济活动表现为商品购进、储存、销售三个环节。本章以批发型商业企业为例，介绍了企业融资设立—商品购进—商品储存—商品销售整个过程的主要账户设置和账务处理。本章包括以下内容：①融资筹办过程；②商品购进过程的核算；③商品销售过程和其他损益活动的核算；④账项调整、利润结转和分配过程的核算。

### 4.1.1　融资筹办过程的核算

资金是企业的血液，是企业进行生产经营活动的必要条件，没有足够的资金，企业的生存和发展就没有保障。企业资金的筹集和生产经营活动的筹备过程即融资筹办过程。

企业资金筹集的渠道有两条：一条是吸收投资者投入的资金，获得权益资金；另一条是向银行或其他金融机构借款或发行企业债券等，获得债务资金。在企业筹资阶段，企业的货币资金(资产)增加的同时，所有者权益或者负债增加了。

当企业拥有生产经营所需的资金后，就要进行公司的注册登记、人员培训、企业宣传等筹备工作。这些筹备工作需要耗费企业一定量的货币资金，这个时候在企业的货币资金减少的同时，费用增加了。这些与企业组织管理有关的费用，我们统一用“管理费用”这一账户进行核算(不包括固定资产和无形资产等购置成本和计入固定资产成本的借款费用)。

在筹备阶段，企业还需购置固定资产、无形资产等，这些购置行为表现为企业资产的一增一减或企业资产和负债的同时增加。

另外，由于增值税的特殊性，企业在采购货物、接受劳务、支付费用时需向供应商支付增值税进项税额，待将该批商品出售时，需向购买方收取增值税销项税额，差额部分就是企业向税务局交纳的税款。在会计处理上通过设置“应交税费”负债类账户来核算企业按税法规定应交纳的各种税费的金额以及实际交纳情况。

融资筹办过程主要业务的账务处理总结见表4.1。

表 4.1　融资筹办过程主要业务的账务处理

| 主要业务 | 账务处理 |
| --- | --- |
| 收到投资人的投资 | 借:银行存款/固定资产/无形资产<br>　贷:实收资本/股本 |
| 债权人(银行或其他金融机构)提供资金 | 借:银行存款<br>　贷:短期借款/长期借款 |
| 筹备期间发生咨询调查费、差旅费、筹建人员工资等 | 借:管理费用<br>　应交税费——应交增值税(进项税额)<br>　贷:银行存款/库存现金 |
| 生产管理需要购买固定资产或无形资产 | 借:固定资产/无形资产<br>　应交税费——应交增值税(进项税额)<br>　贷:银行存款/应付账款 |

### 4.1.2　商品购进过程的核算

商品的购进是商业企业的核心业务之一,批发型商业企业的经营规模比较大,商品进销没有零售企业频繁,所以大中型批发企业商品购进的核算方法大都采用数量进价金额核算法,即在库存商品总账的控制下,按商品的品名、规格、等级和编号分户进行明细核算。库存商品明细账记录每种库存商品的增减和结存情况,既反映进价金额又反映数量。

购进商品的实际成本不仅包括买价,还包括购买过程中支付的运输费、包装费、装卸费、保险费、仓储费等,以及运输途中的合理损耗,材料入库之前发生的挑选整理费、按规定计入商品成本的各种税金(除增值税进项税额)等(但市内零星运杂费、采购人员差旅费、采购机构经费直接计入期间费用)。正因为此,在商品采购时,很难确定商品的全部采购成本,有时一次购入两种以上商品的运杂费等费用还需要在各种商品之间进行分配。为随时反映商品的采购业务和采购费用的发生情况,在商品验收入库前,需设置“在途物资”账户用于归集商品的采购成本;待商品验收入库,再将采购成本从“在途物资”账户贷方转到“库存商品”账户借方。企业购进固定资产、无形资产不同于商品的采购,固定资产的取得成本包括企业构建固定资产并达到预定可使用状态前所发生的所有合理的、必要的支出。

商品购进过程主要业务的账务处理总结见表 4.2。

表 4.2　商品购进过程主要业务的账务处理

| 主要业务 | 账务处理 |
| --- | --- |
| 购买商品已付款但尚未验收入库,或购买商品未付款且尚未验收入库 | 借:在途物资(按实际采购成本)<br>　应交税费——应交增值税(进项税额)<br>　贷:银行存款/应付账款/应付票据 |
| 支付商品采购费用 | 借:在途物资<br>　应交税费——应交增值税(进项税额)<br>　贷:银行存款/库存现金 |
| 结转商品采购成本 | 借:库存商品(不同商品设置二级明细科目)<br>　贷:在途物资(不同商品设置二级明细科目) |

续表

| 主要业务 | 账务处理 |
|---|---|
| 生产管理需要购买固定资产(固定资产不需要安装,购入即达到预定可使用状态) | 借:固定资产(包括达到预定可使用状态前发生的所有合理的、必要的支出)<br>应交税费——应交增值税(进项税额)<br>贷:银行存款/应付账款 |

## 4.1.3　商品销售过程与其他损益活动的核算

在商业企业的商品销售过程中,一方面有销售商品等主营业务,在会计核算上需设置"主营业务收入"账户确认商品销售收入,同时需设置"主营业务成本"账户结转商品销售成本,另外通过"销售费用""税金及附加""应付职工薪酬"等账户核算销售过程中发生的相关税金、包装物、支付的员工薪酬等;另一方面,企业还需设置"其他业务收入""其他业务成本"账户核算企业发生的主营业务以外的原材料销售、固定资产与无形资产出租等其他业务收入和成本,通过"营业外收入""营业外支出"核算偶然发生的利得和损失。

商品销售过程与其他损益活动主要业务的账务处理总结见表 4.3。

表 4.3　商品销售过程与其他损益活动主要业务的账务处理

| 主要业务 | 账务处理 |
|---|---|
| 企业现销或赊销商品 | 借:银行存款/应收账款/应收票据<br>贷:主营业务收入<br>应交税费——应交增值税(销项税额) |
| 收到购买方的订货款 | 借:银行存款<br>贷:预收账款——××公司 |
| 企业现销或赊销商品,发货前已收订货款 | 借:预收账款——××公司<br>银行存款/应收账款/应收票据<br>贷:主营业务收入<br>应交税费——应交增值税(销项税额) |
| 支付销售过程中发生的广告费、包装费、保险费等 | 借:销售费用<br>应交税费——应交增值税(进项税额)<br>贷:银行存款 |
| 计算工资、社保费和公积金,发放员工薪酬 | 计算:<br>借:管理费用/销售费用<br>贷:应付职工薪酬<br>发放:<br>借:应付职工薪酬<br>贷:银行存款 |
| 结转销售的商品成本 | 借:主营业务成本<br>贷:库存商品 |

续表

| 主要业务 | 账务处理 |
| --- | --- |
| 确认出租固定资产、无形资产等其他经营活动实现的收入 | 借：银行存款<br>　贷：其他业务收入<br>　　应交税费——应交增值税（销项税额） |
| 其他经营活动发生的支出 | 借：其他业务成本<br>　应交税费——应交增值税（进项税额）<br>　贷：银行存款 |

### 4.1.4 账项调整、利润结转与分配过程的核算

我国会计准则规定，企业确认收入的取得和费用的发生采用的是权责发生制，因此除了日常的账务处理以外，还需在每个会计期末将收入和费用合理分配进合适的会计期间，即账项调整，在此基础上进行相应的结账工作。年末还需进行利润的结转与分配工作。

账项调整、利润结转与分配过程主要业务的账务处理总结见表4.4。

表4.4 账项调整、利润结转与分配过程主要业务的账务处理

| 主要业务 | 账务处理 |
| --- | --- |
| 固定资产和无形资产的摊销 | 借：管理费用<br>　贷：累计折旧/累计摊销 |
| 计提坏账准备 | 借：信用减值损失<br>　贷：坏账准备 |
| 会计期末，收入类账户转到本年利润的贷方 | 借：主营业务收入<br>　其他业务收入<br>　投资收益<br>　营业外收入<br>　贷：本年利润 |
| 会计期末，费用类账户转到本年利润的借方 | 借：本年利润<br>　贷：主营业务成本<br>　　其他业务成本<br>　　税金及附加<br>　　资产减值损失<br>　　管理费用<br>　　销售费用<br>　　财务费用<br>　　营业外支出 |
| 计算并结清所得税账户 | 计算所得税：<br>借：所得税费用<br>　贷：应交税费——应交所得税<br>结清所得税账户：<br>借：本年利润<br>　贷：所得税费用 |

续表

| 主要业务 | 账务处理 |
|---|---|
| 年末进行利润的结转与分配 | 结转本年利润：<br>借：本年利润<br>　　贷：利润分配——未分配利润<br>利润分配，提取盈余公积，分配股利：<br>借：利润分配——提取盈余公积<br>　　　　　　——应付现金股利<br>　　贷：盈余公积<br>　　　　应付股利 |
| 结清利润分配账户的明细账户 | 借：利润分配——未分配利润<br>　　贷：利润分配——提取盈余公积<br>　　　　　　　　——应付现金股利 |

## 4.2　重难点分析

### 4.2.1　商品购进、接受劳务、支付费用、销售的账务处理

在货物购进、接受劳务、支付费用等环节，除了支付买价以外，还需向供应商支付增值税进项税额，在商品出售时，需向购买方收取增值税销项税额。

### 4.2.2　其他业务、投资活动及营业外活动的核算

商业企业除了正常的商品买卖活动之外，还会发生原材料的买卖和包装物或商品的出租等其他业务收入以及一些偶发的利得或损失，在核算这些业务时注意与企业主营业务会计科目设置和具体账务处理上的区别。

### 4.2.3　账项调整、利润结转与分配的核算

企业账项调整包括四种情形，即收入的递延、费用的递延、应计未付的费用、应计未收的收入，注意这四种不同情形在会计核算上的区别。在会计期末，企业利润结转时要将本期发生的所有收入类科目转到本年利润的贷方，所有费用类科目转到本年利润的借方，年末再将“本年利润”账户余额转入“利润分配”账户以待分配。

## 4.3 学习提示

### 4.3.1 主营业务收入、其他业务收入、营业外收入的区分

主营业务收入是企业开展的日常活动中的主要活动所产生的收入，通常是根据企业营业执照上规定的主要业务范围确定的，占企业收入比重较大。对于商业企业而言，主营业务收入主要就是销售商品取得的收入。其他业务收入是企业开展主营业务以外的其他日常活动所产生的收入，是企业营业执照上规定的主要业务范围以外的经营业务，占企业收入比重较小，如销售材料取得的收入、出租固定资产取得的租金收入等。营业外收入是与企业生产经营没有直接关系的各种收入，并不是企业生产经营产生的，不需要企业付出代价，如固定资产处置净收益。

### 4.3.2 账户结转的含义有两层

账户结转有两层含义：一是指计算出某一个账户所记录的资金数额；二是指将所计算出来的账面记录数额从本账户转到另一个账户中。本章涉及的几处结转的含义及做法如下：

(1)结转采购商品的实际成本。主要是计算入库商品的实际成本，并将其余额从"在途物资"账户结转到"库存商品"账户。

(2)将本期全部收入类账户结转至"本年利润"账户。将企业在某一会计期间所有收入类账户的余额转入"本年利润"的贷方，结转后这些收入类账户期末无余额。

(3)将本期全部费用类账户结转至"本年利润"账户。将企业在某一会计期间所有费用类账户的余额转入"本年利润"的借方，结转后这些费用类账户期末无余额。

(4)企业在会计年度末将全年已实现的全部利润结转至"利润分配——未分配利润"账户，结转后，"本年利润"账户年末余额为零。

## 习 题

**一、判断题**

1. 购买固定资产时发生的增值税进项税，应被纳入固定资产的取得成本中。 (　　)

2. 向银行或其他金融机构借入的款项，通过"应付账款"和"其他应付款"账户核算。 (　　)

3. 管理费用是一种期间费用，按期进行归集，期末全部转入"本年利润"账户。 (　　)

4. 营业利润＝主营业务收入＋其他业务收入－主营业务成本－其他业务成本－税金及附加－销售费用－财务费用－管理费用－资产减值损失±公允价值变动收益±投资收益。 (　　)

5. 企业使用支票支付货款时，应贷记“应付票据”科目。（　　）

6. 固定资产的入账价值包括取得固定资产并达到预定可使用状态以前发生的各种开支，如为建造固定资产而借款的利息。（　　）

7. 企业的净利润减去提取的盈余公积金，剩余的部分为未分配利润。（　　）

8. 企业应当在客户取得相关商品或服务的控制权时确认收入。（　　）

9. 企业准备分给投资者的利润，在企业实际支付之前是企业的一项负债。（　　）

10. 采购人员报销的差旅费是企业本期的费用。（　　）

11. “在途物资”账户期末如有借方余额，表示在途商品的实际成本。（　　）

12. 固定资产在使用过程中的磨损，表明固定资产价值的减少，应计入“固定资产”账户的贷方。（　　）

13. “利润分配——未分配利润”明细账户的借方余额为未弥补的亏损。（　　）

14. 对于预收账款业务不多的企业，可以不单独设置“预收账款”账户，其发生的预收账款通过“应收账款”账户核算。（　　）

15. “主营业务收入”账户期末结转后，余额应为零。（　　）

16. 企业在销售过程中发生的销售费用直接影响营业利润的确定。（　　）

17. “本年利润”账户属于负债类账户。（　　）

18. 销售方按销售合同规定已确认销售(如已收到货款)但尚未发运给购货方的商品，应作为购货方的存货而不应再作为销货方的存货。（　　）

19. 企业发生的房产税应通过“税金及附加”账户进行核算。（　　）

20. 本年实现的利润就是未分配利润。（　　）

21. 固定资产是指使用寿命超过一个会计年度的有形资产。（　　）

22. 对于企业收到的投资方投入的实物资产，如果确认的资产价值超过其在注册资本中所占的份额，差额应作为资本溢价，计入盈余公积。（　　）

23. 如果长期借款是正常经营所需的流动资金，应将其发生的利息支出计入当期损益。（　　）

24. 某企业购入固定资产设备一台，价款为 50 000 元，增值税为 8 000 元，运杂费、安装费为1 200元，则固定资产的入账价值为 51 200 元。（　　）

25. 企业销售商品时，如估计价款收回的可能性不大，即使收入确认的其他条件均已满足，也不应当确认收入。（　　）

26. 企业处置固定资产、无形资产等非流动资产形成的经济利益的总流出属于费用。（　　）

27. 一般来说，应收账款拖欠的时间越长，发生坏账的可能性越大。（　　）

28. “主营业务收入”账户核算企业的主要经营业务所取得的收入，包括销售商品、出售原材料、出租固定资产等。（　　）

29. 企业到期无力偿付的商业承兑汇票，应按其账面余额转入“资本公积”。（　　）

30. 年度终了，除“未分配利润”明细科目外，“利润分配”科目下的其他明细科目应当无余额。（　　）

31. 企业的收入包括主营业务收入、其他业务收入和营业外收入。（　　）

32. 企业为拓展销售市场所发生的业务招待费，应计入销售费用。（　　）

## 二、单项选择题

1. 在采购业务中，不会和"在途物资"账户的借方相对应的贷方账户是（　　）。
   A."应交税费"　　B."应付票据"
   C."银行存款"　　D."应付账款"
2. 按照权责发生制的要求，下列应作为本期费用的是（　　）。
   A. 预付明年的报刊费　　B. 尚未付款的本月借款利息
   C. 采购人员预支差旅费　　D. 支付上季度的保险费
3. 下列关于"本年利润"账户的说法中不正确的是（　　）。
   A. 借方登记期末转入的各项费用损失
   B. 年末结转后该账户一般没有余额
   C. 贷方登记期末转入的各项收入利得
   D. 借方余额为本期发生的亏损额
4. 年末结转后，下列关于"利润分配"账户贷方余额的说法中正确的是（　　）。
   A. 本期实现的利润总额　　B. 本期实现的净利润额
   C. 累计分配的利润额　　D. 累计未分配的利润额
5. 下列业务中属于资产内部一增一减的是（　　）。
   A. 预付定金给外单位　　B. 借入长期借款
   C. 预收外单位交来的定金　　D. 支付欠外单位的款项
6. 下列业务中不会引起所有者权益变动的是（　　）。
   A. 提取盈余公积金　　B. 收到投资者投入的资本
   C. 准备派发股利　　D. 投资者抽资
7. 销售一批商品，不含增值税的售价为24 000元，不含税的进货成本为20 000元，增值税税率为13%。编制会计分录时，贷方应记为（　　）元和"应交税费——应交增值税（销项税额）"3 120元。
   A. 库存商品 20 000　　B. 主营业务收入 24 000
   C. 银行存款 27 120　　D. 主营业务成本 20 000
8. 计算应交所得税时，应该借记（　　）科目。
   A."应交税费——应交所得税"　　B."税金及附加"
   C."管理费用"　　D."所得税费用"
9. 从外地购入一批原材料，价款为33 900元，其中包含增值税进项税3 900元。另外发生运输费1 000元，装卸费200元，增值税108元，采购人员工资1 200元。材料运抵发现途中发生了合理损耗，损失材料价值300元。该批材料的采购成本入账价值应为（　　）元。
   A. 31 200　　B. 31 608
   C. 35 508　　D. 31 500
10. 企业9月底负债总额为200万元，10月份发生三笔业务：①预付购货款20万元；②收回欠款30万元；③用银行存款归还借款15万元。10月底企业的负债总额为（　　）万元。
   A. 205　　B. 175

C. 185　　D. 155

11. 某企业"本年利润"账户5月末账面余额为58万元,表示(　　)。

A. 5月份实现的利润总额　　B. 1—5月累计实现的营业利润

C. 1—5月累计实现的利润总额　　D. 1—5月累计实现的商品销售利润

12. 预提短期借款利息支出时,应贷记的账户是(　　)。

A. "短期借款"　　B. "财务费用"

C. "应付利息"　　D. "银行存款"

13. 某企业本月支付公司管理人员工资15 000元和银行短期借款利息3 000元,预付半年(含本月)财产保险费1 200元。该企业本月管理费用发生额为(　　)。

A. 15 000元　　B. 16 200元

C. 15 200元　　D. 19 200元

14. 销售产品时应交消费税,应贷记的科目是(　　)。

A. "主营业务收入"　　B. "税金及附加"

C. "应交税费"　　D. "所得税费用"

15. 甲企业为增值税一般纳税人,本期外购小家电一批,购买价格为10 000元,增值税为1 300元,入库前发生的挑选整理费为500元,入库后发生的挑选整理费90元。该批小家电的入账价值为(　　)元。

A. 10 000　　B. 11 300

C. 10 500　　D. 11 890

16. "应付职工薪酬"账户期末贷方余额反映的是(　　)。

A. 本月实际支付的职工薪酬　　B. 本月尚未支付的职工薪酬

C. 本月结转的代扣款项　　D. 本月多支付的职工薪酬

17. 小张出差回来报销差旅费2 700元,原借3 000元,交回多余现金300元。报销时的会计分录为(　　)。

A. 借:库存现金　　300
　　管理费用　　2 700
　　贷:银行存款　　3 000

B. 借:管理费用　　2 700
　　库存现金　　300
　　贷:其他应收款　　3 000

C. 借:管理费用　　3 000
　　贷:其他应收款　　3 000

D. 借:管理费用　　3 000
　　贷:应收账款　　3 000

18. 某企业年初未分配利润为100万元,本年净利润为1 000万元,按10%计提法定盈余公积,按5%计提任意盈余公积,宣告发放现金股利80万元,该企业期末未分配利润为(　　)万元。

A. 855　　B. 867

C. 870　　D. 874

19. 某企业当月主营业务收入为110 000元，主营业务成本为60 000元，销售费用为10 000元，管理费用为20 000元，应交增值税税额为8 000元，则本月利润总额为(　　)。

A. 20 000元　　B. 22 000元

C. 30 000元　　D. 32 000元

20. 企业接受的现金捐赠，应计入(　　)。

A. “营业外收入”　　B. “盈余公积”

C. “资本公积”　　D. “未分配利润”

21. 下列应计入管理费用的是(　　)。

A. 筹建期间的开办费　　B. 预计产品质量保证损失

C. 生产车间管理人员工资　　D. 专设销售机构的固定资产修理费

22. 应收票据是指企业销售商品、提供劳务等收到的(　　)。

A. 银行汇票　　B. 商业汇票

C. 银行本票　　D. 支票

23. 企业设置“固定资产”账户是用来反映固定资产的(　　)。

A. 磨损价值　　B. 累计折旧

C. 原始价值　　D. 净值

24. 企业出售甲、乙产品给D单位，金额为10万元，收到购买单位D签发的金额为13万元的转账支票，其中3万元为对方预付的货款。企业本期实现的销售收入为(　　)。

A. 13万元　　B. 10万元

C. 3万元　　D. 7万元

25. 某企业为增值税一般纳税人，去年应交的各种税金如下：增值税280万元，消费税130万元，城市维护建设税30万元，土地使用税10万元，车船使用税5万元，所得税150万元。上述税金应计入税金及附加的金额是(　　)万元。

A. 175　　B. 605

C. 325　　D. 160

26. 企业收到投资者追加的投资20万元，存入银行。关于这笔经济业务，以下说法正确的是(　　)。

A. 导致资产增加，负债增加

B. 导致资产内部增减变动，总额不变

C. 导致资产增加，所有者权益增加

D. 导致所有者权益内部增减变动，总额不变

27. 企业经股东大会批准，宣告向投资者分配现金股利18 000元，下列分录中正确的是(　　)。

A. 借：本年利润　　18 000

　　贷：应付股利　　18 000

B. 借：应付股利　　18 000

　　贷：银行存款　　18 000

C. 借:利润分配——应付现金股利　　18 000
　　贷:应付股利　　18 000
D. 借:利润分配——应付现金股利　　18 000
　　贷:银行存款　　18 000

28. 作为无形资产账户的扣减项,为无形资产的价值摊销设置的科目是(　　)。
A. "坏账准备"　　B. "累计折旧"
C. "管理费用"　　D. "累计摊销"

29. 下列各项经济业务中应计入"营业外收入"的是(　　)。
A. 出租固定资产　　B. 制造业企业出售原材料
C. 出租包装物和商品　　D. 无法支付的应付账款

30. 某一般纳税人企业2018年应交的各种税金为:增值税280万元,消费税120万元,城市维护建设税28万元,房产税20万元,车船使用税7万元,所得税200万元,则应计入"税金及附加"账户的金额为(　　)。
A. 328万元　　B. 348万元　　C. 155万元　　D. 175万元

## 三、多项选择题

1. 下列项目中不计入商品采购成本,而计入"管理费用"的是(　　)。
A. 外地运杂费　　B. 市内采购的零星运杂费
C. 运输中的合理损耗　　D. 采购人员的差旅费
E. 采购机构的经费

2. 下列属于"利润分配"账户的明细账户的有(　　)。
A. 提取法定盈余公积　　B. 提取资本公积
C. 未分配利润　　D. 应付现金股利或利润
E. 提取实收资本

3. 下列情况中运用"其他应付款"账户的有(　　)。
A. 从金融机构临时借入资金　　B. 从外单位临时调入资金
C. 收取包装物押金　　D. 尚未支付购设备款
E. 赊购货物尚未支付的增值税

4. "税金及附加"账户可以核算(　　)。
A. 所得税　　B. 消费税
C. 增值税　　D. 房产税
E. 城市维护建设税

5. "其他业务收入"包括的收入有(　　)。
A. 罚款收入　　B. 出售固定资产收入
C. 出售原材料收入　　D. 出租无形资产收入
E. 出租固定资产收入

6. 下列账户中属于"营业利润"计算范畴的有(　　)。
A. 资产减值损失　　B. 营业外收入
C. 所得税费用　　D. 营业外支出
E. 销售费用

7. 下列账户中根据权责发生制的要求设置的有（　　）。

A. “长期借款”　　B. “其他应收款”

C. “固定资产”　　D. “预付账款”

E. “盈余公积”

8. 下列项目中属于“营业外支出”核算范畴的有（　　）。

A. 公益性捐赠支出　　B. 固定资产报废损失

C. 罚款支出　　D. 出售原材料的成本

E. 计提的坏账损失

9. 下列项目中属于“销售费用”的有（　　）。

A. 广告费　　B. 销售人员的薪酬

C. 销售过程中的包装费和运杂费　　D. 销售机构的业务经费

E. 销售过程中的保险费

10. 下列项目中属于“管理费用”的有（　　）。

A. 业务招待费　　B. 董事会费

C. 行政管理部门的固定资产折旧费　　D. 教育费附加

E. 筹建期间的开办费

11. 下列项目中应计入“利润分配”账户借方的是（　　）。

A. 提取的公积金　　B. 所得税费用

C. 年末转入的亏损额　　D. 分配给投资者的利润

E. 盈余公积弥补亏损

12. 根据权责发生制原则，下列各项中属于本年度收入的有（　　）。

A. 本年度销售商品一批，货款下年初结算

B. 收到上年度所销商品的货款

C. 上年度已预收货款，本年度发出商品

D. 本年度出租仓库

E. 本年度销售商品一批，货款收到并存入银行

13. 期间费用一般包括（　　）。

A. 财务费用　　B. 管理费用

C. 销售费用　　D. 制造费用

E. 主营业务成本

14. 某工业企业从外地采购甲、乙两种商品，下列采购支出中属于采购成本的有（　　）。

A. 两种商品的运费　　B. 甲商品的买价

C. 乙商品的买价　　D. 两种商品的装卸费

E. 乙商品的包装费

15. 下列项目中属于财务成果计算和处理内容的有（　　）。

A. 利润分配　　B. 利润的计算

C. 亏损弥补　　D. 所得税费用的计算

16. 下列账户中期末余额应在贷方的是（　　）。

A. “预收账款”　　B. “预付账款”

C. “应收账款”　　D. “应付账款”

17. 计提城市维护建设税时，应通过(　　)账户进行核算。

A. “税金及附加”　　B. “其他应付款”

C. “应交税费——应交城市维护建设税”　　D. “销售费用”

18. 关于“本年利润”账户，下列说法中正确的有(　　)。

A. 借方登记期末转入的各项支出额

B. 贷方余额为本年实现的净利润额

C. 借方余额为本年发生的亏损额

D. 年末经结转后该账户没有余额

19. 下列应当计入固定资产初始入账价值的有(　　)。

A. 购买价款　　B. 运杂费

C. 安装成本　　D. 包装费

20. 下列各项中应计入其他应付款的有(　　)。

A. 存入保证金　　B. 应付的销货方代垫的运杂费

C. 从其他单位借入的款项　　D. 到期无力支付的商业承兑汇票

21. 应付账款的入账价值包括(　　)。

A. 增值税销项税额　　B. 增值税进项税额

C. 销售方代垫的包装费　　D. 销售方代垫的运杂费

22. 企业短期借款预提利息时，应(　　)。

A. 借记“财务费用”　　B. 贷记“应付利息”

C. 借记“预提费用”　　D. 贷记“财务费用”

23. 企业本年度应纳税所得额为 100 万元，按 25% 的所得税税率计算，本年度应交所得税 25 万元。该项经济业务涉及的账户有(　　)。

A. 应交税费　　B. 税金及附加

C. 其他应付款　　D. 所得税费用

24. 企业计提“坏账准备”时，应(　　)科目。

A. 借记“坏账准备”　　B. 贷记“应收账款”

C. 借记“信用减值损失”　　D. 贷记“坏账准备”

25. 下列业务发生后，应计入本期费用的有(　　)。

A. 预付下季度报纸杂志费 6 000 元

B. 摊销本月负担的杂志费 2 000 元

C. 本月发生房屋租金 1 000 元，尚未支付

D. 支付上月水电费 3 200 元

26. “财务费用”账户的贷方登记(　　)。

A. 期末结转“本年利润”的本期各项筹资费用

B. 汇兑收益

C. 应冲减财务费用的利息收入

D. 发行股票溢价收入

27. 期末下列哪些账户的余额应转入“本年利润”账户？(　　)

A. 资产减值损失　　　　　　　　　B. 财务费用
C. 制造费用　　　　　　　　　　　D. 投资收益

28. 企业本年实现净利润 87 000 元，年末提取盈余公积 8 700 元，决定向投资者分配利润 20 000 元。该企业年末利润分配时应编制的会计分录有(　　)。

A. 借：利润分配　　20 000
　　贷：应付股利　　20 000
B. 借：本年利润　　87 000
　　贷：利润分配　　87 000
C. 借：利润分配　　8 700
　　贷：本年利润　　8 700
D. 借：利润分配　　8 700
　　贷：盈余公积　　8 700

29. 下列会计科目中年末应无余额的有(　　)。
A. "主营业务收入"　　　　　　　B. "利润分配"
C. "营业外收入"　　　　　　　　D. "本年利润"

30. 下列各项中年度终了需要转入"利润分配——未分配利润"科目的有(　　)。
A. "利润分配——应付现金股利"　　B. "利润分配——盈余公积补亏"
C. "利润分配——提取法定盈余公积"　D. "本年利润"

## 四、业务题

### 业务题一

1. 目的：练习企业融资筹办过程的核算。
2. 资料：20××年 3 月，康友公司发生以下有关融资筹办业务(见表 4.5)。

**表 4.5　20××年 3 月康友公司融资筹办过程中的业务**　　单位：元

| 序号 | 业务 | 会计分录 |
| --- | --- | --- |
| 1 | 收到投资者投入的 300 000 元，存入银行 | |
| 2 | 向银行取得期限为 1 年的借款 500 000 元和期限为 3 年的借款 1 000 000 元 | |
| 3 | 收到投资者投入的房屋建筑物和商品，房屋估价 600 万元，商品估价 40 万元，验收入库(房屋和商品均未获得增值税抵扣凭证) | |
| 4 | 从银行提取现金 10 000 元备用 | |
| 5 | 用现金支付筹办期间电话费 300 元 | |
| 6 | 用银行存款支付筹建人员工资 7 000 元和培训费用 2 000 元 | |
| 7 | 一笔临时性借款 50 000 元到期，用银行存款归还 | |
| 8 | 投资人投入一项专营权，作价 30 万元 | |
| 9 | 用银行存款支付筹办人员差旅费 4 500 元 | |

3.要求:为上述业务编制相应的会计分录(填入表 4.5)。

业务题二

1.目的:练习企业商品和固定资产购进(供应)过程的核算。

2.资料:20××年 8 月,大理公司发生以下有关商品和固定资产购进过程的业务(见表 4.6)。

**表 4.6　20××年 8 月大理公司商品和固定资产购进过程中的业务**　　单位:元

| 序号 | 业务 | 会计分录 |
| --- | --- | --- |
| 1 | 从外地的大地公司购入 A 商品 4 000 千克,单价为 100 元,增值税税率为 13%,款项未付 | |
| 2 | 用银行存款支付上述 A 商品的运杂费2 000元和增值税 180 元 | |
| 3 | 上述 A 商品到达,验收入库 | |
| 4 | 购入一批办公用的电脑,买价为 68 000 元,运杂费为 1 500 元,保险费为 240 元,可以抵扣的增值税进项税额为 8 975 元,款项均以银行存款支付 | |
| 5 | 用银行存款支付七星公司 1 600 元,作为 D 商品的定金 | |
| 6 | 从外地的五环公司购进 B 商品 2 000 千克(单价为 120 元)、C 商品 3 000 千克(单价为 90 元),增值税税率为 13%,款项已经用银行存款支付 | |
| 7 | 用银行存款支付 10 900 元上述 B、C 商品的运杂费(含增值税 9%),运杂费以重量标准进行分配 | |
| 8 | 上述 B、C 商品运抵,验收后入库 | |
| 9 | 以前预付过定金 1 600 元的 D 商品 20 千克到货,单价为 180 元,增值税为 468 元,余款用银行存款支付 | |
| 10 | 采购人员预支差旅费 800 元,用现金支付 | |
| 11 | 用银行存款归还前欠大地公司的货款452 000元 | |
| 12 | 从本地供货商处赊购 D 商品 100 千克,总价为 20 000 元,增值税为 2 600 元,开出商业汇票支付 | |
| 13 | 用现金支付该批 D 商品的市内运杂费 80 元 | |
| 14 | 该批 D 商品到库 | |
| 15 | 采购人员报销差旅费 700 元,冲销原借款后,归还公司 100 元现金 | |
| 16 | 用银行存款预付销售部门的保险费3 180元(尚未收到发票) | |

3.要求:为上述业务编制相应的会计分录(填入表 4.6)。

业务题三

1. 目的：练习企业销售过程的核算。

2. 资料：20××年7月，风帆公司发生以下有关销售过程的业务(见表4.7)。

**表4.7 20××年7月风帆公司销售过程中的业务** 单位：元

| 序号 | 业务 | 会计分录 |
|---|---|---|
| 1 | 销售A商品200只，单价为300元，增值税税率为13%，款项一半已收到并存入银行，另外一半对方单位答应在一个月内付款 | |
| 2 | 用银行存款支付销售A商品所发生的运输费200元和保险费100元(取得普通发票) | |
| 3 | 用银行存款支付商品的广告费2 300元和增值税138元 | |
| 4 | 销售B商品400件，单价为200元，增值税税率为13%，收到买方开具的商业汇票 | |
| 5 | 用现金支付所售B商品的包装费200元和增值税26元 | |
| 6 | 结转已销A商品和B商品的成本50 000元和70 000元 | |
| 7 | 收到外单位预付的订货款25 000元，存入银行 | |
| 8 | 计算本月销售商品应交纳的城市维护建设税700元和教育费附加300元 | |
| 9 | 收到外单位汇来的前欠货款3 800元，存入银行 | |
| 10 | 持有的一张商业汇票到期，去银行兑付，收到汇票到期值20 000元并存入银行 | |

3. 要求：为上述业务编制相应的会计分录(填入表4.7)。

业务题四

1. 目的：练习企业期间费用和其他损益活动的核算。

2. 资料：20××年5月，美地公司发生以下涉及期间费用和其他损益活动的业务(见表4.8)。

**表4.8 20××年5月美地公司涉及期间费用和其他损益活动的业务** 单位：元

| 序号 | 业务 | 会计分录 |
|---|---|---|
| 1 | 用银行存款支付给某单位的违约罚金1 000元 | |

续表

| 序号 | 业务 | 会计分录 |
|---|---|---|
| 2 | 出租一项专营权,租期为 1 年,收到租金 200 000 元以及增值税 12 000 元,存入银行 | |
| 3 | 用银行存款支付出租专营权时发生的中介转让费等杂费 3 000 元 | |
| 4 | 一项随商品出售的包装物逾期未退,没收曾加收的押金 600 元,增值税税率为 13% | |
| 5 | 用现金 400 元购买行政管理部门的办公用品 | |
| 6 | 计算本月行政管理部门员工和销售机构员工的工资,分别为 30 000 元和 50 000 元 | |
| 7 | 分别按照上述工资总额的 16%、10% 和 12% 计提养老保险费、医疗保险费和住房公积金 | |
| 8 | 分别按照上述工资总额的 2%、1.5% 计提工会经费和职工教育经费 | |
| 9 | 抛售短期持有的 100 股股票,每股售价为 33.41 元,每股买价为 28.87 元,款项存入银行 | |
| 10 | 用银行存款 2 000 元支付董事会费 | |
| 11 | 上个月借入一笔 3 个月期借款 50 万元,利息共 15 000 元,到期将和本金一起支付,计提本月借款利息费用 | |

3. 要求:为上述业务编制相应的会计分录(填入表 4.8)。

### 业务题五

1. 目的:练习期末账项调整的业务核算。

2. 资料:20××年 9 月 30 日,士园公司发生以下调整业务(见表 4.9)。

**表 4.9 20××年 9 月 30 日士园公司发生的账项调整业务** 单位:元

| 序号 | 业务 | 会计分录 |
|---|---|---|
| 1 | 计提本月应承担的短期借款利息 2 600 元 | |
| 2 | 确认出租的店面租金收入(该店面年初出租,每个月租金为 5 000 元,增值税税率为 9%,全部租金将在年底收取) | |
| 3 | 本月起向外单位租用一辆汽车为销售机构使用,每个月租金为 10 000 元,全部租金将在半年后支付(未取得增值税专用发票),确认本月租金费用 | |

续表

| 序号 | 业务 | 会计分录 |
|---|---|---|
| 4 | 计提本月应收账款坏账准备 5 800 元 | |
| 5 | 确认出租打包机租金收入(年初收到全部租金 12 000 元及增值税 1 560 元,增值税税率为 13%) | |
| 6 | 摊销本月应承担的行政管理部门报刊订阅费 400 元 | |
| 7 | 摊销本月公司专利权费用(该专利权价值 600 000 万元,摊销年限为 5 年) | |
| 8 | 计提本月管理部门固定资产折旧费 8 000 元 | |

3. 要求:为上述业务编制相应的会计分录(填入表 4.9)。

业务题六

1. 目的:练习企业利润结转与分配过程的核算。

2. 资料:20××年 11 月 30 日,蓝枫公司"本年利润"账户余额为 540 000 元。12 月 31 日,公司发生以下有关利润结转与分配过程的业务(见表 4.10)。

**表 4.10　20××年 12 月 31 日蓝枫公司有关利润结转与分配过程的业务**　　单位:元

| 序号 | 业务 | 会计分录 |
|---|---|---|
| 1 | 结转本月实现的各项收入,其中销售商品实现收入 570 000 元,其他业务收入 120 000 元,投资收益 20 000元,营业外收入30 000元 | |
| 2 | 结转本月发生的各项费用,其中销售的商品成本 480 000 元,其他业务成本 100 000 元,税金及附加 20 000 元,销售费用8 000元,管理费用 2 000 元,财务费用 3 000 元,资产减值损失 1 500 元,营业外支出10 000元 | |
| 3 | 按本月利润总额的 25%计提所得税,并结转"所得税"账户 | |
| 4 | 将本月税后利润和本年前面 11 个月的净利润总和结转入"利润分配"账户,等待分配 | |
| 5 | 按本年税后利润的 10%提取法定盈余公积 | |
| 6 | 按本年税后利润的 40%计算分配给投资者的股利 | |
| 7 | 结转"利润分配"的明细账户 | |

3. 要求:为上述业务编制相应的会计分录(填入表 4.10)。

业务题七

1. 目的:练习企业利润结转与活动的核算。

2. 资料:D公司 2014 年 12 月取得主营业务收入 8 000 万元,其他业务收入 1 500 万元,投资收益 900 万元,营业外收入 300 万元;发生主营业务成本 5 000 万元,其他业务成本 1 000 万元,税金及附加 200 万元,销售费用 950 万元,管理费用 650 万元,财务费用 300 万元,营业外支出 900 万元,资产减值损失 100 万元。所得税税率为 25%。D公司"本年利润"账户月末贷方余额为 8 600 万元。D公司按净利润的 10%提取法定盈余公积,宣告向股东分配现金股利 3 000 万元。

3. 要求:编制 D公司有关利润结转与分配的会计分录(见表 4.11)。

**表 4.11　2014 年 12 月 31 日 D公司有关利润结转与分配的业务**　　单位:元

| 序号 | 业务 | 会计分录 |
| --- | --- | --- |
| 1 | 结转各收入和利得账户 | |
| 2 | 结转各费用和损失账户 | |
| 3 | 计算本月所得税费用,并结清所得税费用账户 | |
| 4 | 结转年度"本年利润"账户,等待分配 | |
| 5 | 按 10%提取法定盈余公积 | |
| 6 | 向股东分配现金股利 3 000 万元 | |
| 7 | 结转利润分配账户的明细账户 | |

业务题八

1. 目的:练习商业企业主要经营活动的综合核算。

2. 资料:20××年 12 月,德邦公司发生以下业务(见表 4.12)。

**表 4.12　20××年 12 月德邦公司发生的业务**　　单位:元

| 序号 | 业务 | 会计分录 |
| --- | --- | --- |
| 1 | 销售 A 产品 10 件,单价为 1 920 元,货款为19 200 元,增值税销项税额为 2 496 元,款项已存入银行 | |
| 2 | 销售 B 产品 150 件,单价为 680 元,货款为 102 000 元,增值税销项税额为 13 260 元,款项尚未收到 | |
| 3 | 用银行存款支付广告费 1 350 元和业务招待费 7 600 元(取得普通发票) | |
| 4 | 应计本月银行借款利息 1 200 元 | |
| 5 | 结转已销产品生产成本,其中 A 产品成本 12 476 元,B 产品成本 69 000 元 | |
| 6 | 计算应交城市维护建设税 1 100 元,教育费附加 610 元 | |

续表

| 序号 | 业务 | 会计分录 |
|---|---|---|
| 7 | 销售丙材料200千克，单价为26元，货款为5 200元(不含税)，增值税税率为13%，货款已存入银行，其采购成本为4 900元 | |
| 8 | 由于对方单位撤销，一项金额为2 800元的应付账款确实无法支付，经批准予以销账 | |
| 9 | 以现金260元支付延期提货的罚款 | |
| 10 | 月末将“主营业务收入”“其他业务收入”“营业外收入”等收入类账户结转到“本年利润”账户 | |
| 11 | 月末将“主营业务成本”“税金及附加”“其他业务成本”“销售费用”“管理费用”“财务费用”“营业外支出”结转到“本年利润”账户 | |
| 12 | 按25%税率计算本期应交的所得税 | |
| 13 | 结清所得税费用账户 | |
| 14 | 将本月实现的净利润转入“利润分配”账户 | |
| 15 | 按税后利润的10%提取盈余公积 | |
| 16 | 决定向投资者分配现金股利15 000元 | |
| 17 | 期末结清利润分配账户的各明细账户 | |

3.要求：为上述业务编制相应的会计分录(填入表4.12)。

业务题九

1.目的：练习商业企业主要经营活动的综合核算。

2.资料：20××年12月，苏勤公司发生以下业务(见表4.13)。

**表4.13　20××年12月苏勤公司发生的业务**　　单位：元

| 序号 | 业务 | 会计分录 |
|---|---|---|
| 1 | 用银行存款支付明年办公室的房租24 000元和增值税2 160元 | |
| 2 | 收到某单位归还的所欠货款5 000元并存入银行 | |
| 3 | 用银行存款支付上个月的税金7 900元 | |
| 4 | 从银行提取现金34 200元，准备发放工资 | |
| 5 | 用现金34 200元发放工资 | |
| 6 | 用银行存款3 260元(含增值税13%)支付行政管理部门的办公用品费 | |

续表

| 序号 | 业务 | 会计分录 |
|---|---|---|
| 7 | 销售给湖畔公司 A 商品的价款为 394 400 元(含税),增值税税率为 16%,款项尚未收到 | |
| 8 | 采购人员预支差旅费 2 000 元,用现金支票支付 | |
| 9 | 收到投资者投入的车辆一台,评估价值为 200 000元 | |
| 10 | 用银行存款 4 300 元进行公益性捐赠 | |
| 11 | 购买一套办公设备,价格为 200 000 元,增值税为 26 000 元,运费为 218 元(含增值税 9%),设备已经投入使用,用银行存款支付款项 150 000 元,其余部分一个月内付清 | |
| 12 | 收到山地公司支付的定金 50 000 元,存入银行 | |
| 13 | 从外地购买 A 商品 200 千克,单价为 800 元,B 商品 300 千克,单价为 900 元,增值税税率为 13%,款项通过开出商业汇票承诺付款 | |
| 14 | 开出现金支票支付上述 A 商品和 B 商品的运费 5 000 元和增值税 450 元,按重量比例分配运费 | |
| 15 | 上述 A 商品和 B 商品入库 | |
| 16 | 归还银行 3 个月期借款 500 000 元 | |
| 17 | 销售给平原公司 B 商品一批,价格为 500 000 元,增值税税率为 13%,款项已收并存入银行 | |
| 18 | 用银行存款支付上述销售 B 商品的运费 300 元、保险费 100 元、包装费 100 元、增值税 50 元 | |
| 19 | 采购人员回来报销差旅费 1 850 元,交回余款 150 元 | |
| 20 | 本月起出租闲置的店面,一次性收取半年租金 6 000 元,增值税为 540 元,款项已存入银行 | |
| 21 | 收到对方单位支付的违约金 3 000 元,存入银行 | |
| 22 | 出售 2 000 股短期股票,每股售价为 41 元,每股成本为 35 元,销售款存入银行 | |
| 23 | 计算本月工资:销售部门 20 000 元,管理部门10 000 元 | |
| 24 | 分别按工资总额的 16%、10%和 8%计提养老保险费、医疗保险费和住房公积金,分别按工资总额的 2%和 1.5%计提工会经费和职工教育经费 | |

续表

| 序号 | 业务 | 会计分录 |
|---|---|---|
| 25 | 结转本月销售A商品的成本280 000元和B商品的成本400 000元 | |
| 26 | 预提本月银行短期借款的利息800元和长期借款的利息2 400元 | |
| 27 | 摊销本月行政管理部门的报刊订阅费150元 | |
| 28 | 摊销本月起租的店面在本月实现的租金收入1 000元 | |
| 29 | 本月应付电费、电话费等杂费1 000元(可抵扣的增值税为130元),其中销售部门承担600元,管理部门承担400元 | |
| 30 | 计算本月应交房产税1 000元,城建税70元,教育费附加30元 | |
| 31 | 提取坏账准备400元 | |
| 32 | 摊销公司拥有的无形资产500元 | |
| 33 | 月末结账,将本月实现的收入转入“本年利润”账户 | |
| 34 | 月末结账,将本月实现的费用转入“本年利润”账户 | |
| 35 | 按所得税税率25%计算所得税,并结清所得税账户 | |
| 36 | 已知11月30日“本年利润”贷方余额为1 357 850元,将今年12个月实现的净利润一并转入“利润分配”账户,等待分配 | |
| 37 | 按本年税后利润的10%提取盈余公积 | |
| 38 | 按本年税后利润的30%计算待分配给股东的现金股利 | |
| 39 | 结转“利润分配”账户的二级科目 | |

3.要求:为上述业务编制相应的会计分录(填入表4.13)。

# 第5章　借贷记账法的具体应用(二)

## 5.1　内容简介

在上一章商品批发企业会计核算学习的基础上，本章主要讨论借贷记账法在零售企业和制造业企业中的应用。通过学习，学生应进一步巩固借贷记账规则的知识，熟悉企业经营活动常用账户的主要应用。

### 5.1.1　零售企业的售价金额核算法

库存商品明细账一般涉及数量金额核算法和金额核算法。数量金额核算不但反映商品的价格，还反映实物数量，而金额核算只反映商品的价格。进一步地，按“库存商品”账户入账基础是进价还是售价，数量金额核算又可细分为数量进价金额和数量售价金额，金额核算可分为进价金额和售价金额(见表5.1)。

表5.1　零售企业的售价金额核算法

<table>
<tr><th>商品控制</th><th>“库存商品”入账基础</th><th>会计核算</th><th colspan="2">核算特点</th><th>适合行业</th></tr>
<tr><td rowspan="2">数量＋金额</td><td>进价</td><td>数量进价金额</td><td rowspan="2">库存商品明细账按商品的品名分户，分别核算各种商品收进、付出及结存的数量和金额。<br>优点：同时提供数量和金额指标，便于加强管理。<br>缺点：核算工作量偏大</td><td>商品按购进价格记账</td><td>大中型批发企业、农副产品收购企业、专业性商店、贵重品商店</td></tr>
<tr><td>售价</td><td>数量售价金额</td><td>商品按销售价格记账</td><td>小型批发企业</td></tr>
</table>

续表

<table>
<tr><th>商品控制</th><th>“库存商品”入账基础</th><th>会计核算</th><th colspan="2">核算特点</th><th>适合行业</th></tr>
<tr><td rowspan="2">金额</td><td>进价</td><td>进价金额</td><td rowspan="2">库存商品明细账按实物负责人或小组分户，只记金额，不记实物数量。<br>优点：按实物负责人或小组分户设置明细账，简化核算工作。<br>缺点：商品实物数量与其明细账无法一一对应，需加强商品实地盘点制度</td><td>商品按购进价格记账，按实收销货款登记销售收入，用“以存计销”方法确定销售成本</td><td>鲜活商品零售企业</td></tr>
<tr><td>售价</td><td>售价金额</td><td>商品按销售价格记账</td><td>普通零售企业</td></tr>
</table>

由于零售企业的商品种类繁多，交易频繁且零星，因此多采用金额核算法，即库存商品明细账按实物负责人或小组分户，只记金额，不记数量。采用金额核算法的零售企业，多数又采用售价金额核算法，库存商品以售价入账，按金额控制。这种核算法手续简单，能提高工作效率。

售价金额核算法适应了商品零售企业管理体制的需要，有利于加强商品零售企业的销售毛利控制，因而得到了广泛应用。售价金额核算法又称“售价记账、实物负责制”，是指平时商品的购入、加工、收回、销售均按售价记账，库存商品售价与进价之间的差额用“商品进销差价”科目来核算，并在期末计算和分摊已售商品的进销差价。这种方法应当定期实地盘点商品，通过实地盘点，对库存商品的数量及价值进行核算，并对实物和负责人履行经济责任的情况进行检查。售价金额核算法下零售企业主要业务的账务处理总结见表5.2。

**表5.2　售价金额核算法下零售企业主要业务的账务处理**

| 主要业务 | 账务处理 |
|---|---|
| 采购商品 | 借：在途物资（进价）<br>　应交税费——应交增值税（进项税额）<br>　贷：银行存款/应付账款 |
| 商品验收入库 | 借：库存商品（含税售价）<br>　贷：在途物资（进价）<br>　　商品进销差价 |
| 日常销售 | 借：银行存款<br>　贷：主营业务收入（含税售价） |

续表

| 主要业务 | 账务处理 |
|---|---|
| 结转销售成本 | 借:主营业务成本(含税售价)<br>　贷:库存商品 |
| 月末,调整及确认增值税销项税额 | 借:主营业务收入<br>　贷:应交税费——应交增值税(销项税额) |

## 5.1.2　制造业企业主要经济活动的核算

制造业企业主要经济活动的核算包括供应过程、生产过程、销售过程等阶段的核算。

制造业企业大部分业务的核算与商业企业一样,制造业企业主要经济活动的账务处理总结见表 5.3。

表 5.3　制造业企业主要经济活动的账务处理

| 主要经济活动 | 账务处理 |
|---|---|
| 采购材料 | 借:在途物资<br>　应交税费——应交增值税(进项税额)<br>　贷:银行存款/应付账款 |
| 原材料验收入库 | 借:原材料<br>　贷:在途物资 |
| 购进设备 | 借:固定资产<br>　应交税费——应交增值税(进项税额)<br>　贷:银行存款/应付账款 |
| 生产产品领用材料 | 借:生产成本——A 产品<br>　　　　——B 产品<br>　贷:原材料 |
| 生产车间发生的水电费、维修费等生产费用 | 借:制造费用<br>　应交税费——应交增值税(进项税额)<br>　贷:银行存款/应付账款 |
| 计提生产设备和厂房折旧费 | 借:制造费用<br>　管理费用<br>　贷:累计折旧 |
| 发放工资 | 借:应付职工薪酬<br>　贷:银行存款 |

续表

| 主要业务 | 账务处理 |
|---|---|
| 计算或分配工资 | 借:生产成本——A产品<br>——B产品<br>制造费用<br>管理费用<br>贷:应付职工薪酬 |
| 计提养老保险费、医疗保险费和公积金以及工会经费、职工教育经费 | 借:生产成本——A产品<br>——B产品<br>制造费用<br>管理费用<br>贷:应付职工薪酬 |
| 月末,分配和结转制造费用 | 借:生产成本——A产品<br>——B产品<br>贷:制造费用 |
| 月末,产品完工入库 | 借:库存商品——A产品<br>——B产品<br>贷:生产成本——A产品<br>——B产品 |
| 销售产品 | 借:银行存款/应收账款<br>贷:主营业务收入<br>应交税费——应交增值税(销项税额) |
| 结转产品销售成本 | 借:主营业务成本<br>贷:库存商品 |
| 销售原材料 | 借:银行存款 /应收账款<br>贷:其他业务收入<br>应交税费——应交增值税(销项税额) |
| 结转已售材料成本 | 借:其他业务成本<br>贷:原材料 |
| 存货跌价 | 借:资产减值损失<br>贷:存货跌价准备 |
| 调整已销产品的存货跌价准备 | 借:存货跌价准备<br>贷:主营业务成本 |
| 固定资产减值 | 借:资产减值损失<br>贷:固定资产减值准备 |

续表

| 主要业务 | 账务处理 |
| --- | --- |
| 固定资产出售与报废(假定不划分持有待售资产) | (1)固定资产转入清理<br>借:固定资产清理<br>累计折旧<br>固定资产减值准备<br>贷:固定资产<br>(2)发生清理费用<br>借:固定资产清理<br>贷:银行存款/库存现金<br>(3)旧设备变价收入或残料收入<br>借:银行存款<br>贷:固定资产清理<br>应交税费——应交增值税(销项税额)<br>(4)结转清理净损益<br>①净损失<br>借:营业外支出(固定资产报废)<br>资产处置损益(尚可使用的固定资产正常出售)<br>贷:固定资产清理<br>②净收益<br>借:固定资产清理<br>贷:营业外收入(固定资产报废)<br>资产处置损益(尚可使用的固定资产正常出售) |

## 5.2　重难点分析

本章的重难点包括商品进销差价率的计算、制造费用的核算以及固定资产折旧、减值和处置的账务处理。

### 5.2.1　商品进销差价率的计算

商品进销差价率的计算公式为

商品进销差价率=(期初库存商品进销差价+本期购入商品进销差价)/(期初库存商品售价+本期购入商品售价)×100%

商品进销差价率的公式可以有多种表达形式:

分子=期初商品进销差价+本期购入商品进销差价
=期末商品进销差价+本期已销商品进销差价

分母=期初库存商品售价+本期购入商品售价
=本期已销商品售价+期末库存商品售价

本期销售商品应分摊的商品进销差价=本期商品销售收入×商品进销差价率

本期销售商品的实际成本=本期商品销售收入×(1-商品进销差价率)

期末结存商品的实际成本=期末结存商品售价×(1-商品进销差价率)

### 5.2.2 制造费用的核算

制造费用是指企业为生产产品和提供劳务而发生的各项间接费用，包括工资和福利费、折旧费、修理费、办公费、水电费、机物料消耗、劳动保护费、季节性和修理期间的停工损失等。企业设置"制造费用"科目，核算企业生产车间(部门)为生产产品和提供劳务而发生的各项间接费用。本科目可按不同的生产车间、部门和费用项目进行明细核算。除季节性的生产性企业外，本科目期末应无余额。制造费用的主要账务处理如下：①生产车间发生的机物料消耗，借记本科目，贷记"原材料"等科目。②生产车间发生的管理人员的工资等职工薪酬，借记本科目，贷记"应付职工薪酬"科目。③生产车间计提的固定资产折旧，借记本科目，贷记"累计折旧"科目。④生产车间支付的办公费、水电费等，借记本科目，贷记"银行存款"等科目。⑤发生季节性的停工损失，借记本科目，贷记"原材料""应付职工薪酬""银行存款"等科目。⑥将制造费用分配进有关的成本核算对象，借记"生产成本""劳务成本"等科目，贷记本科目。

### 5.2.3 固定资产折旧、减值和处置的账务处理

#### 5.2.3.1 固定资产折旧

固定资产的损耗有两种：有形损耗和无形损耗。有形损耗，是由于使用而发生的机械磨损以及自然力所引起的自然损耗。无形损耗，是指科学技术进步以及劳动生产率提高等所引起的固定资产价值的损失。一般情况下，当计算固定资产折旧时，要同时考虑这两种损耗。企业应当根据与固定资产有关的经济利益的预期实现方式，合理选择折旧方法。我国会计准则中可选用的折旧方法包括年限平均法(即直线法)、工作量法、双倍余额递减法和年数总合法。固定资产的折旧方法一经确定，不得随意变更。直线法是最简单并且常用的一种方法。此法是以固定资产的原价减去预计净残值，除以预计使用年限，求得每年的折旧费用。在各使用年限中，固定资产转移到产品成本中的价值均是相等的，折旧的累计额呈直线上升趋势。年折旧率和月折旧额的计算公式为

$$年折旧率=(1-预计净残值率)\div预计使用寿命(年)\times100\%$$

$$月折旧额=固定资产原价\times年折旧率\div12$$

应当按月计提固定资产折旧，当月增加的固定资产，当月不计提折旧，从下月起计提折旧；当月减少的固定资产，当月仍计提折旧，从下月起不计提折旧。

固定资产提足折旧后，不论能否继续使用，均不再计提折旧；提前报废的固定资产，也不再补提折旧。已计提减值准备的固定资产，还应当扣除已计提的固定资产减值准备累计金额。

#### 5.2.3.2 固定资产减值

固定资产损坏、技术陈旧或者其他经济原因导致其可收回金额低于账面价值，这种情况被称为固定资产减值。如果固定资产的可收回金额低于其账面价值，应当按可收回金额低于其账面价值的差额计提固定资产减值准备，并计入当期损益。

#### 5.2.3.3 固定资产处置

固定资产处置涉及两种情况，一种是报废不再使用，另一种是正常使用的固定资产出售(不考虑划分持有待售资产)。当处置固定资产准备时，应通过"固定资产清理"科目核

算,转销该固定资产所计提的累计折旧和减值准备,并贷记“固定资产”科目。在处置过程中发生的费用计入“固定资产清理”科目借方,取得的处置收益计入“固定资产清理”科目贷方。最后的处置净损益,转入营业外收支(报废)或者转入资产处置损益(出售)。

## 5.3　学习提示

学习商品进销差价时,要理解为什么售价核算法中,售价包括了预期利润和应交税费,为什么结转成本时需要对此进行调整。学习制造费用时,要对直接成本和间接成本有所了解。

## 5.4　学习资源介绍

1. 对商品进销差价的讨论,参见 http://bbs.canet.com.cn/thread-62911-1-1.html
2. 更多关于制造业会计处理的信息,参见 http://www.canet.com.cn
3. 资产处置的账务处理,参见 http://www.esnai.com/

### 习　题

**一、讨论题**

1. 商业企业的商品核算方法有哪几种?它们分别适合什么样的企业?
2. 售价金额核算法和进价金额核算法的区别是什么?
3. 售价金额核算法的优缺点是什么?相关的会计科目是什么?
4. 售价金额核算法下,如何登记“库存商品”的金额?
5. 售价金额核算法下,成本和收入如何计量?期末要做哪些会计处理?
6. 制造业企业的资金运动和商业企业相比,有什么不同?
7. 制造业企业在生产过程中,基本的核算程序有哪些?
8. “制造费用”账户核算什么内容?账户结构是什么样的?
9. 固定资产计提折旧和减值应如何进行账务处理?
10. 简述固定资产清理过程的账务处理。

**二、判断题**

1. 制造业企业的资金运动过程是以“货币—商品—货币”的形式进行的。　(　　)
2. 零售企业通常采用售价金额核算法和数量售价金额核算法。　(　　)
3. 固定资产因磨损而减少的价值称为损耗。　(　　)

4. 制造业企业在生产过程中发生的各种耗费和计入销售费用的费用一样会影响当期损益。（　）

5. 期间费用和制造费用不同，不会构成产品成本。（　）

6. "固定资产"账户反映企业固定资产的原始价值，而非净值。（　）

7. "固定资产清理"账户的借方登记转出（不划归为持有待售资产）固定资产的出售收入和所获赔偿，贷方登记转出固定资产的账面净值和清理费用。（　）

8. "固定资产减值准备"和"累计折旧"账户的余额通常都在贷方。（　）

9. 工业企业发生的工资费用不一定都会构成产品成本。（　）

10. 融资租入的固定资产的所有权不在本企业，所以在使用过程中不需要计提折旧。（　）

11. 数量售价金额核算法一般适用于小型批发企业。（　）

12. 期间费用是指不能直接归属于某个特定产品成本的费用，如管理费用、财务费用、制造费用。（　）

13. 管理费用应按一定的分配方法进行分配，计入各项产品成本中。（　）

14. 固定资产的价值会随着损耗逐渐地、部分地转移到产品成本中去，因此"固定资产"账户余额期末应转入存货的价值。（　）

15. 月末应根据当月发生额按比例将制造费用分配到产品中去。（　）

16. "应交税费"账户的余额必定在贷方，表示应交未交的税费。（　）

17. 固定资产通常需要根据企业固定资产原值和核定的折旧率按月计提折旧。（　）

18. 接受外单位或个人捐赠的资产是一种筹资活动，捐赠给外单位或个人是一种投资活动。（　）

19. 当期发生的销售费用会影响当期损益，但是制造费用不一定影响当期损益。（　）

20. 管理费用的发生直接关系到当月所销售产品的成本高低，进而影响利润。（　）

21. 月末"应付职工薪酬"账户的贷方余额，表示应付未付的职工薪酬，即本月应付职工薪酬大于实发职工薪酬的金额。（　）

22. 最基本的成本项目有三项，即直接材料、直接人工和制造费用，简称"三项费用"。（　）

23. 固定资产提足折旧后，不论能否继续使用，均不再计提折旧。（　）

24. 按照会计准则的规定，对于计提的固定资产减值准备，在以后期间价值恢复时，不转回任何原已计提的减值准备金额。（　）

25. 正常报废的固定资产应通过"固定资产清理"科目予以核算。（　）

26. 任何企业都应当对所有固定资产计提折旧。（　）

27. 提前报废的固定资产，也不再补提折旧，而应该计入营业外支出。（　）

28. 管理部门所计提的固定资产折旧，期末应转入制造费用。（　）

29. 外购固定资产，需要考虑是否存在可以抵扣的增值税进项税额。（　）

30. 企业已计提减值准备的存货结转销售成本时，应一并结转相关的存货跌价准备。（　）

## 三、单项选择题

1.“商品进销差价”账户的贷方登记商品(　　)的金额。
   A. 含税售价大于进价　　B. 不含税售价大于进价
   C. 进价大于含税售价　　D. 进价大于不含税售价

2. 批发企业一般采用(　　)核算法。
   A. 金额　　B. 数量金额
   C. 数量　　D. 实物

3. 售价金额核算法下，库存商品以(　　)计价。
   A. 进价　　B. 进价＋增值税进项税额
   C. 售价　　D. 售价＋增值税销项税额

4. 车间管理部门使用的固定资产提取折旧时，应借记(　　)科目。
   A. 累计折旧　　B. 管理费用
   C. 制造费用　　D. 固定资产

5. 下列活动中会影响本期利润的是(　　)。
   A. 加工过程中耗费材料　　B. 收到投资者投入的货币资金
   C. 筹建期间发生工资费用　　D. 提取盈余公积

6. 下列科目中期末不应转入“本年利润”的是(　　)。
   A. 制造费用　　B. 资产减值损失
   C. 所得税费用　　D. 税金及附加

7. 某零售企业月末“库存商品”账户余额为 250 000 元，“商品进销差价”调整前余额为 60 000 元，本月销售商品取得收入 150 000 元，则本月所销商品中的进销差价为(　　)元。
   A. 36 000　　B. 22 500
   C. 37 500　　D. 90 000

8. 某商场月初“库存商品”账户余额为 130 000 元，“商品进销差价”账户余额为 30 000 元，本月所购买的商品的进价为 50 000 元，售价为 70 000 元，本月销售商品的收入为 90 000 元，则本期销售商品的实际成本为(　　)元。
   A. 67 500　　B. 72 000
   C. 65 000　　D. 63 000

9. 某零售商店年初库存商品成本为 50 万元，售价为 72 万元。当年购入商品的实际成本为 120 万元，售价为 200 万元。当年销售收入为当年购入商品售价总额的 80%，在采用零售价法的情况下，该商店年末库存商品的实际成本为(　　)万元。
   A. 67.2　　B. 70
   C. 60　　D. 80

10. 某制造业企业一批产品的制造成本为 47 500 元，销售过程中发生销售费用 2 000 元，并支付消费税等税金及附加项目 1 000 元，销售该产品应计入“主营业务成本”(　　)元。
   A. 49 500　　B. 50 500
   C. 48 500　　D. 47 500

11. 在数量进价金额核算法下，“库存商品”的总分类账和明细分类账应该按(　　)记账。

A. 售价　　B. 进价
C. 市场价格　　D. 可变现净值

12.“商品进销差价”账户是资产类账户，它抵减的账户是(　　)。
A. 商品采购　　B. 库存商品
C. 在途物资　　D. 主营业务收入

13.“商品进销差价”账户用于(　　)。
A. 进价金额核算法　　B. 售价金额核算法
C. 市场价值核算法　　D. 公允价值核算法

14. 进价金额核算法适用于(　　)。
A. 商品批发企业　　B. 农副产品收购企业
C. 经营鲜活商品的零售企业　　D. 规模大的制造业企业

15. 企业设置“固定资产”账户用来反映固定资产的(　　)。
A. 原始价值　　B. 损耗价值
C. 累计折旧　　D. 累计净值

16. 某制造业企业为增值税一般纳税人，本期外购原材料一批，发票注明的价格为 20 000 元，增值税税额为 2 600 元，入库前发生的挑选整理费用为 1 000 元，则该批原材料的入账价值应为(　　)元。
A. 20 000　　B. 22 600
C. 21 000　　D. 23 600

17. 下列选项中，不构成产品成本，而应直接计入当期损益的是(　　)。
A. 期间费用　　B. 制造费用
C. 直接材料费用　　D. 直接人工费用

18. 下列账户中，不计入期间费用的是(　　)。
A. 制造费用　　B. 管理费用
C. 财务费用　　D. 销售费用

19. 下列应计入制造业企业其他业务收入的是(　　)。
A. 自制半成品销售收入　　B. 与生产相关的营业外收入
C. 出售固定资产净收益　　D. 销售库存商品收入

20.“固定资产”账户核算的固定资产的原始价值是(　　)。
A. 该固定资产投入市场初期的价格　　B. 购建当时的买价和附属支出
C. 运杂费、安装费以外的买价　　D. 购置价格和附属支出的现值

21. 固定资产因损耗而减少的价值，应计入(　　)。
A.“累计折旧”账户的贷方　　B.“固定资产”账户的贷方
C.“累计折旧”账户的借方　　D.“制造费用”账户的借方

22. 下列账户中能与“应交税费——应交增值税”账户形成对应关系的是(　　)。
A. 库存商品　　B. 本年利润
C. 主营业务收入　　D. 应收账款

23. B 企业为增值税一般纳税人，企业本月购进原材料 400 千克，货款为 24 000 元，增值税为 3 120 元，发生的保险费为 1 400 元，入库前发生的整理挑选费用为 520 元，

验收入库发现数量短缺 40 千克,经查属于运输途中的合理损耗,则企业确定的该批原材料的实际单位成本为(　　)元。

A. 64.8　　B. 66
C. 71.30　　D. 72

24. 下列项目中不属于企业日常经营活动收入的是(　　)。
A. 提供劳务取得的收入　　B. 销售商品取得的收入
C. 出售固定资产取得的净收益　　D. 出租机器设备取得的收入

25. 下列账户中不能与“制造费用”账户发生对应关系的是(　　)。
A. 累计折旧　　B. 生产成本
C. 应付职工薪酬　　D. 库存商品

26. 制造业企业出租固定资产所取得的收入属于(　　)。
A. 主营业务收入　　B. 投资收益
C. 其他业务收入　　D. 营业外收入

27. 某企业“生产成本”账户的期初余额为 80 万元,本期发生的直接材料费用为 640 万元,直接人工费用为 120 万元,制造费用为 160 万元,企业行政管理费用为 80 万元,销售费用为 100 万元,本期完工产品成本为 640 万元,则企业期末“生产成本”账户的余额应为(　　)万元。
A. 200　　B. 260
C. 360　　D. 540

28. “生产成本”账户期末借方有余额,该余额表示(　　)。
A. 本月完工产品成本　　B. 本月投入生产费用
C. 期末库存产品成本　　D. 期末在产品的成本

29. 下列应作为管理费用的是(　　)。
A. 生产车间设备折旧费　　B. 固定资产盘亏净损失
C. 商品定额内的自然损耗　　D. 销售部门的资产折旧费

30. 下列各项内容中应计入其他业务成本的是(　　)。
A. 库存商品盘亏净损失　　B. 已出租的厂房折旧
C. 向灾区捐赠的商品的成本　　D. 火灾导致原材料毁损的净损失

**四、多项选择题**

1. 下列账户中月末没有余额的有(　　)。
A. 本年利润　　B. 制造费用
C. 财务费用　　D. 应交税费
E. 主营业务收入

2. 在售价金额核算法下,库存商品的入账价值是(　　)的合计数。
A. 销售中的运费　　B. 商品的进价
C. 增值税进项税　　D. 增值税销项税
E. 毛利

3. “制造费用”核算的内容包括(　　)。
A. 直接材料　　B. 间接材料

C. 车间领用的办公用品费　　D. 车间管理人员的差旅费

E. 直接人工

4. 下列关于"制造费用"账户的说法中正确的有(　　)。

A. 期末结转"本年利润"后一般没有余额

B. 期末一般没有余额

C. 借方登记实际发生的各项间接生产费用

D. 贷方登记分配转入产品成本的制造费用

E. 期末余额一般在借方,表示在产品的间接成本

5. 商品流通企业的会计核算方法一般有(　　)。

A. 进价金额核算法　　B. 售价金额核算法

C. 数量进价金额核算法　　D. 数量售价金额核算法

E. 指数核算法

6. 批发企业在商品购销会计核算时,应设置的账户有(　　)。

A. 主营业务收入

B. 主营业务成本

C. 应交税费——应交增值税(进项税额)

D. 应交税费——应交增值税(销项税额)

E. 汇兑损失

7. 产品的生产成本包括(　　)。

A. 直接材料　　B. 直接人工

C. 管理费用　　D. 制造费用

E. 福利费用

8. "应付职工薪酬"账户的借方登记支付给职工的工资,贷方按工资用途进行分配,可以计入(　　)账户。

A. 生产成本　　B. 管理费用

C. 制造费用　　D. 库存商品

E. 销售费用

9. 下列选项中属于生产过程中发生的费用的有(　　)。

A. 生产工人工资　　B. 材料采购费用

C. 车间机器设备折旧费　　D. 产品广告费用

E. 为购买生产设备而贷款的利息费用

10. 主营业务收入是企业在(　　)等经营活动过程中实现的收入。

A. 销售商品　　B. 出租固定资产

C. 提供劳务　　D. 转让无形资产

E. 销售原材料

11. 在企业的购销活动中,表示企业负债减少的记录有(　　)。

A. "应付账款"账户的借方　　B. "预付账款"账户的借方

C. "应付票据"账户的贷方　　D. "预收账款"账户的借方

E. "预收账款"账户的贷方

12. 企业购入固定资产,误计入“管理费用”账户,会导致(　　)。
A. 资产多计　　B. 资产少计
C. 利润多计　　D. 利润少计
E. 费用多计

13. 企业因赊销商品发生的应收账款,其入账价值应当包括(　　)。
A. 销售商品的价款　　B. 增值税销项税额
C. 代购买方垫付的包装费　　D. 代购买方垫付的运杂费
E. 销售人员的工资

14. 下列属于直接费用的有(　　)。
A. 固定资产折旧　　B. 生产耗用材料
C. 生产工人工资　　D. 设备修理费用
E. 生产用水费

15. 下列项目中不应计入产品生产成本的有(　　)。
A. 销售费用　　B. 管理费用
C. 财务费用　　D. 制造费用
E. 所得税费用

16. “销售费用”账户的核算内容包括(　　)。
A. 销售广告费　　B. 物资采购运杂费
C. 销售网点人员工资　　D. 销售网点人员福利费
E. 销售过程中的保险费

17. 下列关于“制造费用”账户结构的说法中正确的有(　　)。
A. 借方登记实际发生的各项费用
B. 贷方登记分配进产品成本的制造费用
C. 期末余额在借方,表示在产品的制造费用
D. 期末余额在贷方,表示在产品的制造费用
E. 期末结转后一般没有余额

18. 下列选项中作为应付职工薪酬进行核算的有(　　)。
A. 工会经费　　B. 职工教育经费
C. 住房公积金　　D. 医疗保险费
E. 职工福利费

19. 下列账户中月末结转后没有余额的有(　　)。
A. 生产成本　　B. 销售费用
C. 管理费用　　D. 应付职工薪酬
E. 财务费用

20. 下列选项中不在“固定资产”账户中核算的有(　　)。
A. 购入正在安装的设备　　B. 经营性租入的设备
C. 融资租入的不需安装的设备　　D. 购入的不需安装的设备
E. 外租给其他单位使用的设备

21. 下列选项中不应计入当期损益的有(　　)。

A. 计提固定资产减值准备

B. 融资租赁固定资产未确认融资费用的摊销

C. 不超过固定资产可收回金额的改良支出

D. 生产车间所计提的固定资产折旧

E. 大规模改造原有厂房的支出

22. 当存在下列(　　)情况之一时，应当按照该项固定资产的账面价值全额计提固定资产减值准备。

A. 长期闲置不用，在可预见的未来不会再使用，且已无转让价值的固定资产

B. 由于技术进步等原因，已不可使用的固定资产

C. 虽然尚可使用，但使用后产生大量不合格品的固定资产

D. 已遭毁损，以至于不再具有使用价值和转让价值的固定资产

E. 长期出租给其他单位，定期收取租金的固定资产

23. 下列各项中应通过“固定资产清理”科目核算的有(　　)。

A. 盘亏的固定资产　　B. 持有待售的固定资产

C. 报废的固定资产　　D. 毁损的固定资产

E. 固定资产的清洗费用

24. 下列方法中适用于计算固定资产折旧的有(　　)。

A. 直接折旧法　　B. 间接折旧法

C. 直线折旧法　　D. 工作量法

E. 双倍余额递减法

## 五、业务题

### 业务题一

1. 目的：熟悉零售企业商品核算方法。

2. 资料：一家零售商店7月份发生表5.4中的经济业务(该零售商店为增值税一般纳税人，增值税税率为13%)，这家零售商店将商品分为“日用杂货”和“食品”两大类。

**表5.4　某零售商店7月发生的部分经济业务**　　单位：元

| 序号 | 业务 | 会计分录 |
| --- | --- | --- |
| 1 | 从外地的日用品制造公司购入洗发水一批，货款为10 000元，运费为350元，增值税为1 331.50元。该批商品含税零售价为16 950元。商品尚未到库，货款和运费用银行存款支付 | |
| 2 | 洗发水运抵，验收入库 | |
| 3 | 从本地的食品批发公司购入饮料几箱，进价为20 000元，增值税进项税为2 600元，含税售价为27 120元，饮料已经运到，货款尚未支付 | |

续表

| 序号 | 业务 | 会计分录 |
| --- | --- | --- |
| 4 | 7 月 1 日销售食品获得含税销售款 4 800 元，销售日用百货获得含税销售款 7 000 元，所收现金均已存入银行 | |
| 5 | 结转 7 月 1 日所售商品的成本 | |

3. 要求：

(1)为表 5.4 中的经济业务编制相应的会计分录(填入表 5.4)

(2)该零售商店 7 月份继续发生很多相关购销业务(不一一展开)，月末“日用百货”和“食品”相关账户资料如表 5.5 所示。

**表 5.5　某零售商店 7 月“日用百货”和“食品”相关账户资料**　　单位：元

| | 日用百货 | 食品 |
| --- | --- | --- |
| “库存商品”明细账月末余额 | 475 600 | 365 400 |
| “商品进销差价”月末调整前余额 | 174 000 | 161 240 |
| 本月销售收入贷方发生额(含税) | 220 400 | 440 800 |

根据资料计算每种商品的分类差价率，对于本月已销商品成本中的进销差价，予以转账调整。

(3)根据资料计算本月已销商品收入中的增值税销项税额，予以转账调整。

## 业务题二

1. 目的：练习制造业企业供应和生产过程的核算以及产品生产成本的计算。

2. 资料：某玩具制造厂 8 月在供应和生产过程中发生以下经济业务(见表 5.6)。

**表 5.6　某玩具制造厂 8 月在供应和生产过程中发生的经济业务**　　单位：元

| 序号 | 业务 | 会计分录 |
| --- | --- | --- |
| 1 | 从外地工厂购买甲材料，货款为 5 000 元，运费为 100 元，装卸费为 50 元，增值税为 650 元。款项用银行存款支付 | |
| 2 | 材料运抵，验收合格入库 | |
| 3 | 从仓库领用甲材料 38 100 元用于加工产品，具体情况如下：<br>生产 A 产品　25 000 元<br>生产 B 产品　12 000 元<br>车间一般耗用　800 元<br>公司管理部门耗用　300 元 | |

续表

| 序号 | 业务 | 会计分录 |
| --- | --- | --- |
| 4 | 车间发生机器临时性修理费 2 000 元，增值税为 260 元，用银行存款支付 | |
| 5 | 车间管理人员出差报销差旅费 560 元，冲销原预支款 500 元，制造厂用现金补付该管理人员 60 元 | |
| 6 | 车间管理部门发生办公用品费 600 元（取得普通发票），用现金支付 | |
| 7 | 以银行存款 54 000 元支付职工工资 | |
| 8 | 结算本月应付职工工资 54 000 元，按用途分配如下：<br>A 产品生产工人工资 10 000 元<br>B 产品生产工人工资 30 000 元<br>车间管理人员工资 6 000 元<br>公司行政管理部门人员工资 8 000 元 | |
| 9 | 分别按工资总额的 16%、10%、12%计提养老保险费、医疗保险费和住房公积金，按工资总额的 2%、1.5%计提工会经费和职工教育经费 | |
| 10 | 计提生产车间的机器设备折旧费 1 250 元 | |
| 11 | 销售仓库中以前完工的 A 产品共获得 30 000 元，增值税为 3 900 元，销售 B 产品共获得 20 000 元，增值税为 2 600 元，款项已存入银行 | |
| 12 | 结转上述以前完工的 A 产品的成本 24 000 元和 B 产品的成本 17 000 元 | |
| 13 | 销售原材料一批，售价为 3 000 元，增值税为 390 元，款项未收。该批原材料成本为2 800 元 | |
| 14 | 结转上一业务中原材料的成本 | |
| 15 | 用现金 720 元支付本月车间水电费，增值税为 108 元 | |
| 16 | 用银行存款支付本季度车间的房租费用 1 500 元和增值税 135 元，并摊销本月应承担的部分 | |
| 17 | 结转本月发生的制造费用（按生产工人工资比例分配） | |
| 18 | 本月投产的 A 产品全部完工，验收入库，结转其成本（期初“生产成本——A 产品”没有余额） | |

3. 要求：为上述业务编制会计分录(填入表 5.6)。

业务题三

1. 目的：练习固定资产相关业务的账务处理。

2. 资料：一家运动产品制造商发生以下经济业务(见表 5.7)。

**表 5.7　某运动产品制造商发生的经济业务**　　单位：元

| 序号 | 业务 | 会计分录 |
| --- | --- | --- |
| 1 | 2 月 8 日，用银行存款支付一台制鞋机器的货款 300 000 元、运输费 1 200 元和增值税 39 108 元。机器不需要安装，运达即投入使用 | |
| 2 | 3 月 31 日，估计该机器使用寿命为 10 年，残值率为 10%，运用直线法计算并提取该机器的本月折旧费用 | |
| 3 | 6 月 30 日，进行减值测试，发现这台机器可收回金额为 282 000 元。计提减值准备 | |
| 4 | 7 月 2 日，由于该机器能耗太大，公司拟予以出售(不划归为持有待售资产) | |
| 5 | 7 月 3 日，用现金支付该机器清理费用 900 元 | |
| 6 | 7 月 4 日，出售该机器获得 278 000 元，增值税税率为 13%，款项存入银行 | |
| 7 | 7 月 4 日，结转出售该固定资产的损益 | |

3. 要求：为上述业务编制会计分录(填入表 5.7)。

业务题四

1. 目的：熟悉售价金额核算方法

2. 资料：某商店采用售价金额核算法。9 月份的期初库存商品实际成本为 100 000 元，售价总额为 135 000 元。9 月发生下列商品购销业务(见表 5.8)。

**表 5.8　某商店 9 月发生的购销业务**　　单位：元

| 序号 | 业务 | 会计分录 |
| --- | --- | --- |
| 1 | 4 日，采购 A201 商品 1 000 件，单价为 50 元，B303 商品 2 000 件，单价为 80 元，增值税税率为 13%，收到对方的为期 4 个月的银行承兑汇票 | |
| 2 | 5 日，上述商品验收入库。已知 A201 商品的零售价为 80 元，B303 商品的零售价为 120 元 | |

续表

| 序号 | 业务 | 会计分录 |
| --- | --- | --- |
| 3 | 6日,销售A201商品200件,销售B303商品500件,款项交存银行 | |
| 4 | 6日,结转已销商品成本 | |
| 5 | 10日,销售A201商品700件,销售B303商品1 200件,款项交存银行 | |
| 6 | 10日,结转已销商品成本 | |
| 7 | 30日,调整主营业务收入 | |
| 8 | 30日,调整主营业务成本 | |

3.要求:编制上述经济业务的会计分录(填入表5.8)。

### 业务题五

1.目的:练习制造业企业供应和生产过程的核算以及产品生产成本的计算。

2.资料:某制造厂12月在供应和生产过程中发生以下经济业务(见表5.9)。

**表5.9　某制造厂12月在供应和生产过程中发生的业务**　　单位:元

| 序号 | 业务 | 会计分录 |
| --- | --- | --- |
| 1 | 收到投资者的投资款200 000元,存入银行 | |
| 2 | 向银行借入偿还期为3个月的借款200 000元,存入银行 | |
| 3 | 向C公司购入甲材料30吨,每吨价格为1 000元,购入乙材料20吨,每吨价格为2 500元,增值税税率为13%。材料尚在途中,货款未付 | |
| 4 | 购入生产设备一台,价税合计67 800元(增值税税率为13%),运杂费为800元,增值税为72元,均已用银行存款支付,设备已投入使用(运杂费按材料重量比例分配) | |
| 5 | 以库存现金支付甲、乙材料运杂费654元(含税9%)。甲、乙材料均已运到并验收入库,结转其实际采购成本(运杂费按材料重量比例分配) | |
| 6 | 用银行存款支付上月应交税费17 000元 | |
| 7 | 车间领用原材料5 000元,用于A产品生产的有2 500元,用于B产品生产的有2 000元,用于车间一般消耗的有500元 | |
| 8 | 以银行存款支付上月员工工资39 000元 | |
| 9 | 企业销售A产品的价款为15 000元,增值税税率为13%,收到商业汇票一张 | |

续表

| 序号 | 业务 | 会计分录 |
|---|---|---|
| 10 | 用银行存款支付销售产品的广告宣传费2 120元(含税 6%) | |
| 11 | 企业销售 B 产品的价款为 100 000 元,增值税税率为 13%,货款已存入银行 | |
| 12 | 开出现金支票 2 000 元,购买厂部办公用品(取得普通发票) | |
| 13 | 接银行通知,D 公司前欠本公司的货款23 200元已收到 | |
| 14 | 计提本月固定资产折旧费,其中车间 11 100 元,厂部 1 900 元 | |
| 15 | 销售的上述 A 产品属于应征消费税的产品,按5%的税率计算 A 产品的消费税 | |
| 16 | 分配本月工资费用 39 000 元,其中 A 产品生产工人工资 13 000 元,B 产品生产工人工资 12 000 元,车间管理人员工资 6 000 元,厂部管理人员工资 8 000 元 | |
| 17 | 分别按工资总额的 16%、10%、10%、2%、1.5%计提养老保险费、医疗保险费、住房公积金、工会经费和职工教育费 | |
| 18 | 计提本月负担的银行短期借款利息 1 200 元 | |
| 19 | 月末,按 A、B 产品生产工人工资比例分配结转制造费用 | |
| 20 | 本月生产的 A、B 产品全部完工并验收入库,结转其实际生产成本 | |
| 21 | 结转本月已销产品的实际成本 90 000 元,其中 A 产品 12 000 元,B 产品 78 000 元 | |
| 22 | 月末,将各损益类账户余额转至“本年利润”账户 | |
| 23 | 按 25%的税率计算所得税并予以结转 | |
| 24 | 1—11 月利润余额为 111 412.5 元,结转全年利润 | |
| 25 | 按全年净利润的 10%提取法定盈余公积 | |
| 26 | 按全年净利润的 20%向投资者分配现金股利 | |
| 27 | 结清“利润分配”明细分类账户 | |

3.要求:为上述业务编制会计分录(填入表 5.9)。

业务题六

1. 目的:练习企业固定资产的核算和会计处理。

2. 资料:某玻璃厂一座厂房于去年 8 月遭遇台风袭击,不能继续使用,对其进行的业务处理如表 5.10 所示。

表 5.10 某玻璃厂一厂房的报废与清理 单位:元

| 序号 | 业务 | 会计分录 |
| --- | --- | --- |
| 1 | 决定予以报废。另查明该厂房账面原值为 400 000 元,已提折旧 180 000 元 | |
| 2 | 清理过程中发生的清理费用为 8 080 元,以银行存款支付 | |
| 3 | 报废时的残值变价收入为 40 000 元,增值税税率为 16%,款项已存入银行 | |
| 4 | 结转固定资产清理净损益 | |

3. 要求:编制该厂本月生产过程相关业务的会计分录(填入表 5.10)。

# 第6章　会计理论体系与会计工作规范

## 6.1　内容简介

《会计学基础》教材的上篇运用示例对会计核算系统的使用进行了讲解。本章开始在此基础上，补充一些会计的相关理论和法规知识，主要内容包括会计假设、会计信息质量要求、会计历史沿革、会计法律规范和会计职业道德。

### 6.1.1　会计理论体系

会计理论体系主要由会计目标、会计假设、会计概念、会计信息质量要求和会计程序等五个方面组成。会计目标、会计概念和会计程序这三者在前面章节进行了阐述，这里主要阐述会计假设和会计信息质量要求。

#### 6.1.1.1　会计假设

会计假设是会计核算的基本前提，主要包括五个方面的内容(见表6.1)。

表6.1　会计假设

| 会计假设 | 界定范围 | 基本内容 |
| --- | --- | --- |
| 会计主体 | 会计工作的空间范围 | 1. 会计核算的范围就是会计主体发生的各项经济业务，独立于其他主体的经济业务<br>2. 会计主体独立于自身的所有者<br>3. 会计主体区别于法律主体 |
| 持续经营 | 会计工作的时间范围 | 会计主体的生产经营活动将按照目前的状况和目标持续无限期地延续下去 |
| 会计分期 | 补充会计工作的时间范围 | 将企业持续不断的生产经营活动分割成有一定间隔的较短的时间段，据以分期结算账目和编制会计报表 |
| 货币计量 | 会计核算的计量尺度 | 企业在会计核算过程中将价值稳定的货币作为计量单位，记录和报告企业的经营情况 |
| 权责发生制 | 收入实现、费用确认的基础 | 在确定企业的收入或费用的时候，以取得收款权力或者确定支付款项的责任为依据 |

#### 6.1.1.2　会计信息质量要求

财务会计通过专业加工运算提供的商业信息，要符合内外使用者的需求，须达到八个方面的质量要求(见表 6.2)。

表 6.2　会计信息质量要求

| 要求 | 具体内容 |
| --- | --- |
| 客观性 | 应当以实际发生的交易或事项为依据进行会计确认、计量和报告，如实反映符合确认和计量要求的各项会计要素及其他相关信息，保证会计信息真实可靠、内容完整 |
| 相关性 | 信息应当与财务会计报告使用者的经济决策需要相关，有助于财务会计报告使用者对企业过去、现在或者未来的情况做出评价或者预测 |
| 明晰性 | 信息应当清晰明了，便于财务会计报告使用者理解和使用 |
| 可比性 | 1. 同一企业不同时期发生的相同或者相似的交易或者事项，应当采用一致的会计政策，不得随意变更。确需变更的，应当在附注中说明(纵向可比)<br>2. 不同企业发生的相同或者相似的交易或者事项，应当采用规定的会计政策，确保会计信息口径一致、相互可比(横向可比) |
| 实质性 | 应当按照交易或事项的经济实质进行会计确认、计量和报告，不应仅以交易或者事项的法律形式为依据 |
| 重要性 | 信息应当反映与企业财务状况、经营成果和现金流量等有关的所有重要交易或者事项 |
| 谨慎性 | 对交易或者事项进行会计确认、计量和报告应当保持应有的谨慎，不应高估资产或者收益、低估负债或者费用 |
| 及时性 | 对于已经发生的交易或者事项，应当及时进行会计确认、计量和报告，不得提前或者延后 |

### 6.1.2　会计的历史沿革

#### 6.1.2.1　早期会计

剩余产品的出现，使得会计这一职能产生，不过早期的会计尚未成为独立学科。

#### 6.1.2.2　近代会计

1494 年《算术·几何·比与比例概要》一书的出版使复式记账方法得以传播，是近代会计产生的标志。19 世纪的英国工业革命催生了公共会计。随着审计学、管理会计、成本会计等分支的产生发展，簿记学发展为会计学。

#### 6.1.2.3　现代会计

随着经济的复杂变化与发展，会计学科不断成熟、完善。内部审计、会计电算化、国际会计得到发展，财务会计的监督日趋严格。

### 6.1.3　会计规范

#### 6.1.3.1　会计法律制度

会计法律指的是所有对会计工作具有约束作用的法律。目前我国有两部会计法律，分别是《中华人民共和国会计法》(简称《会计法》)和《中华人民共和国注册会计师法》(简称《注册会计师法》)。

会计行政法规是指国务院制定发布或者国务院有关部门拟定、经国务院批准发布，调整经济生活中某些方面会计关系的法律规范，它的制定依据是《会计法》，具体包括 1990 年发布的《总会计师条例》和 2000 年发布的《企业财务会计报告条例》等。

国家统一的会计制度是指国务院财政部门根据《会计法》制定的关于会计核算、会计监督、会计机构和会计人员以及会计工作管理的制度，包括会计部门规章和会计规范性文件。

#### 6.1.3.2　会计工作管理体制

会计工作管理体制是划分会计管理工作职责权限的制度，包括会计工作的管理范围、职责权限及其相互关系等。我国的会计工作管理体制主要包括会计行政管理、自律管理和单位会计管理等内容。

#### 6.1.3.3　其　他

会计核算是会计工作的基本职责之一，是会计工作的重要环节。我国会计法律制度对会计信息质量要求、会计资料基本要求以及会计年度、记账本位币、填制会计凭证、登记会计账簿、编制财务会计报告、财产清查、会计档案管理等做出了统一规定。

会计监督是会计的基本职能之一，《会计法》确立了三位一体的会计监督体系。所谓三位，是指会计监督体系的结构包括三个层次，即单位内部的会计监督、政府监督和社会监督。所谓一体，是指各层次监督之间相互联系、相互协调，形成一个有机整体。

法律责任是指违反法律规定的行为应当承担的法律后果。《会计法》规定的法律责任主要有行政责任和刑事责任。

另外，会计法规还包括有关会计机构和会计人员的规定，具体在《会计学基础》教材第13 章讲述。

### 6.1.4　会计职业道德规范

会计职业道德规范是调整会计职业活动中各种利益关系的手段，具有相对稳定和广泛的特征。它有一定的强制性，较多关注公众利益，具有指导、评价和教化功能。

会计职业道德的主要内容有：爱岗敬业（即勤勉敬业）、诚实守信、廉洁自律、客观公正、坚持准则（即恪守规则）、提高技能、参与管理和强化服务。

会计职业道德教育的形式有接受教育（外在教育）和自我教育（内在教育）两种。接受教育通常通过岗前培训和岗位继续教育进行。会计职业道德建设需要财政部门、会计行业、企事业单位和社会各界的监督与推动。

## 6.2　重难点分析

本章重难点主要体现在两方面：会计假设和会计信息质量要求。

### 6.2.1　会计假设

会计主体确定了会计核算工作的空间范畴，持续经营和会计分期确定了会计核算工作的时间范畴，货币计量明确了计量工具，理解上相对比较困难的是权责发生制。权责发生制指的是，在确定企业的收入或费用的时候，不是以收到或者支付款项作为记录依据，而是以取得收款权力或者确定支付款项的责任为依据，以此客观地反映企业各期的经营成果。在权责发生制下，收入是否实现，要看产品是否已经完成销售过程，劳务是否已经提供，如果已经完成或提供，并已取得收款的权力，收入就算实现，不论当期是否收到货款，都应计入当期收入。权责发生制下判断费用是否发生，则要看与其相关联的收入是否已经实现，费用是与收入配比的。如果收入已经实现，那么与之相关的费用不论是否付款，都应视作发生，确认为当期的费用。

权责发生制是与收付实现制相对应的。按照权责发生制进行核算所反映出来的经营成果与收付实现制下是不一致的。收付实现制在确认收入和费用时，一律是以实际的款项收付为标志的。很多国家都假定权责发生制会计所得出的企业收益方面的信息，比只依靠收付实现制说明的财务情况更有用。我国也采纳了这种假设。

### 6.2.2 会计信息质量要求

会计信息质量要求包括客观性、相关性、明晰性、可比性、实质性、重要性、谨慎性和及时性，其中比较难理解的如下。

可比性有两层含义。第一层含义是指同一企业不同时期发生的相同或者相似的交易或者事项，应当采用一致的会计政策，不得随意变更。确需变更的，应当在附注中说明。第二层含义是指不同企业发生的相同或者相似的交易或者事项，应当采用规定的会计政策，确保会计信息口径一致、相互可比。

实质性是指企业应当按照交易或事项的经济实质进行会计确认、计量和报告，不应仅以交易或者事项的法律形式为依据。在会计核算过程中，有时经济事实不一定与其法律形式相一致。为了真实客观地反映事实，会计核算应当体现出对经济实质的尊重，不能只是根据交易或事项的外在法律形式。

谨慎性要求企业对于可能发生的收入，不做预计，也不提前入账；而对可能发生的费用和损失，应进行合理的估计，并予以入账。也就是说，企业的资产及收益类项目不可高估，负债及费用类项目不可低列，从而客观地反映企业的财务状况和经营成果，增强企业抵御风险的能力。

## 6.3 学习提示

第一，对于会计准则的解释类书籍、应用分析解题类书籍，均可涉猎。如果这些书籍难度过大，初学者可以主要研究一下基本准则，了解会计准则体系的大致框架。

第二，“中国会计视野”这类会计人员讨论专业知识的网站，适合遇到问题时去咨询答疑，也适合了解和讨论最新财会动向。

第三，每年初级会计职称考试的规则和内容都会有细微变动，报名时可以购买当时的配套辅导用书，便于了解最新变化。本部分内容受教材篇幅所限，在《会计学基础》教材第6章中不能全部摘录展现，因此备考初级会计职称考试时，除了学习教材外，仍然需要学习考试辅导用书的内容。

## 6.4　学习资源介绍

1.《企业会计准则》(2006 年)及配套应用指南、解释。

2. 2014 年、2017 年和 2018 年修订的企业会计准则和新发布的企业会计准则。

## 习　题

**一、讨论题**

1. 会计理论体系有几个层次，包括哪些内容？

2. 会计假设由哪几个部分构成？它们的含义各是什么？

3. 什么是会计主体？为什么要进行会计主体假设？

4. 会计分期假设与持续经营假设的关系是什么？

5. 正确理解会计信息质量要求的具体含义。

6. 会计的发展史上有哪几个重要的里程碑，其分别具有什么意义？

7. 什么是会计工作规范？为什么需要制定会计工作规范？如何进行会计工作规范？

8. 我国会计工作规范体系由哪几个层次构成？各个层次之间的关系如何？

9.《会计法》在会计工作规范体系中的地位和作用是什么？《会计法》有哪些特点？

10. 会计准则体系一般包括哪几个层次？每个层次有哪些内容？

11. 会计制度与会计准则的区别是什么？我国实行的新的会计制度的意义是什么？它与原来的会计制度有什么区别？

12. 会计职业道德规范体系由哪几个方面构成？它们各自又包括什么内容？

**二、判断题**

1. 会计计量单位只有一种，就是货币。（　　）

2. 谨慎性要求会计核算工作不得虚增费用，夸大资产。（　　）

3. 企业提供的会计信息应当反映与企业财务状况、经营成果和现金流量等有关的所有交易或者事项。（　　）

4. 可比性要求是指会计处理方法在不同企业之间应当保持一致，不得随意变更。（　　）

5. 会计主体一般都是法律主体。（　　）

6. 权责发生制要求收益在实现时确认，费用在发生时确认。（　　）

7. 单位和个人检举违反《会计法》和国家统一的会计制度的规定的行为，也属于会计工作社会监督的范畴。（　　）

8. 近代会计产生的标志是奴隶社会中会计开始作为单独职能。（　　）

9. 簿记学向会计学的转化是在近代会计中实现的。（　　）

10. 法律主体必须是会计主体，会计主体也必须是法律主体。（　　）

11. 会计机构和会计人员发现会计账簿记录与实物、款项及有关资料不符的，应当立即向本单位负责人报告，请求查明原因，做出处理。（　　）

12. 内部审计主要对单位财务报表的真实性（或合法性）和公允性进行审计。（　　）

13. 行政责任是指做出一般违法行为的单位或个人，依照法律、法规的规定应承担的法律责任。行政责任主要有行政处罚和行政处分两种方式。（　　）

14. 会计资料的真实性和完整性，是会计资料质量最基本的要求。（　　）

15. 会计人员有权不接受不真实的原始凭证。（　　）

16. "小金库"核算属于私设会计账簿的行为。（　　）

17. 对会计违法行为的行政处分包括记过、警告、罚款、没收违法所得等。（　　）

18. 以涂改、挖补以及其他方法改变会计凭证的真实内容的行为，属于伪造会计凭证的行为。（　　）

19. 可以向不同的会计资料使用者提供编制依据不一致的财务会计报告。（　　）

20. 在实施会计监督的过程中，县级以上财政部门有权对各单位的会计工作行使监督权，并依法对违法会计行为实施行政处罚。（　　）

21. 会计职业道德允许个人和各经济主体获取合法的自身利益，但反对通过损害国家和社会公众利益而获取违法利益。（　　）

22. 会计职业道德依靠会计从业人员的自觉性、社会舆论和良心实现，具有很强的自律性。（　　）

23. 保守秘密，不为利益所诱惑，是会计职业道德中客观公正原则的基本要求。（　　）

24. 在我国，业务收支以人民币以外的货币为主的单位，编报的财务会计报告可以用外币反映。（　　）

**三、单项选择题**

1. 对应收账款计提坏账准备这一处理方法，体现的是（　　）要求。

A. 实质重于形式　　B. 客观性
C. 可比性　　D. 谨慎性

2. 权责发生制假设下，应作为本期收入或费用入账的是（　　）。

A. 预付下个季度的房租费　　B. 支付的上个月借款的利息
C. 本月收到的上个月销售产品的货款　　D. 摊销的以前已经付款的保险费

3. 企业以前年度采用直线法计提固定资产折旧，现在开始采用年数总和法，违背的是（　　）要求。

A. 谨慎性　　B. 相关性
C. 重要性　　D. 可比性

4. 确定会计核算工作的空间范围的会计假设是（　　）。

A. 会计主体　　B. 持续经营
C. 会计分期　　D. 货币计量

5. 下列各项准则中不属于具体会计准则的是（　　）。

A. 特殊行业的特殊业务会计准则　　B. 会计要素准则
C. 基本业务会计准则　　D. 会计报告准则

6. 下列会计法规中，作为从事会计工作、制定其他各种会计法规的根本依据的是（　　）。

A. 基本会计准则　　B. 具体会计准则
C.《会计法》　　D. 企业会计制度

7. 每一项会计记录都要有合法的凭证作依据，体现的是(　　)要求。
A. 谨慎性　　B. 实质性
C. 客观性　　D. 相关性

8. 下列支出中属于资本性支出的是(　　)。
A. 购买固定资产的开支　　B. 支付职工工资
C. 支付本月房租　　D. 支付当月办公费

9. 职业道德是人们(　　)。
A. 在社会公共生活中必须遵守的行为规范的总和
B. 在职业活动中应遵循的行为规范的总和
C. 在家庭生活中应遵循的行为规范的总和
D. 在物质交往和精神交往中产生和发展起来的关系的总和

10. 某公司是国有大型企业，20×1 年 12 月 31 日，该公司完成了全年的任务，在对账、结账后编制了年度财务会计报告，并委托某会计师事务所进行了年度审计，该审计属于会计工作的(　　)。
A. 政府监督　　B. 社会监督
C. 内部监督　　D. 行业监督

11. 单位会计主体的责任人是(　　)。
A. 单位负责人　　B. 会计机构负责人
C. 会计主管人员　　D. 会计人员

12. 下列各项中属于伪造会计凭证的是(　　)。
A. 改变计量的手段
B. 采用挖补手段改变会计凭证的真实性
C. 以虚假经济业务为前提，编造虚假会计凭证
D. 采用涂改手段改变会计凭证的金额的大小

13. 根据《会计法》的规定，我国的会计年度是(　　)。
A. 开始生产经营之日起至下一年的此日
B. 每年公历 1 月 1 日起至 12 月 31 日止
C. 领取营业执照之日起至下一年的此日
D. 申报税务登记之日起至下一年的此日

14. 下列各项中，(　　)不属于会计资料。
A. 会计凭证　　B. 会计账簿
C. 财务会计报告　　D. 公司章程

15. 下列各项中，(　　)有权对被检查单位及其相关人员违反《会计法》的行为做出罚款等处罚。
A. 审计部门　　B. 工商管理部门
C. 财政部门　　D. 税务部门

16. 会计机构、会计人员对于违反国家统一的会计制度的规定的会计事项，正确的做法

是(　　)。

A. 无权拒绝办理

B. 应当向单位负责人提出书面意见,请求处理

C. 应当向主管单位或者财政、审计、税务机关报告

D. 按照职权予以纠正

17. A公司出纳员在审核公司办公室主任张某购买办公用品的发票时,发现出具发票的商场误将A公司写成了AB公司,该出纳员正确的处理方法是(　　)。

A. 因金额正确,不影响记账,可不必理会

B. 不予接受,并向单位负责人报告

C. 因错误仅一字之差,可自行更正并加盖出纳印章后入账

D. 将该原始凭证退给张某,并要求其按照《会计法》的规定更正

18. 某外商投资企业的业务收支以美元为主,也有极少量的人民币收支,根据《会计法》的规定,下列说法中正确的是(　　)。

A. 必须将人民币作为记账本位币

B. 必须将美元作为记账本位币

C. 可以将任意一种外币作为记账本位币

D. 可以将人民币或美元作为记账本位币

19. 公司、企业、事业单位、机关、团体的领导人,对依法履行职责、抵制违反《会计法》的行为的会计人员实行打击报复,情节恶劣的,应承担(　　)。

A. 3年以下有期徒刑或者拘役　　B. 5年以下有期徒刑或者拘役

C. 3 000元以上3万元以下的罚款　　D. 5 000元以上5万元以下的罚款

20. 下列各项中,(　　)不属于对会计违法行为的行政处分。

A. 拘役　　B. 记过

C. 降职　　D. 开除

21. 某公司的会计人员伪造销售发票,尚不构成犯罪,对该公司可处以(　　)的罚款。

A. 3 000元以上3万元以下　　B. 5 000元以上10万元以下

C. 2 000元以上2万元以下　　D. 3 000元以上5万元以下

22. 会计人员的下列行为中,属于违反会计法律制度的是(　　)。

A. 会计人员小王经常迟到早退

B. 会计人员李某沉溺于赌博

C. 会计人员张某随意变更会计处理方法

D. 会计机构负责人赵某不参与单位经营管理,只记账、算账

**四、多项选择题**

1. 下列各项中,属于会计监督体系组成部分的有(　　)。

A. 社会舆论监督

B. 单位内部会计监督

C. 以注册会计师为主体的会计工作社会监督

D. 以政府财政部门为主体的会计工作政府监督

2. 下列各项中,属于单位内部会计监督主体的是各单位的(　　)。

A. 审计机构　　B. 会计机构
C. 会计人员　　D. 审计人员

3. 下列有关单位内部会计监督制度基本要求的表述中，符合规定的有（　　）。
A. 记账人员与财物保管人员相互分离、相互制约
B. 资产处置的决策和执行程序应当明确
C. 财产清查的范围、期限和组织程序应当明确
D. 明确对会计资料定期进行内部审计的办法

4. 下列各项中，属于会计工作政府监督范畴的有（　　）。
A. 财政部门对各单位会计工作的监督
B. 中国人民银行对有关金融单位会计账簿的监督
C. 证券监管部门对证券公司有关会计资料实施检查
D. 税务机关对纳税人记账凭证的监督

5. 某股份有限公司的会计王某不仅熟悉会计电算化业务，而且对利用现代信息技术加强经营管理颇有研究。金融危机期间，王某向公司总经理建议，开辟网上业务，并实行优惠的折扣政策。公司采纳了王某的建议，销售额实现了较快增长。王某的行为体现出会计职业道德的（　　）。
A. 爱岗敬业（即勤勉敬业）　　B. 坚持准则（即恪守规则）
C. 参与管理　　D. 强化服务

6. 某企业严重亏损，公司董事长授意总会计师张某对会计报表进行技术处理，从账面上扭亏为盈。张某接受该授意，对财务报表作了处理，根据会计职业道德规范内容，张某违反了（　　）。
A. 爱岗敬业（即勤勉敬业）　　B. 诚实守信
C. 客观公正　　D. 坚持准则（即恪守规则）

7. 单位内部会计监督制度的基本要求包括（　　）重大经济业务事项的决策和执行程度应当明确。
A. 重大对外投资　　B. 资产处置
C. 会计人员的聘用　　D. 资金调度

8. 下列（　　）是单位内部会计监督的主体。
A. 会计机构　　B. 会计人员
C. 单位负责人　　D. 注册会计师

9. （　　）是会计违法行为涉及的法律责任。
A. 民事责任　　B. 行政责任　　C. 刑事责任　　D. 赔偿责任

10.《小企业会计准则》不适合下列哪些小企业？（　　）
A. 股票在市场上公开交易的小企业
B. 金融行业的小企业
C. 企业集团内的小企业
D. 物流行业的小企业

# 第7章　账户分类

## 7.1　内容简介

本章结合前面章节涉及的账户，介绍对账户进行分类的几种基本方法。本章的内容有助于加深学生对这些账户之间内在联系的认识，有助于学生学会正确设置和运用账户，掌握各种账户的共性和个性，明确其内在联系；有助于学生理解账户在整个账户体系中的地位和作用，理解各类账户在提供会计信息方面的特点。

### 7.1.1　账户分类的意义

经过前面章节的学习，我们理解和使用了许多形形色色的账户，这些账户都有自身的特点，拥有不同于其他账户的性质、用途和结构，从不同侧面反映和监督着会计对象的变化过程和结果。这些账户之间彼此联系，组成了一个有机的整体。可见，账户在保持独立个性的同时，又有着紧密的联系。为了深入了解账户彼此之间的共性和个性，理解它们的联系和区别，认识它们在会计信息系统中的地位和作用，我们有必要进一步研究账户的分类。

### 7.1.2　账户分类的标志

从不同的角度出发，一般根据四种标志对账户进行分类。

#### 7.1.2.1　按账户的经济内容分类

账户按经济内容分类是最基本的分类，其实质是按照会计对象的具体内容进行分类。经济组织的会计对象就其具体内容而言，可以归结为资产、负债、所有者权益、收入、费用和利润六个会计要素。由于利润一般隐含在收入与费用的配比中，因此，从满足管理和会计信息使用者需要的角度考虑，账户按其经济内容可以分为资产类账户、负债类账户、所有者权益类账户、成本类账户和损益类账户等五类。

1. 资产类账户

按照流动性的不同，资产类账户可以分为流动资产类账户和非流动资产类账户。流动资产类账户主要有库存现金、银行存款、交易性金融资产、应收账款、原材料、库存商品等，非流动资产类账户主要有长期股权投资、固定资产、累计折旧、无形资产、累计摊销等。

2. 负债类账户

按照流动性的不同，负债类账户可以分为流动性负债类账户和长期负债类账户。流动性负债类账户主要有短期借款、应付账款、应付职工薪酬、应交税费、其他应付款等，长期负债类账户主要有长期借款、应付债券、长期应付款等。

3. 所有者权益类账户

按照来源和构成的不同，所有者权益类账户可以分为投入资本类所有者权益账户和留存收益类所有者权益账户。投入资本类所有者权益账户主要有实收资本、资本公积等，留存收益类所有者权益账户主要有盈余公积、本年利润、利润分配等。

4. 成本类账户

按照是否需要分配，成本类账户可以分为直接计入类成本账户和集合分配类成本账户。直接计入类成本账户主要有生产成本（包括基本生产成本、辅助生产成本）等，集合分配类成本账户主要有制造费用等。

5. 损益类账户

按照性质和内容的不同，损益类账户可以分为营业损益类账户和非营业损益类账户。营业损益类账户主要有主营业务收入、主营业务成本、税金及附加、其他业务收入、其他业务支出、投资收益等，非营业损益类账户主要有营业外收入、营业外支出等。

#### 7.1.2.2　按账户的隶属关系分类

按账户的隶属关系分类，即按照账户所提供核算指标的详细程度进行分类，账户可以分为总分类账户和明细分类账户。总分类账户提供总括的核算信息。明细分类账户提供详细的核算信息，对总分类账户起到补充说明作用。两者之间存在隶属关系和统驭关系。

#### 7.1.2.3　按账户与会计报表的关系分类

反映静态资金状况的账户，称为资产负债表账户，又称实账户。反映动态资金运动的账户，称为利润表账户，又称虚账户。

#### 7.1.2.4　按账户的用途和结构分类

账户的用途是指账户设置和运用的目的，如希望提供哪方面的信息。账户的结构是指记录经济活动的具体方法，如记入借方还是贷方，余额在借方还是贷方。

## 7.2　重难点分析

本章重难点在于对下列账户的掌握和应用。

### 7.2.1　盘存账户

盘存账户是指可以通过实物盘点进行核算和监督的各种资产类账户，主要有库存现金、银行存款、原材料、库存商品、固定资产等。盘存账户的期初如果有余额，那么余额在借方，本期发生额的增加数在借方，本期发生额的减少数在贷方，期末如果有余额，一般在借方。

### 7.2.2　结算账户

结算账户是指用来核算和监督一个经济组织与其他经济组织（或个人）或经济组织内部各单位之间债权债务关系的账户。按照结算性质的不同，它可以分为债权结算账户、债务结算账户和债权债务结算账户等三种。债权结算账户主要有应收账款、应收票据、预付账款、其他应收款等，债权结算账户的基本格式及运用同盘存账户。债务结算账户主要有应付账款、应付票据、预收账款、其他应付款、应交税费等。债务结算账户的期初如果有余额，一般在贷方。

债权债务结算账户是比较特殊的结算类账户，它是经济组织与其他经济组织或个人之间既有债权又有债务关系并需要在同一账户进行核算与监督而运用的一种账户。债权债务结算账户的期初余额可能在借方（表示债权大于债务的数额），也可能在贷方（表示债务大于债权的数额）。本期借方发生额表示债权的增加额、债务的减少额；本期贷方发生额表示债务的增加额、债权的减少额。期末如果是借方余额，表示债权大于债务的数额，如果是贷方余额，则表示债务大于债权的数额。

### 7.2.3　跨期摊配账户

跨期摊配账户是指用来核算和监督应由若干个会计期间共同负担，却又在某个会计期间一次性支付的费用账户，主要有长期待摊费用等，长期待摊费用账户的格式和运用方法同盘存账户。

### 7.2.4　调整账户

调整账户是指用来调节和整理相关账户的账面金额并表示被调整账户的实际余额的账户。按照调整方式的不同，调整账户可以分为备抵调整账户、附加调整账户和备抵附加调整账户等三类。备抵调整账户是指用来抵减被调整账户余额，以取得被调整账户余额的账户。按照被调整账户性质的不同，备抵调整账户又可以分为资产类备抵调整账户和权益类备抵调整账户。资产类备抵调整账户与其被调整的资产类账户的余额方向相反，而同于负债类账户。附加调整账户是指用来增加被调整账户余额的账户。附加调整账户与其被调整的账户的余额方向相反，但在现实中这类账户已经很少使用。备抵附加调整账户是指既具有备抵又具有附加调整功能的账户，比较典型的备抵附加调整账户是材料成本差异账户。

### 7.2.5　集合分配账户

集合分配账户是指用来归集和分配经济组织经营过程中某个阶段所发生的相关费用的账户，主要有制造费用等。集合分配账户的结构和运用方法基本同于盘存账户，其区别在于它所记录的费用属于当期的开支，应当在当期分配完毕，因此这类账户一般没有期末和期初余额。

### 7.2.6　收入费用计算账户

收入计算账户主要有主营业务收入、其他业务收入、营业外收入、投资收益等。收入计算账户的结构和运用方法同于权益类账户，但是由于其核算内容属于当期结转的经济业务，故期末没有余额。

费用计算账户主要有主营业务成本、其他业务成本、营业外支出、营业费用、管理费用、财务费用、所得税费用等。

### 7.2.7　财务成果计算账户

财务成果计算账户是指用来核算和监督经济组织在一定时期内财务成果的形成并确定最终成果的账户。典型的财务成果类账户是本年利润账户。

## 7.3　学习提示

本章涉及的会计学专业术语较多，对本章内容的学习，可结合前面章节的有关会计分录的内容，以获得更好的学习效果。

## 7.4　学习资源介绍

更多的账户分类标准，可参见 http://doc.mbalib.com/view/eb233cee17c8becd9a721bb909aaa0b8.html

## 习　题

**一、讨论题**

1. 账户分类的目的和意义是什么？
2. 一般对账户进行分类选取的标志有哪些？
3. 按照经济内容的不同，账户可以分成哪几类？说出每一类的几个账户名称。
4. 按照隶属关系的不同，账户可以分成哪几类？说出每一类的几个账户名称。
5. 按照和报表关系的不同，账户可以分成哪几类？说出每一类的几个账户名称。
6. 按照用途和结构的不同，账户可以分成哪几类？说出每一类的几个账户名称。
7. 什么是盘存账户？它的结构特点是什么？
8. 什么是结算账户？结算账户可以分成哪几种？
9. 为什么要设置债权债务结算账户？它的结构特点是什么？
10. 设置调整账户的作用是什么？
11. 集合分配账户和成本计算账户的内容和结构特点是什么？彼此的联系是什么？
12. 损益类账户和财务成果计算账户的内容和结构特点是什么？彼此的联系是什么？

**二、判断题**

1. 按账户的用途和结构进行分类是一种科学的账户分类方法，因此可以替代按经济内容对账户进行分类的方法。（　　）

2.“累计摊销”账户的被调整账户是“无形资产”账户。（ ）

3.负债类账户的余额总是在贷方。（ ）

4.“生产成本”账户属于成本计算账户，但其余额有盘存性质。（ ）

5.余额在借方的是附加调整账户，余额在贷方的是备抵调整账户。（ ）

6.“坏账准备”账户的余额在贷方，所以它是负债类账户。（ ）

7.在按经济内容分类的方法下，投资权益账户都属于所有者权益类账户。在按用途和结构分类的方法下，所有者权益类账户并不都属于投资权益账户。（ ）

8.按用途和结构分类，“材料采购”账户是对比账户，也是成本计算账户。（ ）

9.“在建工程”账户是成本计算账户。（ ）

10.按用途和结构分类，“其他业务成本”账户属于费用类账户。（ ）

11.“待处理财产损溢”账户属于损益计算账户。（ ）

12.“应收账款”余额在贷方时，属于负债类账户。（ ）

13.按账户的经济内容分类，“制造费用”账户属于跨期摊配账户。（ ）

14.账户按其经济内容划分属于某一类，则按其用途和结构划分也必归为这一类。（ ）

15.备抵调整账户余额的方向与被调整账户余额的方向正好相反。（ ）

16.企业的利润在没有分配之前属于企业的所有者权益，所有者权益应反映在企业的资产负债表中，因而“利润分配”账户属于资产负债表账户。（ ）

17.按调整方式的不同，调整账户可以分为备抵调整账户、附加调整账户和备抵附加调整账户。（ ）

18.备抵附加调整账户期末余额的方向不是固定的，当其余额在借方时，起备抵作用，当其余额在贷方时，起附加调整作用。（ ）

19.按经济内容分类，“累计折旧”账户属于资产类账户。（ ）

20.按用途和结构分类，“制造费用”账户属于费用类账户。（ ）

21.账户的用途是指账户设置和运用的目的。（ ）

22.“坏账准备”账户的调整账户是“应收账款”账户。（ ）

23.“累计折旧”账户的余额表示已提取的折旧累计额，是一个备抵账户。（ ）

24.盘存账户的借方登记各种财产物资或货币资金的增加数或减少数。（ ）

25.成本计算账户除了能提供货币指标外，还能提供实物指标。（ ）

26.“主营业务收入”和“其他业务收入”是反映营业收入的账户，“营业外收入”是反映非营业收入的账户。（ ）

27.按用途和结构分类，“主营业务收入”账户属于财务成果计算账户。（ ）

28.所有的明细分类账户都可用来补充说明所属的总分类账户。（ ）

29.按经济内容分类，“材料成本差异”账户属于附加调整账户。（ ）

30.企业在不单设“预付账款”账户的情况下，相关业务可并入“应付账款”账户核算。（ ）

31.“预收账款”和“应收账款”账户属于资产类账户。（ ）

32.按所反映的经济内容分类，“固定资产清理”账户属于费用类账户。（ ）

三、单项选择题

1. 下列不属于收入费用计算账户的是（　　）。
A. 资产减值损失　　B. 本年利润
C. 营业外收入　　D. 主营业务成本

2. 下列不属于盘存账户的是（　　）。
A. 银行存款　　B. 库存商品
C. 固定资产　　D. 长期借款

3. “坏账准备”账户是（　　）账户的调整账户。
A. 应收账款　　B. 其他应付款
C. 应付账款　　D. 预付账款

4. 按用途和结构分类，“制造费用”账户属于（　　）账户。
A. 损益计算　　B. 财务成果计算
C. 集合分配　　D. 盘存

5. 按经济内容分类，“累计折旧”账户属于（　　）账户。
A. 负债类　　B. 资产类
C. 备抵调整　　D. 附加调整

6. 企业预收业务较少，不单设“预收账款”账户时，可将预收的账款计入（　　）账户予以反映。
A. 预付账款　　B. 其他往来
C. 应收账款　　D. 应付账款

7. 债权债务结算账户的借方登记（　　）。
A. 债权的增加额、债务的增加额　　B. 债权的增加额、债务的减少额
C. 债权的减少额、债务的减少额　　D. 债务的增加额、债权的减少额

8. 按和会计报表的关系分类，“销售费用”账户属于（　　）账户。
A. 资产负债表账户　　B. 实账户
C. 永久性账户　　D. 利润表账户

9. 下列属于跨期摊配账户的是（　　）。
A. 固定资产　　B. 无形资产
C. 利润分配　　D. 长期待摊费用

10. 下列账户中期末余额一般在借方的是（　　）。
A. 债务结算账户　　B. 盘存账户
C. 投资权益账户　　D. 调整账户

11. 按用途和结构分类，“材料成本差异”账户属于（　　）账户。
A. 备抵附加调整账户　　B. 备抵调整账户
C. 成本计算账户　　D. 盘存账户

12. 下列说法中正确的是（　　）。
A. “固定资产”是债权结算账户　　B. “本年利润”是财务成果计算账户
C. “材料采购”是盘存账户　　D. “主营业务收入”是对比账户

13. 按照账户的经济内容进行分类，“长期待摊费用”账户属于（　　）。

A. 资产类账户　　B. 负债类账户
C. 费用类账户　　D. 损益类账户

14. 按照账户的用途和结构进行分类,"生产成本"账户属于(　　)。
A. 成本类账户　　B. 调整账户
C. 集合分配账户　　D. 成本计算账户

15. 资产类账户的发生额反映的是(　　)。
A. 资产的增减变动　　B. 负债的增减变动
C. 资产的结存　　D. 费用的发生

16. 下列账户中属于备抵调整账户的是(　　)。
A. 存货　　B. 累计折旧
C. 管理费用　　D. 库存商品

17. 下列账户中不属于盘存账户的是(　　)。
A. 原材料　　B. 应收账款
C. 固定资产　　D. 库存商品

18. 下列所有者权益类账户中反映所有者原始投资的是(　　)。
A. 实收资本　　B. 盈余公积
C. 资本公积　　D. 本年利润

19. 下列账户中不属于期间费用类账户的是(　　)。
A. 管理费用　　B. 财务费用
C. 制造费用　　D. 销售费用

20. 按用途和结构分类,"材料成本差异"账户属于(　　)。
A. 备抵账户　　B. 备抵调整账户
C. 备抵附加调整账户　　D. 附加调整账户

21. 下列账户中属于财务成果计算账户的是(　　)。
A. 边际利润　　B. 本年利润
C. 管理费用　　D. 营业外收入

22. "本年利润"账户的调整账户是(　　)。
A. 盈余公积　　B. 营业外收入
C. 利润分配　　D. 营业外支出

23. 债权债务结算账户的贷方登记(　　)。
A. 债权的增加额和减少额　　B. 债务的增加额和减少额
C. 债务的增加额、债权的减少额　　D. 债务的减少额、债权的增加额

24. 下列账户中不是按用途和结构分类的是(　　)。
A. 盘存账户　　B. 财务成果计算账户
C. 调整账户　　D. 所有者权益类账户

25. 按用途和结构分类,"坏账准备"账户属于(　　)。
A. 费用类账户　　B. 资产类账户
C. 负债类账户　　D. 备抵账户

26. 下列账户中既属于结算账户,又属于负债类账户的是(　　)。

A. 应收账款　　B. 预收账款
C. 应收票据　　D. 预付账款

27. 下列账户中属于集合分配账户的是(　　)。
A. 财务费用　　B. 制造费用
C. 生产成本　　D. 管理费用

28. 下列账户中最能反映利润形成情况的是(　　)。
A. 本年利润　　B. 利润分配
C. 管理费用　　D. 制造费用

29. 下列关于备抵账户的说法中错误的是(　　)。
A. 备抵账户与被备抵账户反映的经济内容相同
B. 备抵账户与被备抵账户的用途和结构相同
C. 备抵账户不能离开被备抵账户而独立存在
D. 有备抵账户就一定有被备抵账户

30. “应付股利”账户属于(　　)账户。
A. 资产类　　B. 负债类
C. 损益类　　D. 所有者权益类

31. 下列账户中既是盘存账户,又是成本类账户的是(　　)。
A. 库存商品　　B. 生产成本
C. 管理费用　　D. 销售费用

32. 下列账户中既是资产类账户,又是结算账户的是(　　)。
A. 库存商品　　B. 生产成本
C. 应收账款　　D. 应付职工薪酬

## 四、多项选择题

1. 账户分类可以采用的标志有(　　)。
A. 账户的名称　　B. 账户的用途和结构
C. 账户的统驭关系　　D. 账户与会计报表的关系
E. 账户的经济内容

2. 下列账户中属于备抵调整账户的有(　　)。
A. 累计折旧　　B. 坏账准备
C. 累计摊销　　D. 利润分配
E. 存货跌价准备

3. 下列账户中属于资产类账户的有(　　)。
A. 固定资产　　B. 累计折旧
C. 应收账款　　D. 预收账款
E. 交易性金融资产

4. 下列账户中属于调整账户的有(　　)。
A. 累计折旧　　B. 累计摊销
C. 坏账准备　　D. 利润分配
E. 存货跌价准备

5. 下列账户中属于所有者权益类账户的有（　　）。

A. 实收资本　　B. 资本公积

C. 盈余公积　　D. 本年利润

E. 利润分配

6. “本年利润”账户可以同时属于（　　）。

A. 资产类账户　　B. 成本类账户

C. 结算类账户　　D. 所有者权益类账户

E. 财务成果计算账户

7. 下列账户中期末一般有余额的有（　　）。

A. 收入类账户　　B. 费用类账户

C. 成本计算账户　　D. 集合分配账户

E. 债权债务结算账户

8. 下列账户中属于损益类账户的有（　　）。

A. 制造费用　　B. 管理费用

C. 销售费用　　D. 财务费用

E. 主营业务收入

9. 下列账户中既属于所有者权益类账户，又属于投资权益账户的有（　　）。

A. 实收资本　　B. 本年利润

C. 盈余公积　　D. 资本公积

E. 利润分配

10. 下列盘存账户中可以通过设置明细账提供数量和金额的有（　　）。

A. 原材料　　B. 库存现金

C. 银行存款　　D. 库存商品

E. 固定资产

11. 债权债务结算账户的借方表示（　　）。

A. 债权的增加额　　B. 债权的减少额

C. 债务的增加额　　D. 债务的减少额

E. 债权、债务的增加额

12. 年内“本年利润”账户的期末余额一般表示（　　）。

A. 本年预算利润　　B. 本年最低利润

C. 累计利润总额　　D. 累计亏损总额

E. 未分配利润

13. 按照不同的账户分类标准，“生产成本”账户可同时属于（　　）。

A. 资产类账户　　B. 盘存账户

C. 成本计算账户　　D. 损益类账户

E. 结算账户

14. 按照经济内容分类，下列账户中属于非流动负债账户的有（　　）。

A. 长期借款　　B. 短期借款

C. 营业外收入　　D. 营业外支出

E. 其他应付款

15. 下列账户中属于经营性费用账户的有(　　)。

A. 生产成本　　B. 管理费用

C. 所得税费用　　D. 销售费用

E. 税金及附加

16. 下列账户中不属于集合分配账户的有(　　)。

A. 实收资本　　B. 制造费用

C. 生产成本　　D. 管理费用

E. 所得税费用

17. 按照经济内容分类,账户可分为(　　)。

A. 资产类账户　　B. 负债类账户

C. 损益类账户　　D. 成本类账户

E. 所有者权益类账户

18. 在生产过程中,用来归集产品的生产费用,并据以计算产品生产成本的账户有(　　)。

A. 制造费用　　B. 库存商品

C. 材料采购　　D. 生产成本

E. 商品进销差价

19. 按不同的账户分类标准,"财务费用"账户属于(　　)。

A. 集合分配账户　　B. 成本计算账户

C. 费用计算账户　　D. 损益类账户

E. 收入计算账户

20. 下列账户中不属于成本计算账户的有(　　)。

A. 生产成本　　B. 在途物资

C. 应付债券　　D. 应付股利

E. 应付职工薪酬

**五、表格题**

按用途和结构分类,固定资产、应收账款、坏账准备、资本公积、生产成本、制造费用各属于哪一类账户？请填入表 7.1。

**表 7.1　账户按用途和结构分类**

| 类别 | 账户 | 类别 | 账户 |
| --- | --- | --- | --- |
| 盘存类 | | 调整类 | |
| 资本类 | | 集合分配类 | |
| 结算类 | | 成本计算类 | |

# 第 8 章　会计凭证

## 8.1　内容简介

本章详细介绍了会计凭证的种类、各种会计凭证的填制方法以及会计凭证的传递与保管制度。

### 8.1.1　会计凭证及其分类

会计凭证是记录经济业务、明确经济责任、作为记账依据的书面证明。按照填制程序和用途的不同，会计凭证分为原始凭证和记账凭证。会计凭证的具体分类如图 8.1 所示。

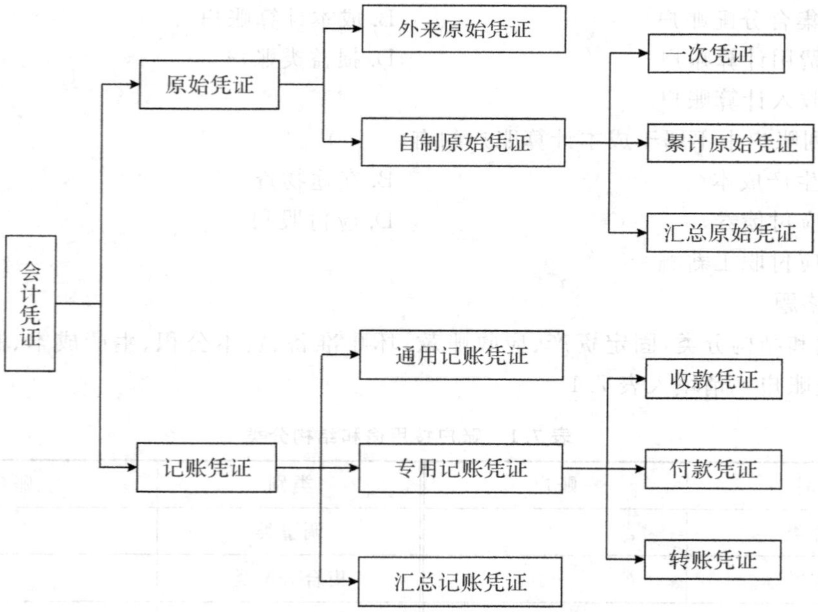


图 8.1　会计凭证的分类

### 8.1.2　会计凭证的填制与审核

#### 8.1.2.1　原始凭证的填制与审核

原始凭证的基本要素包括：①凭证的名称；②填制凭证的日期和凭证的编号；③接收凭证的单位名称；④填制凭证的单位名称及公章或业务专用章，或填制个人姓名；⑤经办人员的签名或签章；⑥经济业务的内容摘要；⑦经济业务涉及的实物数量、单价、金额和总额。

原始凭证填制的基本要求包括：①记录真实；②内容完整；③填制及时。

填制原始凭证的具体规定包括：①用蓝色或黑色墨水笔书写，不得使用简化字；②阿拉伯数字金额前书写币种符号等；③汉字大写金额数字一律用正楷或行书体书写；④文字或数字的高度一般占凭证横格高度的 1/2；⑤对于多联凭证，应注明各联用途；⑥原始凭证记载的各项内容均不得涂改；⑦连续编号。

原始凭证的审核包括：①合法性审核；②合理性审核；③完整性审核；④正确性审核。

#### 8.1.2.2　记账凭证的填制与审核

记账凭证的基本要素包括：①记账凭证的名称；②填制凭证的日期和凭证的编号；③经济业务的内容摘要；④会计分录；⑤记账符号；⑥所附原始凭证张数；⑦填制人员、审核人员、记账人员和会计主管人员的签名或盖章。

记账凭证的填制要求包括：①根据审核无误的原始凭证填制；②记账凭证的基本要素要填写完整；③应对记账凭证进行连续编号；④除结账和更正错误的记账凭证可以不附原始凭证外，其他记账凭证必须附原始凭证；⑤记账凭证填制完经济业务后如有空行，应当在金额栏最后一笔金额数字下的空行处至合计数上的空行处画线注销。

记账凭证的审核包括：①形式审核；②内容审核。

### 8.1.3　会计凭证的传递与保管

会计凭证的传递是指会计凭证从填制到归档保管的整个过程中，在单位内部各个有关部门和经办人员之间的传递程序和传递时间。

会计凭证的保管包括：①定期装订会计凭证；②专人保管，出纳不得兼管会计档案；③对于某些重要的原始凭证，应另编目录，单独装订保存，并在记账凭证上注明“附件另订”；④原始凭证不得外借；⑤从会计年度终了的第一天起，原始凭证、记账凭证和汇总凭证的保管期限均为 30 年，会计档案移交清册的保管期限也为 30 年。

## 8.2　重难点分析

本章的重难点是记账凭证的填制与审核。

### 8.2.1　记账凭证的填制

记账凭证填制时要做到依据真实可靠、摘要简明扼要、日期填写正确、分录编制正确、附件完整、编号连续科学、错误更正规范。

### 8.2.2 记账凭证的审核

(1)审核记账凭证与所附原始凭证的张数、经济内容、金额合计等是否一致;

(2)审核记账凭证会计分录是否正确,摘要是否清晰完整;

(3)审核有关人员是否签名或盖章。

## 8.3 学习提示

本章介绍各类会计凭证,在学习填制会计凭证前,建议学生搜集原始凭证实物,比如商业发票、银行对账单等,以加深理解。

## 8.4 学习资源介绍

1. 会计凭证的相关内容,参见 http://baike.baidu.com/item/会计凭证/4796704

2. 会计学习网站,http://www.canet.com.cn/acc/

3. 会计凭证的相关视频,参见 http://baidu.hz.letv.com/watch/04456856030831371093.html? page=videoMultiNeed

## 习 题

**一、讨论题**

1. 何谓会计凭证?会计凭证在会计核算中有何重要作用?
2. 按填制程序和用途的不同,会计凭证可分为哪些类型?
3. 什么是原始凭证?原始凭证有哪几类?
4. 原始凭证应包括哪些基本要素?原始凭证的填制应遵循哪些要求?
5. 什么是记账凭证?记账凭证有哪几类?
6. 记账凭证应包括哪些基本要素?记账凭证的填制应遵循哪些要求?
7. 审核原始凭证时主要审查哪些内容?审核记账凭证时主要审查哪些内容?
8. 什么是会计凭证的传递?做好会计凭证的传递和保管工作有什么意义?

**二、判断题**

1. 转账凭证不能反映现金、银行存款的增减变动。 ( )
2. 原始凭证是会计部门填制的,是登记账簿的直接依据。 ( )
3. 从银行提取现金时,可以编制现金收款凭证。 ( )

4. 原始凭证的内容中应包括会计分录。（　）

5. 按填制手续的不同，记账凭证可以分为一次凭证、汇总凭证和累计凭证。（　）

6. 现金收款凭证和现金付款凭证不仅是记账的依据，也是出纳员办理现金收款、付款业务的依据。

7. 按来源不同，会计凭证可以分为外来会计凭证和自制会计凭证。（　）

8. 转账凭证是用于不涉及现金收付和银行存款业务的其他转账业务的记账凭证。（　）

9. 自制原始凭证是企业内部经办业务的部门和人员填制的凭证。（　）

10. 外来原始凭证遗失时，必须取得签发单位盖有财务章的证明，经单位负责人批准后，可代作原始凭证。（　）

11. 外来原始凭证都是一次凭证。（　）

12. 所有记账凭证一律附有原始凭证。（　）

13. 原始凭证的主要作用是证明与会计事项相关的经济业务实际发生和完成的情况。（　）

14. 通用记账凭证是任何经济业务都统一使用同一种格式的记账凭证。（　）

15. 单式记账凭证，就是把每项经济业务所涉及的会计科目集中填制在一张记账凭证上。（　）

16. 原始凭证金额出现错误的，必须由出具单位负责更正，并在更正处加盖出具单位和经手人印章。（　）

17. 发票作废时应当加盖“作废”戳记，连同存根和其他各联整联一起保存，不得缺联。（　）

18. 若一张原始凭证所列支的金额需要几个单位共同负担，则可以开具原始凭证分割单。（　）

19. 对于不真实、不合法的原始凭证，可退回经办人员，更正后再办理有关会计处理。（　）

20. 凡属收、付款业务的记账凭证都必须附原始凭证。（　）

21. 所有的会计凭证都是登记账簿的依据。（　）

22. 将现金交存银行，应编制银行存款收款凭证。（　）

23. 经过审核无误的原始凭证，可以据此编制记账凭证。（　）

24. 按所反映的经济内容的不同，记账凭证可以分为原始凭证、汇总凭证和累计凭证。（　）

25. 原始凭证是会计核算的原始资料和重要依据，是登记记账凭证的原始依据。（　）

26. 对不真实、不合法的原始凭证，会计人员有权不予接受。（　）

27. 记账凭证的编制和审核可以由同一个会计人员完成。（　）

28. 记账凭证是编制会计报表的直接依据。（　）

29. 会计凭证的保管期满后，企业可以自行处理。（　）

30. 通用记账凭证的格式及填制方法与转账凭证相同。（　）

31. 转账凭证只登记与货币资金收付无关的业务。（　）

32. 因为各企业的业务量不同，会计凭证的数量也不一致，所以企业可以自行决定销毁

会计凭证的时间。　　( )

三、单项选择题

1. 对于金额有错误的原始凭证，正确的处理方法是(　　)。

A. 由出具单位重开

B. 由出具单位在凭证上更正并由经办人员签名

C. 由出具单位在凭证上更正并由出具单位负责人签名

D. 由出具单位在凭证上更正并加盖出具单位印章

2. 销售产品，部分货款已收回并存入银行，部分货款对方暂欠，应填制的记账凭证是(　　)。

A. 收款凭证和转账凭证　　B. 付款凭证和转账凭证

C. 收款凭证和付款凭证　　D. 两张转账凭证

3. 假设某企业第10笔转账业务需填制三张记账凭证，则第二张记账凭证正确的编号是(　　)。

A. 转(字)10-3-2号　　B. 转(字)10-2-3号

C. 转(字)10-2/3号　　D. 转(字)10-3/2号

4. 限额领料单属于(　　)。

A. 累计原始凭证　　B. 外来凭证

C. 汇总凭证　　D. 付款凭证

5. 下列凭证中不能作为编制记账凭证依据的是(　　)。

A. 收料单　　B. 发票

C. 发货单　　D. 购销合同

6. 下列原始凭证中属于外来原始凭证的是(　　)。

A. 领料单　　B. 购货发票

C. 产品出库单　　D. 发出材料汇总表

7. 购买实物的原始凭证，除必须有经办人的签名外，还必须有(　　)。

A. 本单位公章　　B. 批准文件

C. 验收人的证明　　D. 付款结算票据

8. 记账凭证的填制是由(　　)完成的。

A. 出纳人员　　B. 会计人员

C. 经办人员　　D. 主管人员

9. 会计日常核算工作的起点是(　　)。

A. 取得或填制会计凭证　　B. 登记会计账簿

C. 编制会计报表　　D. 成本核算

10. 登记账簿的依据是(　　)。

A. 会计凭证　　B. 经济业务

C. 原始凭证　　D. 记账凭证

11. 从外单位取得的原始凭证，必须盖有(　　)。

A. 本单位的公章　　B. 填制单位的公章

C. 本单位领导的签章　　D. 收款人的签章

12. 记账凭证应根据审核无误的(　　)填制。

A. 收款凭证　　B. 付款凭证

C. 转账凭证　　D. 原始凭证

13. 按(　　)分类,会计凭证分为原始凭证和记账凭证。

A. 填制程序和用途　　B. 形成来源

C. 用途　　D. 填制手续

14. 将同类经济业务汇总编制的原始凭证是(　　)。

A. 一次凭证　　B. 累计凭证

C. 记账凭证　　D. 汇总原始凭证

15. 只涉及货币资金内部收付业务时,一般只编制(　　)。

A. 收款凭证　　B. 付款凭证

C. 收款凭证和付款凭证　　D. 转账凭证

16. 用转账支票支付前欠货款,应填制(　　)。

A. 收款凭证　　B. 付款凭证

C. 转账凭证　　D. 收款和付款凭证

17. 下列内容中不属于记账凭证审核内容的是(　　)。

A. 凭证是否符合有关的计划和预算

B. 会计科目使用是否正确

C. 凭证的金额与所附原始凭证的金额是否一致

D. 凭证的内容与所附原始凭证的内容是否一致

18. 下列经济业务中应编制转账凭证的是(　　)。

A. 用转账支票支付电费　　B. 销售商品已经收款

C. 职工报销药费　　D. 赊购原材料

19. 对于真实、合法、合理但内容填写错误的原始凭证,会计人员应(　　)。

A. 协助补填,及时据以编制记账凭证记账

B. 不予接受,并向单位负责人报告

C. 予以退回,更正错误或重开后再办理正式会计手续

D. 退回经办人员,不再办理正式会计手续

20. 只反映经济业务方面的内容,便于分工记账和按会计科目汇总的记账凭证是(　　)。

A. 复式记账凭证　　B. 单式记账凭证

C. 通用记账凭证　　D. 专用记账凭证

21. 下列各项中属于原始凭证的是(　　)。

A. 银行对账单　　B. 银行存款余额调节表

C. 客户订单　　D. 实存账存对比表

22. 下列不能作为原始凭证的是(　　)。

A. 经济合同　　B. 销售发票

C. 收料单　　D. 领料单

23. 会计实务中采用的收款凭证、付款凭证和转账凭证都属于(　　)。

A. 通用记账凭证　　B. 专用记账凭证

C. 单式记账凭证　　　　　　　　　D. 单科目记账凭证

24. 将记账凭证分为收款凭证、付款凭证和转账凭证的依据是(　　)。

A. 按凭证填制的程序　　　　　　　B. 按凭证在经济管理中的用途

C. 按凭证取得的来源　　　　　　　D. 按凭证所记录的经济业务内容

25. 下列属于外来原始凭证的是(　　)。

A. 材料入库单　　　　　　　　　　B. 供货方开具的发票

C. 本企业开具的发票　　　　　　　D. 本企业开具的支票存根

26. 原始凭证上的文字、数字应规范书写,例如大写金额"叁仟零捌元肆角整",其小写金额为(　　)。

A. 3 008.40 元　　　　　　　　　B. ¥3 008.40

C. ¥3 008.40 元　　　　　　　　D. ¥3 008.4

27. 下列科目中可能是收款凭证贷方科目的是(　　)。

A. 主营业务收入　　　　　　　　　B. 主营业务成本

C. 制造费用　　　　　　　　　　　D. 生产成本

28. 下列各项中属于记账凭证应具备的要素的是(　　)。

A. 实物数量、单价及金额　　　　　B. 汉字大写金额

C. 出具凭证单位的财务专用章　　　D. 应计会计科目、方向及金额

29. 下列各项中需要编制银行存款收款凭证的是(　　)。

A. 开出转账支票购买机器设备　　　B. 资本公积转增资本

C. 从银行取得 3 个月期借款　　　　D. 发出上月已预收货款的商品

30. 根据同一原始凭证编制的几张记账凭证,应(　　)。

A. 编制原始凭证分割单

B. 采用分数编号法

C. 在未付原始凭证的记账凭证上注明附有原始凭证的记账凭证的编号

D. 不必做任何说明

31. 用转账支票支付前欠货款,应填制(　　)。

A. 转账凭证　　B. 付款凭证　　C. 收款凭证　　D. 原始凭证

32. 产品生产领用材料,应编制的专用记账凭证是(　　)。

A. 收款凭证　　B. 付款凭证　　C. 转账凭证　　D. 一次凭证

33. 下列内容中不属于记账凭证审核内容的是(　　)。

A. 会计科目使用是否准确

B. 转账凭证是否有出纳人员的签章

C. 凭证的金额与所附原始凭证的金额是否一致

D. 凭证的内容与所附原始凭证的内容是否一致

34. 为保证会计账簿记录的正确性,会计人员编制记账凭证时必须依据(　　)。

A. 金额计算正确的原始凭证

B. 填写齐全的原始凭证

C. 盖有填制单位财务公章的原始凭证

D. 审核无误的原始凭证

35. 会计凭证的传递是指(　　)在单位内部各有关部门及人员之间的传递程序和传递时间。
A. 从取得会计凭证时起到制成记账凭证时止
B. 从取得原始凭证时起到登记账簿时止
C. 从填制记账凭证时起到编制会计报表时止
D. 会计凭证从填制时起到归档保管时止

**四、多项选择题**

1. 下列单据中属于自制原始凭证的有(　　)。
A. 购入材料运输账单　　B. 工资结算单
C. 预支差旅费借款单　　D. 产品入库单
E. 转账凭证
2. 下列单据中可作为会计核算原始凭证的有(　　)。
A. 购销发票　　B. 出差车票
C. 购销合同　　D. 银行对账单
E. 现金支票存根
3. 下列单据中属于外来原始凭证的有(　　)。
A. 医药费报销单　　B. 银行转账支票
C. 铁路运单　　D. 销货发票
E. 购货发票
4. 发出材料汇总表属于(　　)。
A. 汇总记账凭证　　B. 汇总原始凭证
C. 自制原始凭证　　D. 转账凭证
E. 累计凭证
5. 下列业务中需要填制转账凭证的有(　　)。
A. 赊销商品　　B. 期末结转管理费用
C. 用转账支票采购办公用品　　D. 计提固定资产折旧
E. 吸收投资人的货币资金投资
6. 下列业务中需要填制付款凭证的有(　　)。
A. 赊购原材料　　B. 业务人员报销差旅费,付现
C. 从银行提取现金　　D. 将现金交存银行
E. 采购商品一批,通过银行转账结算
7. 企业在经营中取得的银行结算凭证,属于会计核算的(　　)。
A. 自制原始凭证　　B. 转账凭证
C. 收款凭证和付款凭证　　D. 一次原始凭证
E. 外来原始凭证
8. 按填制程序和用途的不同,会计凭证可以分为(　　)。
A. 原始凭证　　B. 累计凭证
C. 记账凭证　　D. 转账凭证
E. 自制凭证

9. 收款凭证可以作为出纳人员(　　)的依据。

A. 收入货币资金　　B. 付出货币资金

C. 登记现金日记账　　D. 登记银行存款日记账

E. 填制记账凭证

10. 记账凭证的基本要素包括(　　)。

A. 会计科目　　B. 所附原始凭证张数

C. 记账金额　　D. 凭证的编号

E. 填制凭证的日期

11. 关于会计凭证的保管,下列说法中正确的有(　　)。

A. 出纳不得兼管会计凭证

B. 年度终了,可暂由会计部门保管一年

C. 保存期满后的会计凭证也不得自行销毁

D. 重要原始凭证应单独装订保存

E. 经本单位领导同意后,会计凭证可以调阅或者外借

12. 原始凭证的基本要素包括(　　)。

A. 凭证名称　　B. 经济业务内容摘要

C. 填制凭证的日期　　D. 数量、单价和金额

E. 应借和应贷账户名称

13. 会计凭证和相关会计资料保管期限为 30 年的有(　　)。

A. 原始凭证　　B. 记账凭证

C. 汇总凭证　　D. 银行对账单

E. 会计移交清册

14. 限额领料单同时属于(　　)。

A. 原始凭证　　B. 记账凭证

C. 累计原始凭证　　D. 一次凭证

E. 自制凭证

15. 下列凭证中属于记账凭证的是(　　)。

A. 支票　　B. 借款单

C. 转账凭证　　D. 银行存款收款凭证

E. 现金付款凭证

16. 入库单属于(　　)。

A. 外来原始凭证　　B. 自制原始凭证

C. 一次凭证　　D. 累计凭证

E. 记账凭证

17. 原始凭证的作用有(　　)。

A. 记录经济业务　　B. 明确经济责任

C. 作为记总账的依据　　D. 作为编制报表的依据

E. 作为核对的依据

18. 按照来源的不同,原始凭证分为(　　)。

A. 自制原始凭证　　B. 外来原始凭证
C. 累计原始凭证　　D. 汇总原始凭证
E. 一次原始凭证

19. 下列各项中属于原始凭证填制要求的有(　　)。
A. 原始凭证必须加盖公章　　B. 金额有大小写的,大小写金额必须相等
C. 原始凭证的填制要及时　　D. 原始凭证的书写要规范
E. 原始凭证必须有经办部门和经办人员的签章

20. 下列项目中属于记账凭证的有(　　)。
A. 收款凭证　　B. 科目汇总表
C. 收款单　　D. 转账凭证
E. 付款凭证

21. 付款凭证左上角的"贷方科目"可能是(　　)科目。
A. 库存现金　　B. 材料采购
C. 银行存款　　D. 应收账款
E. 应付账款

22. 记账凭证可以根据(　　)填制。
A. 每一张原始凭证　　B. 若干张同类原始凭证汇总
C. 原始凭证汇总表　　D. 日记账
E. 账簿记录结果

23. 下列经济业务中应当填制银行存款收款凭证的有(　　)。
A. 将现金存入银行　　B. 收到投资人投入的机器设备
C. 预收客户购买产品的货款　　D. 收到投资人的投资款并存入银行
E. 收到材料并支付材料货款

24. 除(　　)的记账凭证可以不附原始凭证外,其他记账凭证必须附有原始凭证。
A. 收款　　B. 付款
C. 转账　　D. 期末结账
E. 更正错误

**五、业务题**

### 业务题一

1. 目的:练习经济业务的处理与记账凭证的填制。

2. 资料:某企业为增值税一般纳税人,增值税税率为 13%,20××年 6 月发生下列经济业务。

(1)1 日,从银行提取现金 5 000 元,备用。

(2)2 日,收到中鑫公司还来的前欠货款 93 600 元,存入银行。

(3)2 日,综合办公室的王某预支差旅费 3 500 元,付现。

(4)5 日,以银行存款解缴所得税 38 000 元、增值税 13 000 元。

(5)5 日,以现金支付业务招待费 850 元。

(6)6 日,生产甲产品领用 A 材料 15 000 千克,每千克价格为 10 元,计 150 000 元;领用

B材料25 000千克，每千克价格为2元，计50 000元。生产乙产品领用B材料15 000千克，每千克价格为2元，计30 000元。

(7)6日，以银行存款偿还前欠南方公司的货款146 250元。

(8)7日，从南方公司购入A材料30 000千克，每千克价格为9.9元，B材料20 000千克，每千克价格为1.9元，货款及增值税计378 550元，款项尚未支付。

(9)7日，以银行存款支付上项材料异地运杂费5 000元，增值税为450元，按材料的重量比例分摊运杂费。

(10)8日，上项材料验收入库，结转其实际采购成本。

(11)9日，从银行借入短期借款200 000元，存入银行。

(12)12日，从银行提取现金155 000元，准备发放工资。

(13)12日，以现金发放职工工资155 000元。

(14)13日，出售给中鑫公司甲产品4 000件，每件售价为150元，货款600 000元和增值税税款78 000元尚未收到。

(15)14日，综合办公室的王某出差回公司报销差旅费3 200元，交回多余现金300元。

(16)15日，生产甲产品领用A材料6 000千克，每千克价格为10元，计60 000元，领用B材料20 000千克，每千克价格为2元，计40 000元。车间一般性消耗领用B材料1 000千克，每千克价格为2元，计2 000元。

(17)16日，以银行存款支付广告费8 000元，增值税为480元。

(18)19日，接受大新公司作为投资投入的全新生产设备一套，价值800 000元。

(19)20日，收到中鑫公司还来的前欠货款678 000元，存入银行。

(20)21日，以银行存款偿还南方公司货款378 550元。

(21)22日，以银行存款归还短期借款190 000元。

(22)23日，上月转入"其他应收款"账户的毁损机床净值为18 000元，无法取得赔偿，经批准列作营业外支出。

(23)26日，售给连发公司乙产品1 000件，每件售价为80元，货款及增值税税款尚未收到。

(24)27日，以现金支付销售运输费880元，增值税为79.20元。

(25)28日，以银行存款支付机器修理费1 500元，增值税为195元。

(26)29日，以银行存款支付本月电费8 000元，增值税为1 040元，其中生产甲产品动力消耗5 000元，生产乙产品动力消耗2 000元，车间消耗500元，公司行政管理部门消耗500元。

(27)30日，本月工资费用分配如下：生产甲产品工人工资72 000元，生产乙产品工人工资48 000元，车间管理人员工资15 000元，公司行政管理人员工资20 000元。

(28)30日，按规定计提本月固定资产折旧29 500元，其中车间固定资产折旧26 000元，公司行政管理部门固定资产折旧3 500元。

(29)30日，将本月归集的制造费用按甲、乙产品生产工人工资比例分配。

(30)30日，本月甲产品完工入库3 000件，结转其实际生产成本270 000元；乙产品完工入库2 000件，结转其实际生产成本100 000元。

(31)30日，结转本月销售的4 000件甲产品的成本360 000元和1 000件乙产品的成本50 000元。

(32)30日，将各收入、费用类账户的余额结转至"本年利润"账户。

(33)30 日,按本月实现利润的 25%计算并结转应交所得税。

(34)30 日,按税后利润的 10%提取盈余公积。

3. 要求:

(1)根据上列经济业务,确定应填制的记账凭证的种类。

(2)根据上列经济业务编制收款凭证、付款凭证或转账凭证。

业务题二

1. 目的:练习记账凭证的填制。

2. 资料:长城公司为增值税一般纳税人,增值税税率为 13%,20××年 8 月发生的部分经济业务如下。

(1)1 日,收到某投资人投入的全新机器设备一台,投资各方确认其价值为 300 000 元。

(2)2 日,购入甲材料 50 吨,买价为 50 000 元,增值税进项税额为 6 500 元,款项通过银行付讫。

(3)4 日,以银行存款支付上述材料异地运杂费 3 000 元和增值税 270 元。材料验收入库,结转其实际采购成本。

(4)5 日,仓库发出甲材料,其中生产 A 产品耗用甲材料 45 000 元,行政管理部门耗用甲材料 20 000 元,车间一般耗用甲材料 5 000 元,专设销售机构耗用甲材料 2 000 元。

(5)6 日,采购员小陈预支差旅费 1 000 元,以现金付讫。

(6)7 日,从银行提现 40 000 元,备发工资。当日以库存现金 40 000 元发放工资。

(7)8 日,开出转账支票支付销售门店当月租金 10 000 元和增值税 900 元。

(8)9 日,小陈出差归来报销差旅费 1 300 元,余款以现金支付。

(9)15 日,向莲花公司销售 A 产品 2 000 件,单价为 100 元,增值税税率为 13%,产品已发出,用银行存款代垫运杂费 1 200 元,款项尚未收到。

(10)17 日,出售企业多余的乙材料 100 千克,单价为 130 元,增值税税率为 13%,材料已发出,款项已通过银行收讫。结转乙材料成本,单位成本为 100 元。

(11)19 日,客户交来包装物押金 500 元,存入银行。

(12)21 日,以银行存款支付当月水电费 4 000 元及增值税 520 元,其中车间水电费 3 000 元,行政管理部门水电费 1 000 元。

(13)以银行存款支付机器临时修理费 500 元(取得普通发票)。

(14)31 日,结算本月应付职工薪酬,其中生产 A 产品工人薪酬 28 000 元,车间一般管理人员薪酬 4 000 元,行政管理部门人员薪酬 8 000 元。

(15)31 日,计提本月折旧,其中生产车间计提折旧 6 000 元,行政管理部门计提折旧 2 000元。

(16)31 日,结转本月发生的制造费用,全部由 A 产品承担。

(17)31 日,计提本月短期借款利息 4 000 元。

(18)31 日,将本月主营业务收入与其他业务收入结转至“本年利润”账户。

3. 要求:

(1)编制相关会计分录。

(2)根据以上经济业务确定应当填制的记账凭证的种类。

# 第9章 会计账簿

## 9.1 内容简介

本章介绍会计账簿的相关内容，包括四部分内容：①会计账簿及其分类；②会计账簿的设置与登记；③会计账簿的登记规则；④对账与结账。

### 9.1.1 会计账簿及其分类

会计账簿是由具有一定格式且又相互联系的账页组成的，以审核无误的会计凭证为依据，用来连续、系统、全面地记录和反映各项经济业务的簿籍。会计账簿的分类如图 9.1 所示。

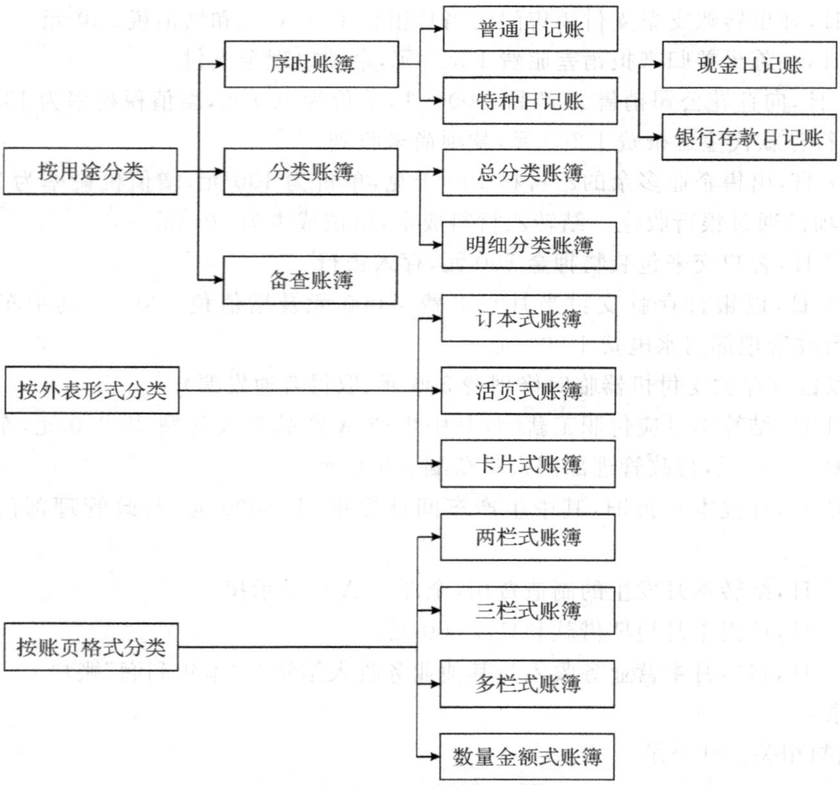


图 9.1 会计账簿的分类

### 9.1.2　会计账簿的设置与登记

日记账的设置：日记账有普通日记账和特种日记账两种，其特点是序时登记，即逐日逐笔地登记经济业务。

普通日记账在功能上是记账凭证的替代，我国企业基本不设普通日记账，相关的账簿处理程序在《会计学基础》教材的第 12 章会详细讨论。

特种日记账专门用来序时登记某一特定经济业务的日记账。本教材仅介绍两种特种日记账，即现金日记账和银行存款日记账。现金日记账和银行存款日记账必须使用订本式账簿。现金日记账和银行存款日记账的账页格式可以采用三栏式和多栏式。

总分类账是企业的主要账簿，总分类账必须采用订本式账簿。总分类账的账页格式一般采用三栏式，即设置借方、贷方、余额三栏。

明细分类账是根据明细会计科目设置的簿籍。在总分类账的基础上设置和登记明细分类账，可以提供明细的会计核算资料。明细分类账多用活页式账簿，账页格式可采用三栏式、多栏式、数量金额式和平行式。

### 9.1.3　会计账簿的登记规则

启用会计账簿时，封面上注明单位名称和账簿名称，扉页上附启用及交接表。

登记账簿的基本要求如下：

(1)登记及时。

(2)登记完整。

(3)登记连续，不得跳行、隔页。

(4)书写规范，文字和数字的高度占横格高度的 1/2；一般用蓝色或黑色墨水书写，特殊情况下可用红色墨水书写。

(5)凡要结出余额的账户，结出余额后，都应当在“借”或“贷”栏内写明“借”“贷”或“平”字。

(6)账页记录到倒数第二行时，应办理转页手续。

(7)定期结账。

(8)总账、日记账和多数明细账应每年更换一次。有些财产物资明细账和债权债务明细账可以跨年度使用。各种备查账也可以连续使用。

总分类账和明细分类账平行登记，即同时期、同依据、同方向和同金额登记。

错账更正方法如下：

(1)划线更正法适用于记账凭证登记正确，账簿记录的文字或数字有误。

(2)红字更正法适用于记账凭证所记会计科目或方向有误，或记账凭证所记会计科目和方向无误，但金额大于应记金额，并据以登账，导致账簿记录错误。

(3)补充登记法适用于记账凭证所载会计科目和方向无误，但所记金额小于应记金额，并据以登账，导致账簿记录错误。

### 9.1.4　对账与结账

为了确保账簿记录的真实性、完整性和正确性，会计人员在结账和报表编制之前，必须进行账簿记录的核对。对账就是对账簿记录进行核对，包括账证核对、账账核对和账实核对三方面内容。

结账包括：①结清或结计各种收入和费用类账户（即虚账户）的本期发生额，并据以计算本期损益。②结出各种资产、负债和所有者权益类账户（即实账户）的本期发生额和期末余额，并将期末余额转入下期。

结账方法采用划线结账法，结账可分为月结账和年结账。

## 9.2 重难点分析

本章的重难点包括明细账账页格式的设置和错账更正方法。

### 9.2.1 明细账账页格式的设置

明细账账页格式可用三栏式、数量金额式、多栏式和平行式（见表9.1）。

表9.1 明细账账页格式

| 格式 | 内容 | 适用情况 |
| --- | --- | --- |
| 三栏式 | 设置借方、贷方、余额三栏 | 债权、债务 |
| 数量金额式 | 收入、发出、结余三大栏内各设数量、单价、金额专栏 | 原材料、库存商品等存货 |
| 多栏式 | 借方设置专栏，贷方设置专栏，或者借、贷方均设置专栏 | 收入、费用、成本、利润 |
| 平行式 | 设置借方、贷方两栏 | 其他应收、应付等往来款项 |

### 9.2.2 错账更正方法

使用划线更正法时注意划线后原有文字仍清晰可辨。数字错误的，无论是某位数错误还是全部错误，都必须全部划线注销；文字错误的，则只需划掉错误的文字。

使用红字更正法时注意红字只用于金额。

使用补充登记法时注意摘要栏要注明“补记×月×日第×号记账凭证少计金额”。

## 9.3 学习提示

本章介绍的会计账簿种类繁多，格式不一，登记方法不同。学习本章之前建议寻找相关会计账簿实物或视频，以加深理解。

## 9.4　学习资源介绍

1. 会计账簿的相关视频，参见 http://v.youku.com/v_show/id_XNjEzODY3OTQ0.html

2. 会计账簿的相关图片，参见 https://image.baidu.com/search/index?tn=baiduimage&ct=201326592&lm=-1&cl=2&ie=gb18030&word=%BB%E1%BC%C6%D5%CB%B2%BE&fr=ala&ala=1&alatpl=adress&pos=0&hs=2&xthttps=111111

### 习　题

**一、讨论题**

1. 什么是会计账簿？它有何作用？
2. 按用途不同，会计账簿分为哪几类？各类账簿的用途是什么？
3. 什么是日记账？试述日记账的账页格式和登记方法。
4. 订本式账簿、活页式账簿和卡片式账簿各有什么利弊？
5. 明细分类账的账页格式主要有哪几种？
6. 总分类账和明细分类账平行登记的要点是什么？
7. 什么是总分类账？试述总分类账的账页格式与登记方法。
8. 更正错账可使用哪些方法？各种更正方法的适用范围是什么？
9. 什么是对账？对账包括哪些内容？
10. 什么是结账？怎样进行月度结账和年度结账？

**二、判断题**

1. 现金日记账和银行存款日记账，可以采用订本式账簿或者活页式账簿。（　　）
2. 记账后如发现所记金额大于应记金额时，可采用红字更正法。（　　）
3. 备查账簿是对某些在日记账和分类账中未能记录或记录不全的经济业务进行补充登记的账簿，因此，各单位必须设置。（　　）
4. 每个会计主体都必须设置总分类账。（　　）
5. 普通日记账直接以原始凭证为登记依据，起到了记账凭证的作用。（　　）
6. 明细账提供各种详细的核算资料，登记时只需原始凭证。（　　）
7. 账簿是重要的经济档案，各种账簿的具体保管年限由企业根据实际情况自行决定。（　　）
8. 在使用活页账之前，应按账页顺序编号，并由记账员或会计主管人员签章。（　　）
9. 登记账簿须用蓝、黑墨水书写，不得使用圆珠笔、铅笔书写，更不得用红色墨水书写。（　　）
10. 账簿是连接会计凭证和会计报表的桥梁与纽带。（　　）

11. 对于记账凭证错误所造成的账簿记录错误，应采用划线更正法进行更正。（　　）
12. 总分类账户和明细分类账户的登记方向必须相同。（　　）
13. 新的会计年度开始时，必须更换全部账簿。（　　）
14. 三栏式账簿的"三栏"指的是"日期""摘要""金额"三栏。（　　）
15. 多栏式明细分类账一般适用于债权债务结算账户。（　　）
16. 总分类账户与其明细分类账户必须在同一会计期间内登记。（　　）
17. 活页式或卡片式账簿的优势是其账页可以随时抽换。（　　）
18. 现金日记账、银行存款日记账和普通日记账必须逐日结出余额。（　　）
19. 总分类账、现金日记账及银行存款日记账一般都采用活页式账簿。（　　）
20. 为了加强租入固定资产的管理，便于查找租入、使用、归还的情况，企业需要设置备查账簿进行补充登记。（　　）
21. 订本式账簿是指在记完账后，把记过账的账页装订成册的账簿。（　　）
22. "原材料"账户的明细分类账应采用数量金额式账簿。（　　）
23. 只要是在结账前发现的账簿记录错误都可以用红字更正法进行更正。（　　）
24. 三栏式账簿具有借方、贷方、余额三栏。（　　）
25. 日记账是逐笔序时登记的，月末不必与总账进行核对。（　　）
26. 登记账簿时要用蓝、黑墨水书写，但有些情况下也可用红色墨水书写。（　　）
27. 如果制造费用明细账的账页格式采用不设置贷方栏的多栏式，则月末结转制造费用的金额时可用红色墨水笔在借方有关明细项目的专栏内登记。（　　）
28. 为了防止账页散失和抽换账页，日记账和分类账一般采用订本式账簿。（　　）
29. 所有总账均应设置明细账，进行明细分类核算。（　　）
30. 备查账簿的登记应以审核无误的会计凭证为依据。（　　）

三、单项选择题

1. 普通日记账的账页格式应该是（　　）。

A. 二栏式　　B. 三栏式
C. 多栏式　　D. 数量金额式

2. 启用新的会计账簿时，在启用表上应写上（　　）的姓名。

A. 单位负责人　　B. 出纳人员
C. 经办人员　　D. 记账人员

3. 按用途分类，日记账属于（　　）。

A. 序时账簿　　B. 分类账簿
C. 备查账簿　　D. 订本账簿

4. 直接根据原始凭证登记的账簿是（　　）。

A. 总分类账　　B. 明细分类账
C. 特种日记账　　D. 普通日记账

5. 由出纳登记的账簿是（　　）。

A. 银行存款日记账　　B. 原材料明细账
C. 固定资产明细账　　D. 总分类账

6. 租入固定资产登记簿属于（　　）。

A. 序时账簿　　B. 分类账簿

C. 备查账簿　　C. 卡片账簿

7. 根据记账凭证登账，误将 100 元记为 1 000 元，应采用(　　)进行更正。

A. 红字更正法　　B. 补充登记法

C. 划线更正法　　D. 平行登记法

8. 总分类账户与其明细分类账户平行登记的要点可以概括为(　　)。

A. 同依据登记、同时期登记、同金额登记

B. 同依据登记、同时期登记、同方向登记、同金额登记

C. 同依据登记、同方向登记、同金额登记

D. 同依据登记、同时期登记、同方向登记

9. 新的会计年度开始，启用新账，(　　)可以继续使用，不必更换新账。

A. 日记账　　B. 总分类账

C. 明细账　　D. 固定资产卡片

10. 三栏式现金日记账(　　)。

A. 可以分别设置收入和支出两本账　　B. 在账页上应连续编号

C. 按现金收支的对应账户设置专栏　　D. 以上说法都不正确

11. 从银行提取现金时，登记现金日记账的依据是(　　)。

A. 现金收款凭证　　B. 现金付款凭证

C. 银行存款收款凭证　　D. 银行存款付款凭证

12. 企业用银行存款预付甲公司货款 30 000 元，会计人员编制的记账凭证为借记应收账款 30 000 元，贷记银行存款 30 000 元，并已登记入账，该记账凭证(　　)。

A. 没有错误　　B. 有错误，使用划线更正法更正

C. 有错误，使用红字更正法更正　　D. 有错误，使用补充登记法更正

13. 下列账户中适宜采用三栏式明细分类账的是(　　)。

A. 管理费用明细账　　B. 本年利润明细账

C. 应收账款明细账　　D. 制造费用明细账

14. 库存商品明细账通常采用(　　)账簿。

A. 卡片式　　B. 三栏式

C. 多栏式　　D. 数量金额式

15. (　　)的目的是确保账簿记录的真实、可靠、正确、完整。

A. 过账　　B. 结账

C. 转账　　D. 对账

16. 下列有关账项核对的说法中不属于账账核对内容的是(　　)。

A. 银行存款日记账余额与银行对账单余额的核对

B. 银行存款日记账余额与其总账余额的核对

C. 总分类账户借方发生额合计数与其明细账户借方发生额合计数的核对

D. 总分类账户贷方余额合计数与其明细账户贷方余额合计数的核对

17. 固定资产明细账一般采用(　　)。

A. 卡片式账簿　　B. 活页式账簿

C. 多栏式明细分类账　　D. 订本式账簿

18. 在结账和编报之前应进行对账工作，对账工作的任务不包括(　　)。

A. 账证相符　　B. 账账相符

C. 账实相符　　D. 账表相符

19. 原材料总分类账一般采用(　　)账簿。

A. 三栏式　　B. 多栏式

C. 数量金额式　　D. 平行式

20. 管理费用明细账通常采用(　　)账簿。

A. 三栏式　　B. 多栏式

C. 订本式　　D. 活页式

21. 按(　　)分类，账簿可以分为序时账簿、分类账簿和备查账簿。

A. 内容　　B. 用途

C. 账页格式　　D. 外表形式

22. 按(　　)分类，账簿可以分为订本式账簿、活页式账簿和卡片式账簿。

A. 内容　　B. 用途

C. 账页格式　　D. 外表形式

23. 下列总账科目中，一般可以不设明细账的是(　　)。

A. 应收账款　　B. 管理费用

C. 销售费用　　D. 累计折旧

24. 登记账簿时文字与数字的高度一般为横格高度的(　　)。

A. 1/2　　B. 1/3

C. 2/3　　D. 满格

25. 下列明细分类账中适宜采用贷方多栏式账簿的是(　　)。

A. 营业外支出　　B. 生产成本

C. 销售费用　　D. 营业外收入

26. 年终结账时，对于需要结出本年累计发生额的账户，由于12月末的"本年累计"发生额就是全年发生累计额，因此应当在全年累计发生额(　　)。

A. 上面划通栏双红线　　B. 下面划通栏双红线

C. 上面和下面划通栏双红线　　D. 上、下金额栏划双红线

27. 下列账簿中，可跨年度连续使用，不必每年更换新账的是(　　)。

A. 银行存款日记账　　B. 总分类账

C. 财务费用明细账　　D. 固定资产明细账

28. 一般情况下，不需要根据记账凭证登记的是(　　)。

A. 总分类账　　B. 明细分类账　　C. 日记账　　D. 备查账

29. 结账前发现账簿上所记录的文字或数字有错误，而记账凭证无误，则可用(　　)进行更正。

A. 划线更正法　　B. 红字更正法

C. 补充登记法　　D. 红字登记法

30. 某企业购买了一份财产保险，填制记账凭证时，误将其他应收款填为应收账款，并

据以登记入账，则应用(　　)进行更正。

A. 划线更正法　　B. 红字更正法

C. 补充登记法　　D. 红字登记法

31. 下列说法中错误的是(　　)。

A. 现金日记账采用三栏式账簿　　B. 原材料明细账采用数量金额式账簿

C. 生产成本账采用三栏式账簿　　D. 制造费用明细账采用多栏式账簿

32. 以下不是采用划线更正法进行错账更正的要点的是(　　)。

A. 在错误的文字或数字(整个数字)上划一条红线注销

B. 将正确的文字或数字用蓝色墨水写在划线处的上方

C. 更正人在划线处签章

D. 在错误的文字或数字(单个数字)上划一条红线注销

33. 企业一般对(　　)的明细核算采用卡片式账簿。

A. 库存现金　　B. 银行存款

C. 固定资产　　D. 生产成本

34. 银行存款日记账属于(　　)

A. 特种日记账　　B. 备查账

C. 普通日记账　　D. 分类账

**四、多项选择题**

1. 总分类账户与其明细分类账户的平行登记，应满足(　　)。

A. 同依据登记　　B. 同时期登记

C. 同方向登记　　D. 同金额登记

2. 用红色墨水登记账簿适用于(　　)。

A. 按照红字冲账的记账凭证，用红字冲销错误记录

B. 在不设借贷栏的多栏式账页中，登记减少金额

C. 三栏式账户的余额栏前如未注明余额方向，在余额栏内登记负数余额

D. 在期末结账时，用红色墨水划通栏红线

3. 三栏式明细账的账页格式，适用于(　　)。

A. 管理费用明细账　　B. 原材料明细账

C. 应付账款明细账　　D. 预收账款明细账

4. 多栏式明细账的账页格式，适用于(　　)。

A. 管理费用明细账　　B. 原材料明细账

C. 库存商品明细账　　D. 制造费用明细账

5. 数量金额式明细账的账页格式，适用于(　　)。

A. 管理费用明细账　　B. 原材料明细账

C. 应付账款明细账　　D. 库存商品明细账

6. 对账内容主要包括(　　)。

A. 账证核对　　B. 账账核对　　C. 账实核对　　D. 账表核对

7. 任何会计主体都必须设置的账簿有(　　)。

A. 现金日记账　　B. 银行存款日记账

C. 总分类账　　D. 明细分类账

8. 现金日记账、银行存款日记账的账页格式主要有(　　)。

A. 三栏式　　B. 多栏式

C. 卡片式　　D. 数量金额式

9. 对需要结计本月发生额的账户,结计"过次页"的本页合计数可以是(　　)。

A. 自本页第一行起至本页末止的发生额合计数

B. 自本月初起至本页末止的发生额合计数

C. 自年初起至本页末止的累计数

D. 自上月最后一天起至本页止的发生额合计数

10. 适合采用多栏式明细账的账户有(　　)。

A. 库存商品　　B. 制造费用

C. 生产成本　　D. 应交税费——应交增值税

11. 按外表形式分类,账簿可以分为(　　)。

A. 卡片式账簿　　B. 活页式账簿

C. 三栏式账簿　　D. 订本式账簿

12. 有关期末结账,通常的做法是(　　)。

A. 月结数记录的上、下分别划通栏红线

B. 年结数记录的上、下分别划通栏红线

C. 月结数记录的下面划通栏双红线

D. 年结数记录的下面划通栏双红线

13. 应收账款明细账应采用(　　)账簿。

A. 多栏式　　B. 活页式

C. 三栏式　　D. 订本式

14. 登记明细账的依据有(　　)。

A. 记账凭证　　B. 汇总记账凭证

C. 原始凭证　　D. 汇总原始凭证

15. 下列错误中可用红字更正法更正的是(　　)。

A. 在结账前,发现账簿上所记录的文字或数字有错误,但记账凭证没有错误

B. 记账后,发现记账凭证中会计科目错误

C. 记账后,发现记账凭证中会计科目正确而金额有错误(所记金额大于应记金额)

D. 记账后,发现记账凭证中会计科目正确而金额有错误(所记金额小于应记金额)

16. 企业到银行存现 5 000 元,此项业务应登记(　　)。

A. 库存现金日记账　　B. 银行存款日记账

C. 库存现金总分类账　　D. 银行存款总分类账

17. 采用红字更正法进行错账更正的要点有(　　)。

A. 用红字金额填写一张与错误记账凭证完全相同的记账凭证并用红字记账

B. 用红字金额填写一张与错误原始凭证完全相同的记账凭证并用红字记账

C. 再用红字重填一张正确的记账凭证,据以登记入账

D. 再用蓝字重填一张正确的记账凭证,据以登记入账

18. 以下属于备查账簿的有(　　)。

A. 经营性租入固定资产登记簿　　B. 材料采购明细账

C. 受托加工材料登记簿　　D. 代管商品物资登记簿

19. 下列关于会计账簿作用的说法中正确的有(　　)。

A. 可以提供连续、系统、全面的核算资料　　B. 为编制会计报表提供依据

C. 确保财产物资的安全、完整　　D. 为建立经济档案提供重要资料

20. 相对于订本式账簿来说,活页式账簿的优点有(　　)。

A. 可以根据实际需要随时添加或减少账页　　B. 可以防止账页散失

C. 可以避免账页的浪费　　D. 便于多人分工记账

21. 下列各项中符合会计账簿登记规则的有(　　)。

A. 登记账簿必须以审核无误的会计凭证为依据

B. 登记账簿时书写的文字和数字的高度应占横格高度的 1/2,不可顶格

C. 应按页次顺序登记账簿

D. 没有余额的账户,余额栏空置不填

22. 结账前发现账簿记录错误,进行错账更正时不能采用划线更正法的有(　　)。

A. 记账凭证上会计科目错误,导致账簿记录错误

B. 记账凭证正确,在登账时借贷方向记错,导致账簿记录错误

C. 记账凭证正确,在登账时发生金额错位,导致账簿记录错误

D. 记账凭证上会计科目正确,但所记金额小于应记金额,导致账簿记录错误

23. 关于会计账簿的归档保管,下列说法中不正确的有(　　)。

A. 年终结账后所有账簿都应归档保管

B. 会计部门保管账簿时应统一编号

C. 会计部门保管账簿期满一年后应移交档案部门统一保管

D. 企业未设立档案部门的由出纳兼管账簿

24. 下列说法中不正确的有(　　)。

A. 账户中哪一方登记增加,哪一方登记减少,取决于账户的性质

B. 结账前发现账簿记录和记账凭证均有错误,只能用红字更正法

C. 银行存款日记账余额与银行对账单核对属于账实核对

D. 科目汇总表账务处理程序能反映账户的对应关系

25. 下列各项中属于对账范围的有(　　)。

A. 账簿记录与有关会计凭证的核对　　B. 商品明细账余额与库存商品的核对

C. 余额与有关总分类账户余额的核对　　D. 会计分录与报表记录的核对

## 五、业务题

### 业务题一

1. 目的:练习现金日记账和银行存款日记账的登记。
2. 资料:某企业 20××年 5 月 31 日各账户余额如表 9.2 所示。

表 9.2　某企业 20××年 5 月 31 日各账户余额　　单位:元

| 账户 | 借方余额 | 账户 | 贷方余额 |
|---|---|---|---|
| 固定资产 | 1 396 000 | 实收资本 | 1 690 000 |
| 原材料——A 材料(17 000 千克) | 170 000 | 累计折旧 | 304 750 |
| 原材料——B 材料(50 000 千克) | 100 000 | 短期借款 | 190 000 |
| 生产成本——甲产品 | 88 000 | 应付账款——南方公司 | 146 250 |
| 生产成本——乙产品 | 32 000 | 应交税费 | 51 000 |
| 库存商品——甲产品(3 000 件) | 270 000 | 盈余公积 | 60 000 |
| 库存商品——乙产品(2 200 件) | 110 000 | | |
| 库存现金 | 1 200 | | |
| 银行存款 | 160 800 | | |
| 应收账款——中鑫公司 | 93 600 | | |
| 其他应收款 | 20 400 | | |
| 合计 | 2 442 000 | 合计 | 2 442 000 |

该企业 6 月份发生的经济业务见第 8 章业务题一。

3.要求:根据第 8 章业务题一对应的记账凭证登记下列账簿:

(1)三栏式现金日记账和银行存款日记账(见表 9.3 与表 9.4)。

(2)明细分类账:原材料——A 材料、库存商品——甲产品、制造费用、应收账款——中鑫公司、应付账款——南方公司(见表 9.5 至表 9.9)。

(3)总分类账:其他应收款、应交税费(见表 9.10 与表 9.11)。

表 9.3　现金日记账(三栏式)

第　　页

| 年 | | 凭证 | | 摘要 | 对方科目 | 收入 | 支出 | 结余 |
|---|---|---|---|---|---|---|---|---|
| 月 | 日 | 字 | 号 | | | | | |
| | | | | 期初余额 | | | | |
| | | | | | | | | |
| | | | | | | | | |
| | | | | | | | | |
| | | | | | | | | |
| | | | | | | | | |
| | | | | | | | | |
| | | | | | | | | |
| | | | | | | | | |

表 9.4　银行存款日记账(三栏式)

账号　　　　　　　　　　户名　　　　　　　　　　第　页

| 年 | | 凭证 | | 摘要 | 对方科目 | 结算凭证 | | 收入 | 支出 | 结余 |
|---|---|---|---|---|---|---|---|---|---|---|
| 月 | 日 | 字 | 号 | | | 种类 | 号数 | | | |
| | | | | 期初余额 | | | | | | |
| | | | | | | | | | | |
| | | | | | | | | | | |
| | | | | | | | | | | |
| | | | | | | | | | | |
| | | | | | | | | | | |
| | | | | | | | | | | |
| | | | | | | | | | | |
| | | | | | | | | | | |
| | | | | | | | | | | |
| | | | | | | | | | | |
| | | | | | | | | | | |
| | | | | | | | | | | |
| | | | | | | | | | | |
| | | | | | | | | | | |

表 9.5　明细分类账(数量金额式)

材料名称：

| 年 | | 凭证 | | 摘要 | 收入 | | | 发出 | | | 结存 | | |
|---|---|---|---|---|---|---|---|---|---|---|---|---|---|
| 月 | 日 | 字 | 号 | | 数量 | 单价 | 金额 | 数量 | 单价 | 金额 | 数量 | 单价 | 金额 |
| | | | | 期初余额 | | | | | | | | | |
| | | | | | | | | | | | | | |
| | | | | | | | | | | | | | |
| | | | | | | | | | | | | | |
| | | | | | | | | | | | | | |

表 9.6　明细分类账(数量金额式)

商品名称：

| 年 | | 凭证 | | 摘要 | 收入 | | | 发出 | | | 结存 | | |
|---|---|---|---|---|---|---|---|---|---|---|---|---|---|
| 月 | 日 | 字 | 号 | | 数量 | 单价 | 金额 | 数量 | 单价 | 金额 | 数量 | 单价 | 金额 |
| | | | | 期初余额 | | | | | | | | | |
| | | | | | | | | | | | | | |
| | | | | | | | | | | | | | |
| | | | | | | | | | | | | | |

表 9.7　多栏式明细账

会计科目：制造费用　　　　　　　　　　第　　页

| 年 | | 凭证 | | 摘要 | | | | | | | 合计 |
|---|---|---|---|---|---|---|---|---|---|---|---|
| 月 | 日 | 字 | 号 | | | | | | | | |
| | | | | | | | | | | | |
| | | | | | | | | | | | |
| | | | | | | | | | | | |
| | | | | | | | | | | | |
| | | | | | | | | | | | |
| | | | | | | | | | | | |

表 9.8　明细分类账（三栏式）

会计科目：应收账款——中鑫公司　　　　　　　　　　第　　页

| 年 | | 凭证 | | 摘要 | 借方 | 贷方 | 借或贷 | 余额 |
|---|---|---|---|---|---|---|---|---|
| 月 | 日 | 字 | 号 | | | | | |
| | | | | | | | | |
| | | | | | | | | |
| | | | | | | | | |
| | | | | | | | | |
| | | | | | | | | |

表 9.9　明细分类账（三栏式）

会计科目：应付账款——南方公司　　　　　　　　　　第　　页

| 年 | | 凭证 | | 摘要 | 借方 | 贷方 | 借或贷 | 余额 |
|---|---|---|---|---|---|---|---|---|
| 月 | 日 | 字 | 号 | | | | | |
| | | | | | | | | |
| | | | | | | | | |
| | | | | | | | | |
| | | | | | | | | |
| | | | | | | | | |

表 9.10　总分类账(三栏式)

会计科目:其他应收款　　　　第　　页

| 年 | | 凭证 | | 摘要 | 对方科目 | 借方 | 贷方 | 借或贷 | 余额 |
|---|---|---|---|---|---|---|---|---|---|
| 月 | 日 | 字 | 号 | | | | | | |
| | | | | | | | | | |
| | | | | | | | | | |
| | | | | | | | | | |
| | | | | | | | | | |
| | | | | | | | | | |
| | | | | | | | | | |

表 9.11　总分类账(三栏式)

会计科目:应交税费　　　　第　　页

| 年 | | 凭证 | | 摘要 | 对方科目 | 借方 | 贷方 | 借或贷 | 余额 |
|---|---|---|---|---|---|---|---|---|---|
| 月 | 日 | 字 | 号 | | | | | | |
| | | | | | | | | | |
| | | | | | | | | | |
| | | | | | | | | | |
| | | | | | | | | | |
| | | | | | | | | | |
| | | | | | | | | | |
| | | | | | | | | | |
| | | | | | | | | | |
| | | | | | | | | | |
| | | | | | | | | | |
| | | | | | | | | | |
| | | | | | | | | | |

业务题二

1. 目的:练习错账的更正方法。

2. 资料:某制造业企业在结账前将账簿与记账凭证进行核对时,查出以下错账。

(1)收回光华公司前欠货款 98 300 元,编制会计分录,同时登账。原编记账凭证的会计分录如下:

借:银行存款　　　　89 300

　贷:应收账款——光华公司　　　　89 300

更正方法:

更正分录：

(2)计提管理用固定资产折旧 9 000 元。原编记账凭证的会计分录如下：

借：管理费用　　90 000

　贷：累计折旧　　90 000

更正方法：

更正分录：

(3)以银行存款支付产品销售过程中产生的运输费 860 元。原编记账凭证的会计分录如下：

借：在途物资　　680

　贷：银行存款　　680

更正方法：

更正分录：

(4)结转已销原材料的成本 75 000 元。原编记账凭证的会计分录如下：

借：主营业务成本　　75 000

　贷：原材料　　75 000

更正方法：

更正分录：

(5)以银行存款偿付短期借款 50 000 元。原编记账凭证的会计分录如下：

借：短期借款　　50 000

　贷：银行存款　　50 000

在过账时，短期借款记录为 80 000 元。

更正方法：

更正分录：

3.要求：指出对上述错账应采用何种更正方法，编制错账更正分录。

业务题三

1.目的：练习总分类账与明细分类账的登记。

2.资料：某企业 201×年 4 月 1 日甲材料结存 500 千克，单价为 20 元，乙材料结存 800 千克，单价为 25 元。应付账款总分类账账户余额为 50 000 元，其中应付 A 公司 30 000 元，应付 B 公司 20 000 元。4 月份发生的原材料收发业务以及与供货商的结算业务如下(假定不考虑增值税)。

(1)2 日,从 A 公司购入甲材料 400 千克,单价为 20 元,款项未付,材料已验收入库。

(2)5 日,开出支票一张,支付所欠 B 公司供应材料的货款 15 000 元。

(3)8 日,接受 B 公司投资转入的乙材料 900 千克,合同约定每千克价格为 25 元,材料已验收入库。

(4)10 日,领用甲材料 700 千克,单价为 20 元,用于 C 产品生产。

(5)15 日,行政管理部门领用乙材料 300 千克,车间领用乙材料 1 200 千克,用于 C 产品生产。

(6)20 日,开出转账支票一张,用银行存款支付上月所欠 A 公司货款。

3. 要求:

(1)根据以上业务,编制相应的会计分录。

(2)根据上述会计分录代表的记账凭证,登记原材料和应付账款总分类账及明细分类账(见表 9.12 至表 9.17)。

**表 9.12　总分类账(三栏式)**

会计科目:原材料　　　　第　　页

| 年 | | 凭证 | | 摘要 | 对方科目 | 借方 | 贷方 | 借或贷 | 余额 |
|---|---|---|---|---|---|---|---|---|---|
| 月 | 日 | 字 | 号 | | | | | | |
| | | | | | | | | | |
| | | | | | | | | | |
| | | | | | | | | | |
| | | | | | | | | | |
| | | | | | | | | | |
| | | | | | | | | | |

**表 9.13　总分类账(三栏式)**

会计科目:应付账款　　　　第　　页

| 年 | | 凭证 | | 摘要 | 对方科目 | 借方 | 贷方 | 借或贷 | 余额 |
|---|---|---|---|---|---|---|---|---|---|
| 月 | 日 | 字 | 号 | | | | | | |
| | | | | | | | | | |
| | | | | | | | | | |
| | | | | | | | | | |
| | | | | | | | | | |
| | | | | | | | | | |

表 9.14 明细分类账(数量金额式)

材料名称:甲材料

| 年 | | 凭证 | | 摘要 | 收入 | | | 发出 | | | 结存 | | |
|---|---|---|---|---|---|---|---|---|---|---|---|---|---|
| 月 | 日 | 字 | 号 | | 数量 | 单价 | 金额 | 数量 | 单价 | 金额 | 数量 | 单价 | 金额 |
| | | | | | | | | | | | | | |
| | | | | | | | | | | | | | |
| | | | | | | | | | | | | | |
| | | | | | | | | | | | | | |

表 9.15 明细分类账(数量金额式)

材料名称:乙材料

| 年 | | 凭证 | | 摘要 | 收入 | | | 发出 | | | 结存 | | |
|---|---|---|---|---|---|---|---|---|---|---|---|---|---|
| 月 | 日 | 字 | 号 | | 数量 | 单价 | 金额 | 数量 | 单价 | 金额 | 数量 | 单价 | 金额 |
| | | | | | | | | | | | | | |
| | | | | | | | | | | | | | |
| | | | | | | | | | | | | | |
| | | | | | | | | | | | | | |

表 9.16 明细分类账(三栏式)

会计科目:应付账款

二级或明细科目:A 公司 第 页

| 年 | | 凭证 | | 摘要 | 借方 | 贷方 | 借或贷 | 余额 |
|---|---|---|---|---|---|---|---|---|
| 月 | 日 | 字 | 号 | | | | | |
| | | | | | | | | |
| | | | | | | | | |
| | | | | | | | | |
| | | | | | | | | |

表 9.17 明细分类账(三栏式)

会计科目:应付账款

二级或明细科目:B 公司 第 页

| 年 | | 凭证 | | 摘要 | 借方 | 贷方 | 借或贷 | 余额 |
|---|---|---|---|---|---|---|---|---|
| 月 | 日 | 字 | 号 | | | | | |
| | | | | | | | | |
| | | | | | | | | |
| | | | | | | | | |

业务题四

1. 目的：练习错账的更正方法。

2. 资料：某企业在 201×年 4 月 30 日月末结账前，会计人员核对账目后发现账簿记录中有以下错误。

(1)公司以银行存款支付公益性捐赠支出 20 000 元，会计将其计入 4 月份的管理费用账户。

(2)用银行存款 30 000 元购入原材料，查账时发现凭证和账簿入账金额均误写为 3 000元。

(3)月末预收客户货款 60 000 元并存入银行，会计误将其确认为本月收入。

(4)向银行提现 3 500 元，记账凭证无误，过账时，错将金额记为 5 300 元。

3. 要求：采用适当的错账更正方法更正上述记账错误。

# 第 10 章 会计报表

## 10.1 内容简介

根据我国《企业会计准则——基本准则》和《企业会计准则第 30 号——财务报表列报》的规定，财务会计报告应包括会计报表及其附注和其他应当在财务会计报告中披露的相关信息与资料。会计报表应当包括资产负债表、利润表、现金流量表、所有者权益(股东权益)变动表和附注。本章主要包括以下内容：①会计报表的种类；②资产负债表；③利润表；④现金流量表；⑤所有者权益变动表；⑥会计报表附注。通过学习本章，学生应理解会计报表的钩稽关系，掌握资产负债表和利润表的编制方法。

### 10.1.1 会计报表概述

会计报表对会计账簿提供的信息进行了进一步的加工和提炼，以便能以更为系统完整的方式向会计信息使用者提供有助于他们做出经济决策的有用信息。

会计报表可依据不同标准进行分类，如表 10.1 所示。

表 10.1 会计报表的分类

| 分类标准 | 内容 |
| --- | --- |
| 根据报表反映的经济内容 | 会计报表可分为主表和附表。<br>主表包括资产负债表、利润表、现金流量表、所有者权益(股东权益)变动表和附注。<br>附表是对主表无法详细反映的重要信息的补充，如资产减值准备明细表、利润分配表、分部报表等 |
| 根据报表反映的资金运动形态 | 会计报表可分为反映特定时点情况的静态报表和反映特定期间情况的动态报表。<br>资产负债表是典型的静态报表，利润表是典型的动态报表 |
| 根据报表的编制期间 | 会计报表可分为中期财务报表和年度财务报表。<br>中期财务报表是指以短于一个完整会计年度的报告期间为基础编制的财务报表，包括月报、季报、半年报 |
| 根据报表编制单位的范围 | 会计报表可分为个别报表和合并报表。<br>个别报表反映企业自身的财务状况、经营成果和现金流量情况。<br>合并报表综合反映由母公司和子公司组成的企业集团的财务状况、经营成果和现金流量情况 |

续表

| 分类标准 | 内容 |
| --- | --- |
| 根据报表的服务对象 | 会计报表可分为内部报表和外部报表。<br>内部报表是满足企业内部经营管理活动信息需求、不对外公开的会计报表。<br>外部报表指企业向外部信息使用者提供的会计报表。财务会计报表属于对外报表 |

### 10.1.2　资产负债表

根据我国《企业会计准则》的规定，资产负债表是指反映企业某一特定日期财务状况的会计报表。该表能够反映和揭示企业资产的规模及构成、企业资金来源的构成、企业的变现能力和财务实力。

资产负债表以“资产＝负债＋所有者权益”为理论依据，其中各项目按照一定的标准和次序编制。表头包括报表名称、编制单位、编报日期和金额单位。报表主体部分列示了企业财务状况的各个项目，其中资产按流动性或变现能力由强至弱排列，负债按到期日由近到远排列，所有者权益按永久性递减排列。资产总计等于负债及所有者权益总计。表 10.2 是账户式资产负债表的结构和内容。

**表 10.2　账户资产负债表的结构和内容**

资产负债表

编制单位：××公司　　　　××××年××月××日　　　　单位：元

| 资产 | 期末数 | 年初数 | 负债及所有者权益 | 期末数 | 年初数 |
| --- | --- | --- | --- | --- | --- |
| 流动资产： | | | 流动负债： | | |
| 货币资金 | | | 短期借款 | | |
| 交易性金融资产 | | | 应付票据 | | |
| 应收票据 | | | 应付账款 | | |
| 应收账款 | | | 预收账款 | | |
| 预付账款 | | | 应付职工薪酬 | | |
| 其他应收款 | | | 应交税费 | | |
| 存货 | | | 其他应付款 | | |
| 其他流动资产 | | | 一年内到期的非流动负债 | | |
| 流动资产合计 | | | 其他流动负债 | | |
| | | | 流动负债合计 | | |
| 非流动资产： | | | 非流动负债： | | |
| 固定资产 | | | 长期借款 | | |
| 在建工程 | | | 其他非流动负债 | | |
| 无形资产 | | | 非流动负债合计 | | |
| 其他非流动资产 | | | 负债合计 | | |

续表

| 资产 | 期末数 | 年初数 | 负债及所有者权益 | 期末数 | 年初数 |
|---|---|---|---|---|---|
| 非流动资产合计 | | | 所有者权益： | | |
| | | | 实收资本 | | |
| | | | 资本公积 | | |
| | | | 盈余公积 | | |
| | | | 其他综合收益 | | |
| | | | 未分配利润 | | |
| | | | 所有者权益合计 | | |
| 资产总计 | | | 负债及所有者权益总计 | | |

资产负债表的编制要点如下：

(1)"年初数"根据上年末资产负债表"期末数"栏内金额填列。

(2)"期末数"根据本期相关资产、负债、所有者权益类账户的期末金额填列。

(3)相关项目数据的填列方法举例见表10.3。

**表10.3 资产负债表相关项目数据的填列方法举例**

| 填列方法 | 举例 |
|---|---|
| 直接根据总分类账的账户余额填列 | 交易性金融资产、短期借款、实收资本等 |
| 根据若干个明细分类账的账户余额填列 | 应收账款、应收票据、预付账款、其他应收款、应付票据、应付账款、预收账款、应付职工薪酬、应交税费、其他应付款等 |
| 根据账户余额减去其备抵和减值准备项目后的金额填列 | 存货、应收账款、固定资产、在建工程、无形资产等 |
| 根据若干个性质或功能类似的总分类账的账户余额合计数分析填列 | 货币资金、存货等 |
| 根据若干个总分类账的账户余额和明细分类账的账户余额分析计算填列 | 长期借款、应付债券、长期应付款等 |

## 10.1.3 利润表

根据我国《企业会计准则》的规定，利润表是指反映企业一定会计期间经营成果的会计报表。该表能够反映企业生产经营的收益和成本耗费情况，可以提供不同时期的比较数据，可以用来预测和分析影响企业盈利能力的因素。

利润表以"收入－费用＝利润"为理论依据，可采用单步式和多步式两种结构编制。表10.4是多步式利润表的结构和内容。表头包括报表名称、编制单位、编报日期和金额单位。报表主体部分列示了净利润的计算步骤：营业利润＝营业收入－营业成本－税金及附加－期间费用－资产减值损失±公允价值变动损益±投资收益±资产处置收益＋其他收益；利润总额＝营业利润±营业外收支；净利润或净亏损＝利润总额－所得税费用。

表 10.4　多步式利润表的结构和内容

利润表

编制单位：××公司　　××××年××月　　单位：元

| 项目 | 行次 | 本月数 | 本年累计数 |
| --- | --- | --- | --- |
| 一、营业收入 | | | |
| 减：营业成本 | | | |
| 税金及附加 | | | |
| 销售费用 | | | |
| 管理费用 | | | |
| 财务费用 | | | |
| 资产减值损失 | | | |
| 加：公允价值变动收益（损失以"一"填列） | | | |
| 投资收益（损失以"一"填列） | | | |
| 其中：对联营企业和合营企业的投资收益 | | | |
| 资产处置收益（损失以"一"填列） | | | |
| 其他收益（损失以"一"填列） | | | |
| 二、营业利润（亏损以"一"填列） | | | |
| 加：营业外收入 | | | |
| 减：营业外支出 | | | |
| 三、利润总额（亏损总额以"一"填列） | | | |
| 减：所得税费用 | | | |
| 四、净利润（净亏损以"一"填列） | | | |
| 五、每股收益： | | | |
| （一）基本每股收益 | | | |
| （二）稀释每股收益 | | | |
| 六、其他综合收益 | | | |
| 七、综合收益总额 | | | |
| （一）归属于母公司所有者的综合收益总额 | | | |
| （二）归属于少数股东的综合收益总额 | | | |

利润表的编制要点如下：

（1）"本月数"栏反映各项目本月实际发生数。编制中期和年度财务会计报告的利润表时应将"本月数"改为"上年数"。

（2）"本年累计数"栏反映各项目自年初起至报告期末止的累计实际发生数。

（3）相关项目大多根据各有关账户的发生额直接填列，如"税金及附加""销售费用""管理费用"等。有些项目则需要根据几个相关账户的发生额之和填列，如"营业成本""利润总额""净利润"等。

### 10.1.4 现金流量表

根据我国《企业会计准则》的规定，现金流量表是指反映企业一定会计期间现金和现金等价物流入和流出的会计报表。该表可以反映企业的支付能力、偿债能力和对外部资金的需求状况，所提供的信息有助于财务报表使用者对企业财务状况做出客观评价和预测。

现金流量表中的"现金"是广义的现金，包括现金和现金等价物。一定会计期间的现金流量，是指企业的现金和现金等价物的流入和流出的数量。现金流量表中的现金流量可分为三类，分别是经营活动产生的现金流量、投资活动产生的现金流量和筹资活动产生的现金流量。每一类现金流量反映的都是扣除现金流出量的现金流量净额。现金流量表的编制基础是收付实现制。

经营活动产生的现金流量表的编制方法有直接法和间接法两种。直接法按现金收入和现金支出的主要类别来反映企业经营活动产生的现金流量，以利润表中的营业收入为起算点，反映与经营活动有关的项目的增减变动情况。间接法以净利润为起算点，调整不涉及现金的收入、费用、营业外收支等项目，据此计算经营活动产生的现金流量。

### 10.1.5 所有者权益变动表

根据我国《企业会计准则》的规定，所有者权益变动表应当反映所有者权益各组成部分当期的增减变动情况。该表遵循全面收益观，是资产负债表和利润表的必要补充。

所有者权益变动表能够综合反映以下因素对所有者权益的影响：会计政策变更和差错更正、净利润、直接计入所有者权益的利得和损失、所有者投入的资本和减少的资本、利润分配、所有者权益内部结转等。

### 10.1.6 会计报表附注

根据我国《企业会计准则》的规定，附注是指对会计报表中列示的项目所做的进一步说明以及对未能在会计报表中列示的项目的说明等。会计报表附注能够增强会计信息的可理解性、可比性以及会计信息披露的充分性。

会计报表附注一般应当按照以下顺序披露：企业基本情况、财务报表的编制基础、遵循《企业会计准则》的声明、重要会计政策和会计估计、会计政策和会计估计变更以及差错更正的说明、或有事项说明、资产负债表日后事项的说明、关联方关系及其交易的披露等。

## 10.2 重难点分析

### 10.2.1 会计报表的钩稽关系

资产负债表的编制依据"资产＝负债＋所有者权益"静态会计等式，利润表的编制依据"收入－费用＝利润"动态会计等式。

会计报表的编制顺序为利润表、所有者权益变动表、资产负债表、现金流量表。利润表反映企业某一会计期间的经营状况，核算企业的营业利润和非营业利润，从而得到本期的净利润或净损失；本期净利润或净损失影响所有者权益，净利润会增加所有者权益，净损失会减少所有者权益。通过可以反映所有者权益各组成部分当期增减变动情况的所有者权益变动表的编制，可以得到所有者权益各项目的当期期末余额；所有者权益各项目当期期末金额应与当期资产负债表上所有者权益各项目的期末余额一致。利润表、所有者权益变动表和资产负债表的编制基础是权责发生制，无法反映企业当期现金流情况，基于收付实现制的现金流量表为企业财务信息的披露提供了补充。广义的现金在资产负债表上仅体现为企业相关现金资产的期初余额和期末余额，而现金流量表则对这一期间内广义现金资产的变化情况进行了披露。

### 10.2.2　资产负债表的编制方法

资产负债表的编制方法，包括资产负债表的结构和项目的排列顺序以及特殊项目的特殊处理方法。如表 10.5 所示，资产负债表满足"资产总计＝负债及所有权权益总计"等式，左边的资产项目依据资产流动性分为流动资产和非流动资产，右边揭示企业资本来源，包括债务资本和股权资本，其中负债分为流动负债和非流动负债。

表 10.5　资产负债表的结构

| 资产 | 负债及所有者权益 |
|---|---|
| 流动资产合计 | 流动负债合计 |
| 非流动资产合计 | 非流动负债合计 |
| | 负债合计 |
| | 所有者权益合计 |
| 资产总计 | 负债及所有者权益总计 |

### 10.2.3　多步式利润表的编制方法

多步式利润表的编制方法，包括利润表的结构和项目的排列顺序。如表 10.6 所示，企业采用的多步式利润表以营业收入为起点，其他项目根据收入、费用发生的稳定性自强到弱排列，通过核算企业的营业利润和非营业利润可获得当期净利润或净亏损。

表 10.6　利润表的结构

<table>
<tr><td rowspan="11">营业利润</td><td>营业收入</td></tr>
<tr><td>营业成本</td></tr>
<tr><td>税金及附加</td></tr>
<tr><td>销售费用</td></tr>
<tr><td>管理费用</td></tr>
<tr><td>财务费用</td></tr>
<tr><td>资产减值损失</td></tr>
<tr><td>公允价值变动收益</td></tr>
<tr><td>投资收益</td></tr>
<tr><td>资产处置收益</td></tr>
<tr><td>其他收益</td></tr>
<tr><td rowspan="2">非营业利润</td><td>营业外收入</td></tr>
<tr><td>营业外支出</td></tr>
<tr><td colspan="2">净利润＝营业利润＋非营业利润－所得税费用</td></tr>
</table>

## 10.3 学习提示

(1)可通过手工账实验熟悉资产负债表和利润表的结构和项目排列顺序,掌握这两种会计报表的编制方法,理解会计报表的表内和表间的钩稽关系。

(2)通过阅读上市公司对外披露的会计报表,熟悉会计报表的结构和项目排列顺序,熟悉会计报表附注披露的内容。

## 10.4 学习资源介绍

通过以下网站阅读我国上市公司的财务报表:

1.上海证券交易所(http://www.sse.com.cn/)

2.深圳证券交易所(http://www.szse.cn/)

## 习 题

### 一、判断题

1.资产负债表和利润表都是静态报表。 ( )

2.利润表编制依据的会计等式是“收入-费用=利润”。 ( )

3.资产负债表是反映企业某一特定期间财务状况的报表。 ( )

4.中期会计报表指的是半年报表。 ( )

5.资产负债表编制是以会计恒等式“资产=负债+所有者权益”为理论依据的。 ( )

6.现金流量表是根据权责发生制原则编制的。 ( )

7.利润表是反映企业在某一日期经营成果及其分配情况的报表。 ( )

8.会计报表中各项目的资料均来源于总分类账户的本期发生额和期末余额。 ( )

9.现金流量表是反映一定期间的现金流入和现金流出情况的报表。 ( )

10.在任何情况下,“应收账款”项目都是根据“应收账款”总账的期末余额填列的。 ( )

11.内部会计报表的编制时间、内容和格式均可视企业实际需要而定,不受国家统一规定的限制。 ( )

12.按照重要性原则,所有的会计账户都应该作为会计报表项目。 ( )

13.一般企业的会计报表格式与金融企业的会计报表格式是相同的。 ( )

14.年报包括按规定对外报送的全部会计报表。 ( )

15. 资产负债表的格式有单步式和多步式。（　　）

16. 合并报表，是指由母公司和其子公司合并编制的反映联属公司整体情况的报表。（　　）

17. 企业持有的3个月内准备转让的股票，属于现金等价物。（　　）

18. 现金流量表是根据收付实现制原则编制的。（　　）

19. 企业可根据实际需要决定是否提供会计报表附注。（　　）

20. 所有者权益变动表不仅包括直接计入所有者权益的利得和损失，还包括引起净利润变动的利得和损失。（　　）

21. 按照报表反映的资金运动形态的不同，会计报表可以分为静态报表和动态报表。（　　）

22. 财务会计报告编报的基本规范包括：真实可靠、计算准确、充分表达、编报及时。（　　）

23. 资产项目按扣除减值准备后的净额列示的，属于抵消。（　　）

24. 非日常活动产生的损益，以收入扣减费用后的净额列示的，不属于抵消。（　　）

25. 遵循持续经营的列报基础，破产企业的资产应该以账面价值填列。（　　）

26. 根据重要性原则，并非所有会计账户都需要作为会计报表项目，只有重要项目才需要列示在会计报表中。（　　）

27. 会计报表中应该填列的报表项目，无论是表内项目还是辅助资料，都必须填列完全，这反映了会计报表编制规范中的"真实可靠"。（　　）

28. "未分配利润"项目应根据"本年利润"账户和"利润分配"账户余额计算填列。（　　）

29. 权益性投资属于现金等价物。（　　）

30. 全面收益是一种基于净资产变动的收益观念，既包括经营成果收益，又包括直接计入所有者权益的利得和损失。（　　）

31. 年度财务会计报告应当于年度终了后3个月内对外提供。（　　）

32. 实收资本、短期借款、工程物资按总账余额直接填列。（　　）

33. "预付账款"项目根据"预付账款"账户的各明细账期末贷方余额合计数，减去"坏账准备"账户中相关预付账款计提的坏账准备期末余额后的金额填列。（　　）

34. 单步式利润表可以计算营业利润。（　　）

35. 现金流量表编制的间接法是以净利润为起算点，调整不涉及现金的收入、费用和营业外收支等项目。（　　）

**二、单项选择题**

1. 下列会计报表中属于静态报表的是（　　）。

A. 资产负债表　　B. 利润表

C. 现金流量表　　D. 利润分配表

2. 编制资产负债表主要根据（　　）。

A. 各损益类账户的本期发生额

B. 资产、负债及所有者权益各账户的本期发生额

C. 各损益类账户的期末余额

D. 资产、负债及所有者权益各账户的期末余额

3. 会计报表附注是对(　　)的补充说明。

A. 资产负债表　　B. 现金流量表

C. 会计报表　　D. 财务会计报告

4. 年内资产负债表"未分配利润"项目应根据(　　)科目的期末余额计算填列。

A. 本年利润　　B. 利润分配

C. 本年利润和利润分配　　D. 应付股利

5. 资产负债表中的资产项目应按其(　　)由强至弱排列。

A. 流动性　　B. 重要性

C. 变动性　　D. 盈利性

6. 编制资产负债表的理论基础是(　　)。

A. 会计等式　　B. 复式记账原理

C. 收入－费用＝利润　　D. 账户结构原理

7. 资产负债表中,"应收账款"项目应根据(　　)填列。

A. "应收账款"总分类账户期末余额

B. "应收账款"总分类账户的各明细分类账户期末借方余额合计

C. "应收账款"和"应付账款"总分类账户的各明细分类账户期末借方余额合计

D. "应收账款"和"预收账款"总分类账户的各明细分类账户期末借方余额合计

8. 资产负债表中,只需要根据一个总分类账户就能填列的项目是(　　)。

A. 货币资金　　B. 应收账款

C. 预付账款　　D. 短期借款

9. 资产负债表反映资产、负债和所有者权益各项目的(　　)。

A. 年初数、期末数　　B. 上年数、本年数

C. 年初数、本年数　　D. 上年数、年末数

10. 下列报表项目中需要计算填列的是(　　)。

A. 应付职工薪酬　　B. 存货

C. 累计折旧　　D. 应付票据

11. 确有必要变更会计处理方法的,应当将变更原因、情况及影响在(　　)中说明。

A. 会计报表　　B. 利润表

C. 股东权益变动表　　D. 会计报表附注

12. 应在资产负债表"预付账款"项目中反映的是(　　)。

A. "应付账款"明细科目的借方余额　　B. "应付账款"明细科目的贷方余额

C. "应收账款"明细科目的借方余额　　D. "预付账款"明细科目的贷方余额

13. 在资产负债表中应收账款的借方余额明细账和贷方余额明细账应分别在"应收账款"和"预收账款"账户中列示,这反映了(　　)的要求。

A. 持续经营原则　　B. 重要性原则

C. 不抵消原则　　D. 可比性原则

14. 月度会计报表应当在月度终了后(　　)内报送。

A. 5 日　　B. 6 日

C. 7 日　　D. 15 日

15. 年度会计报表应当在年度终了后(　　)内报送。

A. 30 日　　B. 60 日

C. 3 个月　　D. 4 个月

16. 某企业应收账款明细账借方余额合计为 560 000 元，贷方余额合计为 28 000 元，有关应收账款计提的坏账准备贷方余额为 15 000 元，则资产负债表中“应收账款”项目的金额为(　　)元。

A. 517 000　　B. 545 000

C. 573 000　　D. 532 000

17. 下列属于现金等价物的是(　　)。

A. 持有的 60 天到期的国库券　　B. 银行活期存款

C. 库存现金　　D. 可交易的股票

18. 下列不属于现金流量表中“现金”范畴的是(　　)。

A. 银行活期存款　　B. 库存现金

C. 银行汇票存款　　D. 不可随时用于支付的银行存款

19. 我国规定企业应当采用(　　)编报现金流量表，同时在补充资料中用(　　)计算现金流量。

A. 直接法、间接法　　B. 间接法、直接法

C. 权益法、成本法　　D. 成本法、权益法

20. 下列有关所有者权益变动表错误的论述为：所有者权益变动表是(　　)。

A. 会计报表的附表　　B. 连接资产负债表和利润表的纽带

C. 利润表的补充　　D. 资产负债表的补充

21. R 公司 20××年 12 月 31 日结账后的“库存现金”科目余额为 10 000 元，“银行存款”科目余额为 4 320 000 元，“其他货币资金”科目余额为 1 500 000 元，资产负债表中“货币资金”项目的金额是(　　)元。

A. 5 530 800　　B. 5 330 800

C. 5 830 000　　D. 6 200 000

22. 在期末编制资产负债表时，下列各项中不应被包括在存货项目内的是(　　)。

A. 存货跌价准备　　B. 原材料

C. 工程物资　　D. 发出商品

23. 下列选项中不属于利润表项目的是(　　)。

A. 营业利润　　B. 未分配利润

C. 利润总额　　D. 净利润

24. 利润表的基本要素包括(　　)。

A. 资产、负债及所有者权益　　B. 资产、负债及收入

C. 收入、费用及利润　　D. 负债、费用及收入

25. 在资产负债表中，下列排列顺序正确的是(　　)。

A. 货币资金、预付账款、应收账款、存货

B. 货币资金、应收账款、预付账款、存货

C. 货币资金、预付账款、存货、应收账款

D. 存货、应收账款、货币资金、存货

26. 利润表中“本期数”栏各项目数字是根据损益类科目的(　　)填列的。

A. 累计发生额合计数　　B. 期初余额

C. 期末余额　　D. 本期发生额合计数

27. 在利润表中，从利润总额中减去(　　)，可以得到净利润。

A. 应交税费　　B. 利润分配

C. 所得税费用　　D. 营业外收支

28. 按照报表服务对象的不同，会计报表可以分为(　　)。

A. 静态报表和动态报表　　B. 月报、季报、半年报和年报

C. 内部报表和外部报表　　D. 合并报表和报表

29. 资产负债表是指反映企业(　　)的状况的会计报表。

A. 在某一特定日期　　B. 在一定时期内

C. 在某一会计期间　　D. 在生产经营过程中

30. 利润表是指反映企业(　　)的状况的会计报表。

A. 在某一特定日期　　B. 在一定时期内

C. 在某一会计期间　　D. 在生产经营过程中

31. 现金流量表是指反映企业(　　)的状况的会计报表。

A. 在某一特定日期　　B. 在一定时期内

C. 在某一会计期间　　D. 在生产经营过程中

32. 关于资产负债表，下列说法中错误的是(　　)。

A. 又称为财务状况表

B. 可据此分析企业的经营成果

C. 可据此分析企业的债务偿还能力

D. 可据此分析企业在某一日期所拥有的经济资源及其分布情况

33. 关于利润表，下列说法中错误的是(　　)。

A. 反映企业在一定会计期间的经营成果

B. 可据此分析企业的获利能力及利润的未来发展趋势

C. 属于动态财务报表

D. 可据此分析企业的债务偿还能力

34. 下列有关现金流量表的说法中正确的是(　　)。

A. 现金流量表中的现金是广义的现金，包括现金和现金等价物

B. 库存现金和定期存款属于现金流量表中现金的范畴

C. 现金流量表是反映企业某一特定时点现金情况的报表

D. 现金流量表的编制基础是权责发生制

35. 下列有关会计报表附注的说法中错误的是(　　)。

A. 会计报表附注是对会计报表中不能包括的内容或者披露不详尽的内容做进一步补充、解释和说明

B. 企业可以根据实际情况和需求决定是否提供会计报表附注

C. 会计报表附注没有统一的格式及要求

D. 会计报表附注披露企业财务报表编制基础、主要会计政策和会计估计等

36.“应收账款”科目部分明细账有借方余额 1 800 万元，部分明细账有贷方余额 1 200 万元，年末计提坏账准备后与应收账款有关的“坏账准备”科目的贷方余额为 135 万元。不考虑其他事项，该企业年末资产负债表中“应收账款”项目的金额为(　　)万元。

A. 465　　B. 1 665

C. 1 065　　D. 1 335

37.“固定资产”科目有借方余额 794 400 元，“在建工程”科目有借方余额 450 300 元，“累计折旧”科目有贷方余额 198 500 元，“累计摊销”科目有贷方余额 102 683 元，“固定资产减值准备”科目有贷方余额 110 000 元，该企业年末资产负债表中“固定资产”项目的金额为(　　)元。

A. 485 900　　B. 383 217

C. 833 517　　D. 936 200

38.“利润分配”科目有借方余额 120 000 元，有贷方余额 360 000 元，该企业年末资产负债表中“未分配利润”项目的金额为(　　)元。

A. 120 000　　B. 240 000

C. 360 000　　D. 480 000

39.“应付账款”科目有借方余额 1 200 万元，贷方余额 1 800 万元，该企业年末资产负债表中“应付账款”项目的金额为(　　)万元。

A. 3 000　　B. 1 800

C. 1 200　　D. 600

40.“应付账款”科目有借方余额 1 200 万元，贷方余额 1 800 万元，该企业年末资产负债表中“预付账款”项目的金额为(　　)万元。

A. 3 000　　B. 1 800

C. 1 200　　D. 600

## 三、多项选择题

1. 会计报表列报的基本要求有(　　)。

A. 以持续经营为基础　　B. 按重要性要求列报项目

C. 按不抵消原则充分披露　　D. 按可比性原则列报数据

2. 企业的主要会计报表包括(　　)。

A. 资产负债表　　B. 利润表

C. 资产减值准备表　　D. 所有者权益变动表

3. 下列账户中，可能影响资产负债表中“应付账款”项目金额的有(　　)。

A. 应收账款　　B. 存货

C. 应付账款　　D. 预付账款

4. 以下属于资产负债表中“存货”项目填报依据的有(　　)。

A. 在途物资　　B. 原材料

C. 库存商品　　D. 生产成本

5. 年内资产负债表“未分配利润”项目应根据(　　)科目的期末余额计算填列。

A. 本年利润　　B. 利润分配
C. 实收资本　　D. 应付股利

6. 下列项目中影响营业利润的有(　　)。
A. 主营业务收入　　B. 其他业务成本
C. 投资收益　　D. 营业外收入

7. 利润表中需要计算填列的项目有(　　)。
A. 营业收入　　B. 营业成本
C. 资产减值损失　　D. 营业利润

8. 资产负债表反映的是企业某一特定日期的(　　)。
A. 资产　　B. 负债
C. 所有者权益　　D. 现金流量

9. 下列会计报表中属于动态报表的有(　　)。
A. 资产负债表　　B. 利润表
C. 所有者权益变动表　　D. 现金流量表

10. 中期会计报表包括(　　)。
A. 月报　　B. 季报
C. 半年报　　D. 年报

11. 下列属于内部会计报表的有(　　)。
A. 产品生产成本表　　B. 资产减值准备表
C. 制造费用明细表　　D. 利润分配表

12. 衡量资产变现能力大小的标志主要是(　　)。
A. 资产的新旧程度　　B. 二手市场的活跃程度
C. 资产转换为现金的代价　　D. 资产转换为现金的速度

13. 资产负债表项目排列的规律是(　　)。
A. 资产按流动性由强至弱排列　　B. 负债按到期日由近至远排列
C. 所有者权益按永久性递减排列　　D. 利润项目按业务频繁性递减排列

14. 利润表提供的信息,能够(　　)。
A. 反映企业财务状况　　B. 预测企业未来的经营趋势和获利能力
C. 分析企业盈利能力　　D. 反映企业经营成果

15. 下列项目中,属于现金流量表中投资活动产生的现金流量的是(　　)。
A. 购进原材料支付的现金　　B. 购进一台设备支付的现金
C. 购进股票支付的现金　　D. 购进一项专利支付的现金

16. 下列项目中,属于现金流量表中经营活动产生的现金流量的有(　　)。
A. 支付职工工资　　B. 支付借款利息
C. 支付消费税　　D. 支付工程材料款

17. 直接计入所有者权益的利得和损失项目的有(　　)。
A. 可供出售金融资产公允价值变动净额
B. 与计入所有者权益项目相关的所得税影响
C. 权益法下被投资单位其他所有者权益变动的影响

D. 可交易性金融资产公允价值变动净额

18. 引起所有者权益项目变动的事项有(　　)。

A. 直接计入净利润的利得和损失　　B. 直接计入所有者权益的利得和损失

C. 所有者投入和减少资本　　D. 利润分配

19. 下列关于会计报表附注的观点中正确的有(　　)。

A. 会计报表附注是会计报表必要的补充

B. 会计报表附注应当披露财务报表的编制基础

C. 会计报表附注应当按统一格式和要求编制

D. 会计报表附注应当阐明主要会计政策和会计估计

20. 引起所有者权益变动表中所有者权益年末数增加的事项有(　　)。

A. 净利润的增加　　B. 提取盈余公积

C. 向所有者分配现金股利　　D. 可供出售金融资产公允价值增加

21. 期末编制资产负债表时，下列各项中应被包括在存货项目内的是(　　)。

A. 委托代销商品　　B. 周转材料

C. 工程物资　　D. 发出商品

22. 关于资产负债表，下列说法中正确的是(　　)。

A. 又称为财务状况表

B. 可据此分析企业的经营成果

C. 可据此分析企业的债务偿还能力

D. 可据此分析企业在某一日期所拥有的经济资源及其分布情况

23. 下列选项中，可能会影响资产负债表中"应收账款"项目金额的有(　　)。

A. 应收账款　　B. 预收账款

C. 坏账准备　　D. 应收票据

24. 年度财务会计报告应当包括(　　)。

A. 财务报表

B. 财务报表附注

C. 财务分析报告

D. 其他应当在财务会计报告中披露的相关信息和资料

25. 下列不属于资产负债表中"存货"项目填列依据的是(　　)。

A. 在建工程　　B. 发出商品

C. 商品进销差价　　D. 工程物资

26. 下列属于资产负债表中"存货"项目填列依据的是(　　)。

A. 材料成本差异　　B. 在途物资

C. 存货跌价准备　　D. 发出商品

27. 下列属于利润表中"营业收入"项目填列依据的是(　　)。

A. "主营业务收入"科目发生额　　B. "主营业务收入"科目未调整前余额

C. "营业外收入"科目发生额　　D. "其他业务收入"科目发生额

28. 下列属于利润表中"营业成本"项目填列依据的是(　　)。

A. "主营业务成本"科目发生额　　B. "营业外支出"科目发生额

C."税金及附加"科目发生额　　　D."其他业务成本"科目发生额

29. 下列项目中可根据总账科目期末余额直接填列的有(　　)。

A. 固定资产清理　　　B. 长期借款

C. 应付股利　　　D. 应交税费

30. 关于利润表,下列说法中正确的是(　　)。

A. 反映企业一定会计期间的经营成果

B. 可据此分析企业的获利能力及利润的未来发展趋势

C. 属于动态财务报表

D. 可据此分析企业的债务偿还能力

## 四、业务题

### 业务题一

1. 目的:练习资产负债表的编制。

2. 资料:东海公司20××年9月30日各账户余额如表10.7所示。

**表10.7　东海公司20××年9月30日各账户余额**　　单位:元

| 账户名称 | 借方余额 | 账户名称 | 贷方余额 |
|---|---|---|---|
| 库存现金 | 72 080 | 坏账准备——应收账款 | 7 270 |
| 银行存款 | 407 860 | 坏账准备——其他应收款 | 1 000 |
| 其他货币资金 | 100 000 | 存货跌价准备 | 25 630 |
| 交易性金融资产 | 200 000 | 短期借款 | 320 000 |
| 应收票据 | 240 000 | 应付票据 | 162 000 |
| 应收账款(借方余额合计) | 461 600 | 应收账款(贷方余额合计) | 140 140 |
| 应付账款(借方余额合计) | 93 600 | 应付账款(贷方余额合计) | 526 000 |
| 其他应收款 | 50 000 | 应付职工薪酬 | 120 500 |
| 原材料 | 358 210 | 应交税费 | 74 020 |
| 在途物资 | 32 760 | 其他应付款 | 98 000 |
| 生产成本 | 885 660 | 累计折旧 | 1 403 500 |
| 库存商品 | 100 260 | 累计摊销 | 25 000 |
| 固定资产 | 5 662 500 | 固定资产减值准备 | 60 430 |
| 在建工程 | 240 632 | 长期借款 | 1 000 000 |
| 无形资产 | 280 000 | 其中:一年内需偿还的长期借款 | 500 000 |
| 利润分配(借方余额合计) | 120 000 | 实收资本 | 4 800 000 |
| | | 资本公积 | 148 000 |
| | | 盈余公积 | 32 892 |
| | | 利润分配——未分配利润 | 360 780 |
| 合计 | 9 305 162 | 合计 | 9 305 162 |

3. 要求：根据上述资料编制资产负债表(见表 10.8)。

**表 10.8　资产负债表**

企会 01 表

编制单位：东海公司　　　　20××年 9 月 30 日　　　　单位：元

| 资产 | 期末余额 | 年初余额（略） | 负债及所有者权益 | 期末余额 | 年初余额（略） |
|---|---|---|---|---|---|
| 流动资产： | | | 流动负债： | | |
| 货币资金 | | | 短期借款 | | |
| 交易性金融资产 | | | 应付票据 | | |
| 应收票据 | | | 应付账款 | | |
| 应收账款 | | | 预收账款 | | |
| 预付账款 | | | 应付职工薪酬 | | |
| 其他应收款 | | | 应交税费 | | |
| 存货 | | | 其他应付款 | | |
| 其他流动资产 | | | 一年内到期的非流动负债 | | |
| 流动资产合计 | | | 其他流动负债 | | |
| | | | 流动负债合计 | | |
| 非流动资产： | | | 非流动负债： | | |
| 固定资产 | | | 长期借款 | | |
| 在建工程 | | | 其他非流动负债 | | |
| 无形资产 | | | 非流动负债合计 | | |
| 其他非流动资产 | | | 负债合计 | | |
| 非流动资产合计 | | | 所有者权益： | | |
| | | | 实收资本 | | |
| | | | 资本公积 | | |
| | | | 盈余公积 | | |
| | | | 未分配利润 | | |
| | | | 所有者权益合计 | | |
| 资产总计 | | | 负债及所有者权益总计 | | |

业务题二

1. 目的：练习利润表的编制。

2. 资料：某企业 20××年 9 月 30 日各损益账户的累计余额如表 10.9 所示。

表 10.9　某企业 20××年 9 月 30 日各损益类账户的累计余额　　单位:元

| 账户名称 | 借方余额 | 贷方余额 |
| --- | --- | --- |
| 主营业务收入 | | 250 000 |
| 其他业务收入 | | 120 000 |
| 营业外收入 | | 20 000 |
| 投资收益 | | 50 000 |
| 公允价值变动损益 | | 10 000 |
| 主营业务成本 | 180 000 | |
| 其他业务成本 | 90 000 | |
| 税金及附加 | 8 000 | |
| 销售费用 | 10 000 | |
| 管理费用 | 12 000 | |
| 财务费用 | 5 000 | |
| 资产减值损失 | 2 000 | |
| 营业外支出 | 12 000 | |
| 所得税费用 | 32 750 | |

3. 要求:根据上述资料编制利润表(见表 10.10)。

表 10.10　利润表

会企 02 表

编制单位:　　20××年 9 月　　单位:元

| 项目 | 行次 | 本月数 | 本年累计数(略) |
| --- | --- | --- | --- |
| 一、营业收入 | | | |
| 减:营业成本 | | | |
| 税金及附加 | | | |
| 销售费用 | | | |
| 管理费用 | | | |
| 财务费用 | | | |
| 资产减值损失 | | | |
| 加:公允价值变动收益(损失以"一"填列) | | | |
| 投资收益(损失以"一"填列) | | | |
| 其中:对联营企业和合营企业的投资收益 | | | |
| 二、营业利润(亏损以"一"填列) | | | |
| 加:营业外收入 | | | |

续表

| 项目 | 行次 | 本月数 | 本年累计数(略) |
|---|---|---|---|
| 减:营业外支出 | | | |
| 三、利润总额(亏损总额以"一"填列) | | | |
| 减:所得税费用 | | | |
| 四、净利润(净亏损以"一"填列) | | | |

业务题三

1. 目的:练习资产负债表的编制。

2. 资料:G 公司 20××年 11 月 30 日各账户余额如表 10.11 所示。

**表 10.11　G 公司 20××年 11 月 30 日各账户余额**　　单位:元

| 账户名称 | 借方金额 | 账户名称 | 贷方金额 |
|---|---|---|---|
| 库存现金 | 1 282.79 | 坏账准备——应收账款 | 2 103.22 |
| 银行存款 | 936 497.45 | 存货跌价准备 | 1 939.54 |
| 其他货币资金 | 320 857.31 | 固定资产减值准备 | 1 500.00 |
| 交易性金融资产 | 5 000.00 | 累计折旧 | 40 954.68 |
| 应收票据 | 3 703.08 | 累计摊销 | 8 503.45 |
| 应收账款 | −233 663.78 | 短期借款 | 125 000.00 |
| 其他应收款 | 5 292 964.99 | 应付账款 | −575 933.77 |
| 原材料 | 66 747.38 | 应付票据 | 45 116.42 |
| 周转材料 | 22 589.91 | 应付职工薪酬 | 3 674.00 |
| 在途物资 | 135 539.46 | 应交税费 | 141.26 |
| 生产成本 | 180 719.28 | 其他应付款 | 7 108 381.74 |
| 库存商品 | 45 179.83 | 长期借款 | 1 000 000.00 |
| 长期股权投资 | 25 000.00 | 实收资本 | 225 000.00 |
| 固定资产 | 229 593.15 | 资本公积 | 17 283.90 |
| 无形资产 | 85 034.50 | 盈余公积 | 7 716.10 |
| 本年利润 | 325 890.67 | 利润分配——未分配利润 | −567 422.17 |
| 材料成本差异 | 1 022.35 | | |
| 合计 | 7 443 958.37 | 合计 | 7 443 958.37 |

补充资料如下:应收账款明细账借方余额合计数为 44 167.65 元,贷方余额合计数为 277 831.43 元。应付账款明细账借方余额合计数为 821 050.20 元,贷方余额合计数为 245 116.43 元。一年内将要到期的长期借款为 200 000 元。

3. 根据 G 公司 20××年 11 月 30 日各账户余额和补充资料编制资产负债表(见表 10.12)。

表 10.12　资产负债表

编制单位：G公司　　20××年11月30日　　单位：元

| 资产 | 期末余额 | 负债及所有者权益 | 期末余额 |
|---|---|---|---|
| 流动资产： | | 流动负债： | |
| 货币资金 | | 短期借款 | |
| 交易性金融资产 | | 应付票据 | |
| 应收票据 | | 应付账款 | |
| 应收账款 | | 预收账款 | |
| 预付账款 | | 应付职工薪酬 | |
| 其他应收款 | | 应交税费 | |
| 存货 | | 其他应付款 | |
| 流动资产合计 | | 一年内到期的非流动负债 | |
| | | 流动负债合计 | |
| 非流动资产： | | 非流动负债： | |
| 长期股权投资 | | 长期借款 | |
| 固定资产 | | 应付债券 | |
| 无形资产 | | 长期应付款 | |
| 非流动资产合计 | | 非流动负债合计 | |
| | | 负债合计 | |
| | | 所有者权益： | |
| | | 实收资本 | |
| | | 资本公积 | |
| | | 盈余公积 | |
| | | 未分配利润 | |
| | | 所有者权益合计 | |
| 资产总计 | | 负债及所有者权益总计 | |

业务题四

1. 目的：练习利润表的编制。

2. G公司20××年10月31日各损益类账户的累计余额如表10.13所示。

表 10.13　G公司20××年10月31日各损益类账户的累计余额　　单位：元

| 账户名称 | 借方余额 | 贷方余额 |
|---|---|---|
| 主营业务收入 | | 12 000 000 |
| 其他业务收入 | | 3 200 000 |
| 营业外收入 | | 620 000 |

续表

| 账户名称 | 借方余额 | 贷方余额 |
|---|---|---|
| 投资收益 | | 240 000 |
| 公允价值变动损益 | | 33 000 |
| 主营业务成本 | 9 200 000 | |
| 其他业务成本 | 250 000 | |
| 税金及附加 | 340 000 | |
| 销售费用 | 370 000 | |
| 管理费用 | 330 000 | |
| 财务费用 | 150 000 | |
| 资产减值损失 | 430 000 | |
| 营业外支出 | 7 000 | |

3. 根据 G 公司 20××年 10 月 31 日各损益账户的累计余额，编制当月的利润表(见表 10.14)。企业所得税税率为 25%。

**表 10.14　利润表**

编制单位:G 公司　　20××年 10 月　　单位:元

| 项目 | 本月数 |
|---|---|
| 一、营业收入 | |
| 减:营业成本 | |
| 税金及附加 | |
| 销售费用 | |
| 管理费用 | |
| 财务费用 | |
| 资产减值损失 | |
| 加:公允价值变动收益(亏损以“－”填列) | |
| 投资收益(亏损以“－”填列) | |
| 二、营业利润(亏损以“－”填列) | |
| 加:营业外收入 | |
| 减:营业外支出 | |
| 三、利润总额(亏损总额以“－”填列) | |
| 减:所得税费用 | |
| 四、净利润(净亏损以“－”填列) | |

业务题五

1. 目的：练习资产负债表的编制。

2. H公司20××年12月31日各账户余额如表10.15所示。

**表10.15　H公司20××年12月31日各账户余额**　　单位：元

| 账户名称 | 借方余额 | 账户名称 | 贷方余额 |
|---|---|---|---|
| 库存现金 | 8 000 | 坏账准备——其他应收款 | 1 600 |
| 银行存款 | 3 200 000 | 坏账准备——应收账款 | 40 000 |
| 其他货币资金 | 800 000 | 存货跌价准备 | 168 000 |
| 交易性金融资产 | 8 000 | 固定资产减值准备 | 160 000 |
| 应收票据 | 364 000 | 无形资产减值准备 | 74 400 |
| 应收账款 | 1 760 000 | 长期股权投资减值准备 | 4 800 |
| 预付账款 | 960 000 | 材料成本差异 | 96 000 |
| 其他应收款 | 50 400 | 累计折旧 | 72 000 |
| 原材料 | 1 920 000 | 累计摊销 | 39 040 |
| 周转材料 | 1 440 000 | 短期借款 | 440 000 |
| 库存商品 | 1 280 000 | 应付账款 | 1 488 000 |
| 长期股权投资 | 80 000 | 预收账款 | 2 160 000 |
| 固定资产 | 875 200 | 应付票据 | 614 400 |
| 无形资产 | 390 400 | 应付职工薪酬 | 319 200 |
| 在建工程 | 335 360 | 应交税费 | 59 600 |
| 利润分配（借方余额） | 8 000 | 其他应付款 | 120 000 |
| | | 长期借款 | 300 000 |
| | | 其中：一年内需偿还的长期借款 | 100 000 |
| | | 应付股利 | 320 000 |
| | | 应付债券 | 808 000 |
| | | 实收资本 | 4 800 000 |
| | | 资本公积 | 950 128 |
| | | 盈余公积 | 276 551 |
| | | 利润分配——未分配利润 | 167 641 |
| 合计 | 13 479 360 | 合计 | 13 479 360 |

3. 根据H公司20××年12月31日各账户余额编制资产负债表（见表10.16）。

表 10.16　资产负债表

编制单位：H 公司　　　　20××年 12 月 31 日　　　　单位：元

| 资产 | 期末余额 | 负债及所有者权益 | 期末余额 |
|---|---|---|---|
| 流动资产： | | 流动负债： | |
| 货币资金 | | 短期借款 | |
| 交易性金融资产 | | 应付票据 | |
| 应收票据 | | 应付账款 | |
| 应收账款 | | 预收账款 | |
| 预付账款 | | 应付职工薪酬 | |
| 其他应收款 | | 应交税费 | |
| 存货 | | 应付股利 | |
| 流动资产合计 | | 其他应付款 | |
| | | 一年内到期的长期负债 | |
| | | 流动负债合计 | |
| 非流动资产： | | 非流动负债： | |
| 长期股权投资 | | 长期借款 | |
| 固定资产 | | 应付债券 | |
| 无形资产 | | 长期应付款 | |
| 非流动资产合计 | | 非流动负债合计 | |
| | | 负债合计 | |
| | | 所有者权益： | |
| | | 实收资本 | |
| | | 资本公积 | |
| | | 盈余公积 | |
| | | 未分配利润 | |
| | | 所有者权益合计 | |
| 资产总计 | | 负债及所有者权益总计 | |

业务题六

1. 目的：练习利润表的编制。

2. H 公司 20××年 10 月 31 日各损益类账户的累计余额如表 10.17 所示。

表 10.17　H 公司 20××年 10 月 31 日各损益类账户的累计余额　　单位:元

| 账户名称 | 借方余额 | 贷方余额 |
| --- | --- | --- |
| 主营业务收入 | | 12 029 538.97 |
| 其他业务收入 | | 3 281 985.93 |
| 营业外收入 | | 620 087.00 |
| 投资收益 | | 242 127.09 |
| 公允价值变动损益 | 33 450.00 | |
| 主营业务成本 | 8 989 219.58 | |
| 其他业务成本 | 256 865.26 | |
| 税金及附加 | 347 934.10 | |
| 销售费用 | 373 468.49 | |
| 管理费用 | 338 460.91 | |
| 财务费用 | 159 151.23 | |
| 资产减值损失 | 4 344 153.00 | |
| 营业外支出 | 6 555.00 | |
| 所得税费用 | 331 120.36 | |

3. 根据 H 公司 20××年 10 月 31 日各损益账户的累计余额编制当月的利润表(见表 10.18)。

表 10.18　利润表

编制单位:H 公司　　20××年 10 月　　单位:元

| 项目 | 本月数 |
| --- | --- |
| 一、营业收入 | |
| 减:营业成本 | |
| 税金及附加 | |
| 销售费用 | |
| 管理费用 | |
| 财务费用 | |
| 资产减值损失 | |
| 加:公允价值变动收益(损失以"一"填列) | |
| 投资收益(损失以"一"填列) | |
| 二、营业利润(亏损以"一"填列) | |
| 加:营业外收入 | |
| 减:营业外支出 | |
| 三、利润总额(亏损总额以"一"填列) | |
| 减:所得税费用 | |
| 四、净利润(净亏损以"一"填列) | |

# 第 11 章　财产清查

## 11.1　内容简介

财产清查是指通过对货币资金、实物资产和往来款项的盘点或核对，确定其实存数，查明账存数与实存数是否相符的一种专门方法。本章介绍了货币资金、往来款项、实物的清查方法，要求学生掌握清查方法及相应的账务处理。本章包括以下内容：①财产清查的意义与种类；②财产清查的盘存制度与计价方法；③财产清查的内容与方法；④财产清查结果的处理。

### 11.1.1　财产清查的意义与种类

为保证会计资料的真实性、健全财产管理制度、提高资金使用效能以及严格财经纪律和结算制度，企业必须对各项财产物资实行定期或不定期的盘点或核对，查明账账是否相符、账实是否相符。如果出现不相符情况，要对差异发生的原因进行调查，分清责任，按规定办理，调整账面记录，使账实相符。

财务清查的种类见表 11.1。

表 11.1　财产清查的种类

| 分类标准 | 内容 |
| --- | --- |
| 清查范围 | 全面清查：对所有财务进行全面盘点和核对<br>局部清查：对部分财产、物资、往来款项进行盘点和核对 |
| 清查时间 | 定期清查：根据管理制定的规定或预先安排的时间对财产进行的清查<br>不定期清查：事先无规定清查时间，根据需要进行的临时性清查 |
| 清查组织者 | 外部清查：由主管部门、审计机关、司法部门、会计师事务所等根据国家有关规定对企业进行的财务清查<br>内部清查：企业自己组织的财务清查 |

### 11.1.2　财产物资的盘存制度与计价方法

财产物资实际数额取决于财产物资的实际数量和财产物资的单位成本，前者与企业采用的财产物资盘存制度相关，后者由财产物资的计价方法决定。

财产物资的盘存制度是指各项财产物资期末结存额的确定方法，也称账面结存额制度。实务中存在两种盘存制度，即永续盘存制与实地盘存制，这两种制度的定义、优缺点、适用范围见表11.2。

表11.2　永续盘存制与实地盘存制

| | 永续盘存制 | 实地盘存制 |
|---|---|---|
| 定义 | 在日常会计核算中，在账簿上既记录财产物资的增加，又记录其减少，同时记录其结存数，并与财产物资的实地盘点数相核对的一种制度 | 在日常会计核算中，在账簿上只登记财产物资的增加，不登记其减少，期末根据实地盘点数倒轧出本期减少数的一种制度 |
| 优点 | 便于随时掌握财产的占用情况及其动态，有利于加强财产管理，有利于实施会计监督 | 核算工作简单，工作量小 |
| 缺点 | 存货的明细分类核算工作量较大，需要较多的人力和费用 | 确定财产的减少数缺乏严密手续；倒轧出的各项财产的减少数中可能存在一些非正常因素，不便于实行会计监督 |
| 适用范围 | 有利于加强财产管理，实施会计监督。大多数组织采用这种制度 | 不利于会计监督，所以只有品种多、价值低、收发交易比较频繁、数量不稳定、损耗大且难以控制的存货，才采用这种制度，如鲜活商品的核算 |

财产物资的单位成本由计价方法决定。存货在企业流动资产总额中占有较大比重，其计价问题是财产清查工作的核心。存货计价方法指的是发出存货的价值的计算方法。根据《企业会计准则第1号——存货》的规定，企业应当采用个别计价法、先进先出法或者加权平均法确定发出存货的实际成本。存货计价方法见表11.3。

表11.3　存货计价方法

| 计价方法 | 定义 | 特点和适用范围 |
|---|---|---|
| 个别计价法 | 以每批存货收入时的实际单价作为发出单价，期末按每批存货收入时的单价计价 | 需登记存货明细分类账；适合存货数量少、个体差异大且易辨识、单位价值较高的存货 |
| 先进先出法 | 假设先收到的存货先发出或先耗用，并据此假定的存货流转顺序对发出的存货和期末存货计价 | 对入库存货按时间的先后顺序逐笔登记数量、单价和金额，发出存货时按入库的顺序逐笔登记发出的数量和金额；适用于市场价格普遍处于下降趋势的商品，其使得企业不能随意挑选存货计价方法来影响当期利润，但核算工作烦琐 |
| 加权平均法 | 可采用期初存货和本期入库存货的加权平均单价计算发出存货的成本，也可以通过每入库一次计算一次加权平均单价来确定发出和留存存货的成本 | 市场价格变化时计算出来的单位成本被平均化，对存货成本不会产生较大的影响；这种方法比较适合实地盘存制，但计算工作量较大 |

### 11.1.3　财产清查的内容与方法

财务清查工作分为三个阶段：清查前的计划制订、清查时的具体工作组织和清查后的结果处理。财产清查主要包括对库存现金、银行存款、往来款项和实物资产的清查，见表 11.4。

**表 11.4　财务清查的内容与方法**

| 清查对象 | 清查方法 | 清查手续 | 清查内容 |
| --- | --- | --- | --- |
| 库存现金 | 实地盘点法 | 由出纳每日清点库存现金实有数，与现金日记账结余额核对；清查小组对库存现金进行定期或不定期清查；填写库存现金盘点报告表 | 账实是否相符；是否有违反现金管理条例的收支；有无白条抵库现象；是否有超限额库存 |
| 银行存款 | 核对账目法 | 将银行存款日记账与银行对账单逐笔核对，查明银行存款余额及收付情况；编制银行存款余额调节表 | 是否存在记账错误；是否存在未达账项（四种情形：企业已收、银行未收；企业已付、银行未付；银行已收、企业未收；银行已付，企业未付） |
| 往来款项 | 函证核对法 | 将本单位发生的债权、债务业务全部入账；向对方单位填发对账单；填写往来款项清查结果报告表 | 查明债权、债务的余额及债权、债务形成的原因；坏账损失的处理是否合规 |
| 实物资产 | 实地盘点法<br>技术推算法<br>抽样盘点法 | 对财产物资进行现场清点；通过量方、计尺等技术方法推算财产物资实有数；通过抽取一定数量样本估算实物资产实有数；填写盘存单和实存账存对比表 | 各项财产物资实有数与账簿记录是否相符，确定财产物资盘盈或盘库数额 |

## 11.1.4　财产清查结果的处理

财产清查结果的处理包括业务处理和财务处理。业务处理包括查明账实差异的性质和原因，处理积压物资，清理债权、债务，健全财产物资管理制度。财产清查中发现的账实不符的账务处理分两步进行：一是在清查中发现盘盈、盘亏情况，应在会计账簿上反映相应数字，使得各项财产物资的账存数同实存数完全一致；二是根据企业管理权限将处理建议上报股东大会、董事会或经理会议等类似机构，经有关机构批准后应根据差异发生的原因和批准处理意见编制会计分录，并据此登记账簿。为衔接上述两个步骤，需要设置“待处理财产损溢”账户，其结构如图 11.1 所示。

| 借方 | 贷方 |
| --- | --- |
| 发生额——①各项财产物资的盘亏金额<br>②各项财产物资的盘盈转销数 | 发生额——①各项财产物资的盘盈金额<br>②各项财产物资的盘亏转销数 |
| 期末无余额 | |

图 11.1　“待处理财产损溢”账户的结构

表 11.5 对主要财产物资清查的账务处理进行了梳理。

表 11.5　主要财产物资清查的账务处理

| | 盘盈 | 盘亏 |
| --- | --- | --- |
| 固定资产清查 | 盘盈固定资产不通过“待处理财产损溢”账户处理，而按重置成本入账：<br>借：固定资产<br>　贷：以前年度损益调整<br>同时，调整所得税和留存收益：<br>借：以前年度损益调整<br>　贷：应交税费——应交所得税<br>借：以前年度损益调整<br>　贷：盈余公积——法定盈余公积（10%部分）<br>　　利润分配——未分配利润（90%部分） | 借：待处理财产损溢——待处理固定资产损溢<br>　累计折旧<br>　固定资产减值准备<br>　贷：固定资产<br>报批后根据审批意见可转销：<br>借：其他应收款（过失人、保险公司等赔款）<br>　营业外支出——固定资产盘亏<br>　贷：待处理财产损溢——待处理固定资产损溢 |
| 存货清查 | 借：原材料<br>　贷：待处理财产损溢——待处理流动资产损溢<br>盘盈存货通常由企业日常收发计量或计算差错造成，按规定手续报经批准后处理：<br>借：待处理财产损溢——待处理流动资产损溢<br>　贷：管理费用 | 借：待处理财产损溢——待处理流动资产损溢<br>　贷：原材料<br>对非常损失做以下处理：<br>借：待处理财产损溢<br>　贷：应交税费——应交增值税（进项税额转出）<br>（如果盘亏属于定额内损耗或由管理不善、自然灾害造成，则进项税额不需转出）：<br>借：其他应收款（过失人、保险公司等赔偿）<br>　管理费用（定额内损耗、管理不善）<br>　营业外支出（自然灾害）<br>　贷：待处理财产损溢——待处理流动资产损溢 |
| 库存现金清查 | 借：库存现金<br>　贷：待处理财产损溢——待处理流动资产损溢<br>报经批准后处理：<br>借：待处理财产损溢——待处理流动资产损溢<br>　贷：营业外收入 | 借：待处理财产损溢——待处理流动资产损溢<br>　贷：库存现金<br>借：其他应收款——责任人<br>　管理费用（无法查明原因）<br>　贷：待处理财产损溢——待处理流动资产损溢 |
| 往来款项清查 | 对于财产清查中查明的确实无法收回的应收账款和无法支付的应付账款，在原来账面记录基础上，按规定程序报经批准后，直接转账冲销。<br>坏账的核算方法有直接转销法和备抵法，其中备抵法核算坏账损失需要设置“坏账准备”账户。<br>期末企业要对应收账款进行减值测试，在此基础上结合以前期间已经提取或提取不足的坏账准备进行调整。<br>当期提取坏账准备的处理：<br>借：资产减值损失<br>　贷：坏账准备<br>当期确实无法收回的应收账款款项，按管理权限报批后作为坏账损失，转销应收账款，处理如下：<br>借：坏账准备<br>　贷：应收账款 | |

## 11.2　重难点分析

(1)财产物资的盘存制度和计价方法。财产物资的盘存制度是指财产物资期末结存额的确定方法,分为永续盘存制和实地盘存制。在永续盘存制下,对财产物资的增加和减少都要根据会计凭证连续记入会计账簿,并可以随时结出账面余额。在实地盘存制下,期末通过实物盘点来确定存货数量,并据此计算期末存货数额和本期存货减少额。此外,企业应当采用个别计价法、先进先出法或者加权平均法确定发出存货的实际成本。

(2)银行存款的清查方法,未达账项的四种情形,并据此编制银行存款余额调节表。未达账项有以下四种:企业已收、银行未收;企业已付、银行未付;银行已收、企业未收;银行已付、企业未付。值得注意的是,编制银行存款余额调节表的目的是消除未达账项的影响,核对银行存款账目有无错误,而不是调整企业银行存款账目余额的原始凭证。

(3)固定资产清查、存货清查、库存现金清查和往来款项清查的账务处理,"待处理财产损溢"账户和"坏账准备"账户的结构和内容。

## 11.3　学习提示

(1)可通过手工账实验熟悉企业主要财产物资的清查程序和清查方法。

(2)可通过社会实践活动了解企业对财产清查结果的处理程序和处理权限。

## 习　题

**一、判断题**

1. 盘存账户的财产清查采用实地盘点法。（　）
2. 财产清查不仅包括对实物资产的盘点,也包括对银行存款、往来款项的核对。（　）
3. 实地盘存制的最大缺点是,期末通过盘点倒轧出本期减少数,其中可能隐含非正常因素。（　）
4. 银行存款账实不符一定是因为存在差错或舞弊。（　）
5. 对往来款项的清查,一般采用函证核对法。（　）
6. 在永续盘存制下,由于能随时计算出库存存货的数量,所以不需要对期末存货进行盘点。（　）
7. 账面盘存制因其存货明细账核算工作量大,因此在工作中应尽量避免采用。（　）
8. 单位清产核资时需要进行全面清查。（　）

9. 对于无法收回的应收款，应先计入“待处理财产损溢”账户，经批准后再转入有关账户。 (　　)

10. 银行存款日记账与银行对账单余额不一致主要是由记账错误造成的。 (　　)

11. 银行存款余额调节表可以作为企业进行账务处理的原始凭证。 (　　)

12. 实物清查和库存现金清查均应背对背进行，因此实物保管人员和出纳人员不能在场。 (　　)

13. 月末企业银行存款的实有余额为银行对账单余额加上企业已收、银行未收款项，减去企业已付、银行未付款项。 (　　)

14. 从财产清查的对象和范围看，年终决算前对企业财产物资所进行的清查一般属于全面清查。 (　　)

15. 未达账项只在企业与开户银行之间发生，企业与其他单位之间不会发生未达账项。 (　　)

16. 永续盘存制是先确定期末库存存货成本，后确定本期发出存货成本的制度。 (　　)

17. 实地盘存制适用于价值低、品种杂、进出频繁的商品或材料物资。 (　　)

18. 经批准转销固定资产盘亏净损失时，账务处理应借记“营业外支出”账户，贷记“固定资产清理”账户。 (　　)

19. 当库存现金出现长款时，报经批准后，借记“待处理财产损溢”账户。 (　　)

20. 银行存款余额调节表不是调整账簿记录的原始凭证。 (　　)

21. 库存现金的清查包括出纳人员每日的清点核对和清查小组定期、不定期的清查。 (　　)

22. 存货盘亏、毁损的净损失一律计入“管理费用”。 (　　)

23. 对银行存款进行清查时，如果存在账实不符现象，则其肯定是由未达账项引起的。 (　　)

24. 未达账项仅仅是指企业未收到凭证而未入账的款项。 (　　)

25. 对应付账款应采用函证核对法进行清查。 (　　)

26. 技术推算法是指利用技术方法推算财产物资账存数的方法。 (　　)

27. 抽样盘点法适用于单位价值较低，已经包装好的原材料、在产品和库存商品等。 (　　)

28. 转销已批准处理的财产盘盈数登记在“待处理财产损溢”账户的贷方。 (　　)

29. 对于盘盈或盘亏的财产物资，需在期末结账前处理完毕，如在期末结账前尚未经批准处理的，等批准后进行处理。 (　　)

30. 对于财产清查中查明确实无法收回的应收账款和无法支付的应付账款，同样通过“待处理财产损溢”账户进行核算。 (　　)

**二、单项选择题**

1. 财产清查是通过实地盘点、查证核对来查明(　　)是否相符的一种方法。

A. 账证　　B. 账账

C. 账实　　D. 账表

2. 一般来说，年终决算之前，要(　　)。

A. 对企业所有财产进行一次全面清查　B. 对企业部分财产进行实地盘点

C. 对企业所有财产进行局部清查　　D. 对流动性较强的财产进行全面清查

3. 现金盘点报告表由(　　)签章方能生效。

A. 经理和出纳　　B. 会计和盘点人

C. 盘点人员和出纳　　D. 会计和出纳

4. 一般来说,单位撤销、合并或改变隶属关系时,要进行(　　)。

A. 全面清查　　B. 局部清查

C. 定期清查　　D. 实地盘点

5. 在永续盘存制下,平时(　　)。

A. 对各项财产物资的增加数和减少数,都不在账簿中登记

B. 只在账簿中登记财产物资的减少数,不登记财产物资的增加数

C. 只在账簿中登记财产物资的增加数,不登记财产物资的减少数

D. 对各项财产物资的增加数和减少数,都要根据会计凭证在账簿中登记

6. 对往来款项的清查一般采用的方法是(　　)。

A. 实地盘点法　　B. 编制银行存款余额调节表

C. 突击清查法　　D. 函证核对法

7. 对银行存款的清查,就是将(　　)进行核对。

A. 银行存款日记账与总分类账

B. 银行存款日记账与银行存款收、付款凭证

C. 银行存款日记账与银行对账单

D. 银行存款日记账与明细账

8. 对大量成堆且难以逐一清点的财产物资的清查,一般采用(　　)方法。

A. 实地盘点　　B. 抽样盘存

C. 函证核对　　D. 技术推算

9. 在记账无误的情况下,银行对账单与企业银行存款日记账账面余额不符的原因是(　　)。

A. 应付账款　　B. 应收账款

C. 外埠存款　　D. 未达账项

10. 银行存款余额调节表的作用是(　　)。

A. 调节账面余额

B. 作为调节总分类账银行存款的余额

C. 用来确定企业实际银行存款余额

D. 消除未达账项对银行存款日记账和银行对账单余额不一致的影响

11. 关于现金的清查,下列说法中不正确的是(　　)。

A. 清查小组在盘点现金时,出纳人员必须在场

B. 现金盘点报告表需要清查人员和出纳人员共同签字盖章

C. 要根据现金盘点报告表进行账务处理

D. 不必根据现金盘点报告表进行账务处理

12. 编制银行存款余额调节表时,本单位银行存款调节后的余额等于(　　)。

A. 本单位银行存款余额＋本单位已记增加而银行未记增加的账项－银行已记增加

而本单位未记增加的账项

B. 本单位银行存款余额＋银行已记增加而本单位未记增加的账项－银行已记减少而本单位未记减少的账项

C. 本单位银行存款余额＋本单位已记增加而银行未记增加的账项－本单位已记减少而银行未记减少的账项

D. 本单位银行存款余额＋银行已记减少而本单位未记减少的账项－银行已记增加而本单位未记增加的账项

13. 下列属于实物资产清查范围的是（　　）。

A. 应付账款　　B. 存货　　C. 银行存款　　D. 应收账款

14. 对露天堆放的煤进行盘点所采用的清查方法一般是（　　）。

A. 逐一盘点法　　B. 核对账目法

C. 技术推算法　　D. 查询核对法

15. 对往来款项进行清查，应该采用的方法是（　　）。

A. 技术推算法　　B. 与银行核对账目法

C. 实地盘存法　　D. 函证核对法

16. 对银行存款进行清查，应该采用的方法是（　　）。

A. 定期盘点法　　B. 与银行核对账目法

C. 实地盘存法　　D. 和往来单位核对账目法

17. 月末企业银行存款日记账余额为 180 000 元，银行对账单余额为 170 000 元，经过未达账项调节后的银行存款余额为 160 000 元，则对账日企业可以动用的银行存款实有数额为（　　）元。

A. 180 000　　B. 160 000　　C. 170 000　　D. 不能确定

18. 在财产清查中发现盘亏一台设备，其账面原值为 70 000 元，已提折旧 20 000 元，提取的资产减值准备为 5 000 元，则该企业计入“待处理财产损溢”账户的金额为（　　）元。

A. 45 000　　B. 50 000　　C. 20 000　　D. 60 000

19. 盘亏的固定资产净损失经批准后可计入（　　）账户的借方。

A. 制造费用　　B. 生产成本

C. 营业外支出　　D. 管理费用

20. 企业通过实地盘点法先确定期末存货的数量，然后倒轧出本期发出存货的数量，这种处理制度称为（　　）。

A. 权责发生制　　B. 收付实现制

C. 账面盘存制　　D. 实地盘存制

21. 某企业仓库本期期末盘亏原材料原因已经查明，属于自然损耗，经批准后，会计人员应编制的会计分录为（　　）。

A. 借：待处理财产损溢
　　贷：原材料

B. 借：待处理财产损溢
　　贷：管理费用

C. 借：管理费用
　　贷：待处理财产损溢

D. 借：营业外支出
　　贷：待处理财产损溢

22. 在财产清查中，实物盘点的结果应如实登记在（ ）。

A. 盘存单　　B. 账存实存对比表

C. 对账单　　D. 盘盈盘亏报告表

23. 银行存款日记账余额为 56 000 元，调整前银行已收、企业未收的款项为 2 000 元，企业已收、银行未收的款项为 1 200 元，银行已付、企业未付的款项为 3 000 元，则调整后的银行存款余额为（ ）元。

A. 56 200　　B. 55 000　　C. 58 000　　D. 51 200

24. 下列各项中会使单位银行存款日记账与银行对账单余额不一致的是（ ）。

A. 未达账项　　B. 银行对账单记账有误

C. 单位银行存款日记账记账有误　　D. 以上三项都有可能

**三、多项选择题**

1. 下列关于永续盘存制的表述中正确的有（ ）。

A. 可随时结出账面结存数

B. 财产物资的进出都有严密的手续

C. 账面结存数的计算比较准确

D. 不必进行财产清查

E. 存货明细账核算工作量大

2. 全面清查一般在（ ）进行。

A. 年终决算前　　B. 开展清产核资时

C. 单位撤销、改变隶属关系时　　D. 更换仓库保管员时

E. 月末

3. 下列属于原始凭证的是（ ）。

A. 现金盘点报告表　　B. 盘盈盘亏报告表

C. 银行存款余额调节表　　D. 固定资产盘盈盘亏报告表

E. 往来款项清查结果报告表

4. 核对账目的方法适用于对（ ）的清查。

A. 固定资产　　B. 应收账款

C. 库存现金　　D. 银行存款

E. 存货

5. 账实不符的原因主要有（ ）。

A. 会计账簿漏记、重记、错记　　B. 往来款项差错

C. 财产物资的毁损、被盗　　D. 财产物资的自然损耗

E. 财产物资收发计量错误

6. 对实物资产的清查可采用的方法有（ ）。

A. 技术推算法　　B. 抽查盘存法

C. 对账单核对法　　D. 实地盘点法

E. 函证核对法

7. 财产物资的盘存制度包括（ ）。

A. 实地盘存制　　B. 永续盘存制

C. 权责发生制　　D. 收付实现制

E. 实收资本制

8. 既要进行不定期清查又要进行全面清查的有(　　)。

A. 单位合并、撤销以及改变隶属关系时　　B. 年终决算之前

C. 更换保管员时　　D. 企业股份制改制前

E. 财产遭受非常损失时

9. 实地盘点法一般适用于(　　)的清查。

A. 固定资产　　B. 库存商品

C. 库存现金　　D. 银行存款

E. 应收账款

10. 企业进行现金清查时，如发现现金短缺，分情况处理可计入(　　)账户。

A. 营业外支出　　B. 其他应收款

C. 财务费用　　D. 管理费用

E. 资产减值损失

11. 库存现金清查的内容主要包括(　　)。

A. 是否有未达账项　　B. 是否有白条抵库现象

C. 是否超限额留存现金　　D. 账实是否相符

12. 下列业务中不需要通过"待处理财产损溢"科目核算的有(　　)。

A. 无法收回的应收账款　　B. 盘亏的原材料

C. 丢失的库存商品　　D. 盘盈的固定资产

13. 对于盘亏、毁损的存货，经批准后进行账务处理时，可能涉及的借方账户有(　　)。

A. 其他应收款　　B. 营业外支出

C. 管理费用　　D. 原材料

14. 对(　　)的清查宜采用函证核对法。

A. 应收账款　　B. 应付账款

C. 存货　　D. 预付账款

15. 关于银行存款余额调节表，下列说法中正确的是(　　)。

A. 调节后的余额表示企业可以实际动用的银行存款数额

B. 该表是通知银行更正错误的依据

C. 不能够作为调整本单位银行存款日记账记录的原始凭证

D. 是更正本单位银行存款日记账记录的依据

16. 企业编制银行存款余额调节表，在调整银行存款日记账余额时，应考虑的因素有(　　)。

A. 企业已收、银行未收的款项　　B. 银行已收、企业未收的款项

C. 银行已付、企业未付的款项　　D. 企业已付、银行未付的款项

17. 符合下列哪些条件的应收账款应作为坏账准备？(　　)

A. 债务人被依法宣告破产、撤销，其剩余财产确实不足以清偿的应收账款

B. 债务人遭受重大自然灾害或意外事故，损失巨大，以其财产等确实无法清偿的应收账款

C. 逾期两年以上仍未收回的应收账款

D. 债务人逾期未履行偿债义务，并有足够证据表明无法收回或收回的可能性极小的应收账款

18. 下列有关存货计价方法的表述中正确的是（　　）。

A. 我国企业可以采用先进先出法、后进先出法、加权平均法或个别计价法来确定发出存货的实际成本

B. 先进先出法适用于市场价格普遍处于下降趋势的商品

C. 后进先出法可以真实地反映企业期末的资产状况

D. 采用加权平均计价方法，对于本月发出的存货，只登记数量，不登记单价和金额

19. 按清查的时间分类，财产清查可以分为（　　）。

A. 定期清查　　B. 不定期清查　　C. 年度清查　　D. 中期清查

20. 按照有关规定，我国企业可以采用的存货计价方法有（　　）。

A. 先进先出法　　B. 后进先出法

C. 个别计价法　　D. 加权平均法

**四、业务题**

业务题一

1. 目的：练习银行存款余额调节表的编制。

2. 资料：某企业 20×8 年 11 月 30 日银行存款日记账余额为 535 000 元，开户银行送来的对账单余额为 544 885 元。经逐笔核对，原因为以下未达账项。

（1）11 月 28 日，本企业开出转账支票向红光公司购买劳保用品，价值 1 045 元，红光公司尚未去银行办理转账手续。

（2）11 月 29 日，企业委托银行代收一笔货款 17 008 元，银行已收妥款项入账，企业尚未收到收账通知。

（3）11 月 29 日，企业收到嘉业公司交来的转账支票 4 700 元，已送交银行办理入账，但银行尚未入账。

（4）11 月 29 日，银行代付电费 3 468 元，企业尚未收到付款通知。

3. 要求：根据上述资料编制银行存款余额调节表（见表 11.6）。

**表 11.6　银行存款余额调节表**

年　　月　　日

单位名称：________　开户行：________　账号：________　币种：________　单位：________

| 企业银行存款日记账 | 金额 | 银行对账单 | 金额 |
|---|---|---|---|
| | | | |
| | | | |
| | | | |
| 调节后的企业银行存款日记账余额 | | 调节后的银行对账单余额 | |

编制：　　　　出纳：

业务题二

1. 目的:练习未达账项的识别以及银行存款余额调节表的编制。

2. 资料:某企业20××年5月的银行存款日记账如表11.7所示,银行对账单如表11.8所示(单位:元)。

表11.7 银行存款日记账

20××年5月 账号:12486

| 20××年 | | 凭证(略) | | 摘要(略) | 借方 | 贷方 | 余额 |
|---|---|---|---|---|---|---|---|
| 月 | 日 | 字 | 号 | | | | |
| 5 | 1 | | | | | | 50 000 |
| | 7 | | | | 20 000 | | |
| | 10 | | | | 52 000 | | |
| | 15 | | | | | 10 000 | |
| | 20 | | | | | 30 000 | |
| | 23 | | | | | 2 000 | |
| | 31 | | | | | | 80 000 |

表11.8 银行对账单

20××年5月 账号:12486

| 20××年 | | 凭证(略) | | 摘要(略) | 借方 | 贷方 | 余额 |
|---|---|---|---|---|---|---|---|
| 月 | 日 | 字 | 号 | | | | |
| 5 | 1 | | | | | | 50 000 |
| | 7 | | | | | 20 000 | |
| | 12 | | | | | 50 000 | |
| | 15 | | | | 10 000 | | |
| | 20 | | | | 30 000 | | |
| | 25 | | | | 5 000 | | |
| | 31 | | | | | | 75 000 |

3. 要求:逐笔核对企业的银行存款日记账和银行对账单,编制银行存款余额调节表(见表11.9)。

表 11.9 银行存款余额调节表

年 月 日

单位名称：________ 开户行：________ 账号：________ 币种：________ 单位：________

| 企业银行存款日记账 | 金额 | 银行对账单 | 金额 |
|---|---|---|---|
| | | | |
| | | | |
| | | | |
| 调节后的企业银行存款日记账余额 | | 调节后的银行对账单余额 | |

编制： 出纳：

业务题三

1. 目的：练习财产清查结果的账务处理（各项存货适用的增值税税率均为 13%）。
2. 资料：某企业在财产清查中发现下列情况（见表 11.10）。

表 11.10 某企业在财产清查中发现的情况 单位：元

| 序号 | 业务 | 会计分录 |
|---|---|---|
| 1 | 盘亏机器一台，账面原价为 60 000 元，已提折旧 45 000 元。经审批做营业外支出处理 | 审批前： |
| | | 审批后： |
| 2 | 发现账外仪器一台，估计重置价值为 5 000 元，估计已提折旧 2 500 元。审批后进行转销处理 | 审批前： |
| | | 审批后： |

续表

| 序号 | 业务 | 会计分录 |
| --- | --- | --- |
| 3 | 库存现金盘盈 100 元。审批后进行转销处理 | 审批前：<br><br>审批后： |
| 4 | 甲材料账面结余 300 千克，单价为 20 元，实地盘点数为 292 千克。经查，系管理员孙某失职所致，责令其全额赔偿（增值税税率为 13%） | 审批前：<br><br>审批后： |
| 5 | 乙材料账面结余 450 千克，单价为 15 元，实地盘点数为 460 千克。经查，其属于日常收发计量差错 | 审批前：<br><br>审批后： |
| 6 | 盘亏丙材料 25 000 元。经查并审批同意：盘亏材料中有2 000元（不含税）属于定额内损耗，其余属于台风灾害损失，保险公司同意赔偿 18 000 元 | 审批前：<br><br>审批后： |
| 7 | 丁材料账面结余 490 千克，单价为 20 元，实存数为 480 千克。丁材料盘亏无法查明原因，经审批决定由企业承担一般经营损失 | 审批前：<br><br>审批后： |

续表

| 序号 | 业务 | 会计分录 |
|---|---|---|
| 8 | A 产品有部分变质，原价为 5 000 元，变卖处理收入现金 1 000 元。经审批由过失人赔偿 1 500 元，其余作为一般经营损失由企业承担 | 审批前：<br><br>审批后： |
| 9 | 有一笔应收账款 2 000 元已逾 3 年，断定无法收回，经审批转销该项应收账款 | 审批前：<br><br>审批后： |
| 10 | 企业经减值测试和计算可知，本年应收账款共减值 38 000 元，要求进行相应的减值处理。该企业提取坏账准备前“坏账准备”账户余额为贷方 20 000 元 | |

3. 要求：根据上述资料编制会计分录（填入表 11.10）。

业务题四

根据 G 公司下列经济业务（见表 11.11），编制相应的会计分录并填入表 11.11（增值税税率为 13%）。

**表 11.11　G 公司的经济业务**　　单位：元

| 序号 | 业务 | 会计分录 |
|---|---|---|
| 1 | 库存现金短缺 200 元，无法查明原因，决定由出纳员承担责任，尚未收到赔款 | |
| 2 | 在财产清查中发现现金长款 50 元 | |
| 3 | 发现盘盈 A 材料 4 000 元，经查，其属于计量器不准造成的损失 | |

续表

| 序号 | 业务 | 会计分录 |
|---|---|---|
| 4 | 发现盘亏B材料9 000元，经查，其中1 800元属于定额内自然损耗，1 200元系计量器不准造成，1 000元系保管员王某失职所致，责令其赔偿，从下月工资中扣除，5 000元系暴风雨袭击造成，按规定保险公司应赔偿4 000元，款项未收到，其余计入营业外支出 | |
| 5 | 盘亏机床一台，账面价值为43 000元，已提折旧13 000元，经查，系自然灾害所致，按规定应向保险公司索赔25 000元，款项未收到，其余做营业外支出处理 | |
| 6 | 在财产清查中发现账外机床一台，该设备不存在活跃市场，预计未来的现金流量现值为43 000元 | |
| 7 | 年末对各项应收账款进行减值测试后估计当年的应收账款减值17 820元，假设“坏账准备”账户无余额 | |
| 8 | 若确认客户H公司应收账款收不回来，确认坏账损失为7 000元 | |
| 9 | 假设公司年末“坏账准备”账户有贷方余额4 500元，经对各项应收账款进行减值测试后估计当年的应收账款减值17 820元 | |

### 业务题五

1. 目的：银行存款余额调节表的编制。

2. 资料：G公司20××年12月31日的银行存款日记账账面余额为99 750元，开户银行送来的对账单显示本企业的存款余额为124 725元，经逐笔核对，发现以下未达账项。

(1)12月28日，企业为支付职工的差旅费开出现金支票一张，计300元，持票人尚未到银行取款。

(2)12月29日，企业因采购办公用品，开出转账支票一张，计4 875元，银行尚未入账。

(3)12月29日，企业收到购买单位的转账支票一张，计8 250元，已开具送款单送存银行，但银行尚未入账。

(4)12月30日，企业经济纠纷败诉，银行代扣违约罚金3 000元，企业尚未接到通知而未入账。

(5)12月31日，银行计算企业存款利息6 300元，已记入企业存款账户，企业尚未接到银行通知而未入账。

(6)12月31日，银行受企业委托代收销货款24 750元，已收妥并记入企业存款账户，企业尚未接到通知而未入账。

3. 要求：根据以上未达账项编制银行存款余额调节表(见表11.12)。

表 11.12　银行存款余额调节表

年　　月　　日

单位名称：________　开户行：________　账号：________　币种：________　单位：________

| 企业银行存款记账 | 金额 | 银行对账单 | 金额 |
|---|---|---|---|
| 银行存款日记账余额 | | 银行对账单余额 | |
| 加：银行已收，企业未入账金额 | | 加：企业已收，银行未入账金额 | |
| 其中：1. 企业存款利息 | | 其中：存入转账支票 | |
| 2. 银行代收销货款 | | | |
| 减：银行已付，企业未入账金额 | | 减：企业已付，银行未入账金额 | |
| 其中：银行代扣罚金 | | 其中：1. 开出现金支票 | |
| | | 2. 开出转账支票 | |
| 调节后的企业银行存款日记账余额 | | 调节后的银行对账单金额 | |

编制：　　　　　　　　　　　　　　　　出纳：

业务题六

1. 目的：未达账项识别和银行存款余额调节表的编制。

2. 资料：H 公司 20××年 12 月 31 日的银行存款日记账账面余额为 82 000 元，开户银行送来的对账单显示本企业的存款余额为 95 000 元，经逐笔核对，发现以下未达账项。

(1)12 月 28 日，企业因采购货物，开出转账支票一张，计 450 元，企业已计账，银行尚未入账。

(2)12 月 29 日，企业销售商品，将收到的转账支票 600 元送存银行，企业已记账，银行尚未办妥划款手续，因而尚未记账。

(3)12 月 31 日，银行计算企业短期借款利息 150 元，已记入企业存款账户，企业尚未接到银行通知而未入账。

(4)12 月 31 日，银行受企业委托代收销货款 13 300 元，已收妥并记入企业存款账户，企业尚未接到通知而未入账。

3. 要求：根据以上未达账项编制银行存款余额调节表(见表 11.13)。

表 11.13　银行存款余额调节表

年　　月　　日

单位名称：________　开户行：________　账号：________　币种：________　单位：________

| 企业银行存款日记账 | 金额 | 银行对账单 | 金额 |
|---|---|---|---|
| 银行存款日记账余额 | | 银行对账单余额 | |
| 加：银行已收，企业未入账金额 | | 加：企业已收，银行未入账金额 | |
| 其中：银行代收销货款 | | 其中：存入转账支票 | |
| 减：银行已付，企业未入账金额 | | 减：企业已付，银行未入账金额 | |
| 其中：企业借款利息 | | 其中：开出转账支票 | |
| 调节后的企业银行存款日记账余额 | | 调节后的银行对账单金额 | |

编制：　　　　　　　　　　　　　　　　出纳：

# 第12章　账务处理程序

## 12.1　内容简介

账务处理程序指的是从填制或取得原始凭证到编制记账凭证、登记明细分类账与总分类账、编制会计报表的工作程序与方法。本章包括以下内容：①账务处理程序概述；②汇总记账凭证账务处理程序；③科目汇总表账务处理程序；④记账凭证账务处理程序；⑤多栏式日记账账务处理程序；⑥日记总账账务处理程序；⑦通用日记账账务处理程序。

### 12.1.1　账务处理程序的作用与设计原则

账务处理的基本模式是编制会计凭证、登记账户账簿、编制会计报表。合理的记账程序可以使整个会计循环按部就班地运行，可以及时、正确地反映每一笔经济业务，可以满足各财务会计信息使用者掌握和监督每项经济业务来龙去脉的要求。因此账务处理程序的设计要符合以下原则：与本单位实际情况相符、满足会计信息使用者的需求以及满足提高会计核算效率的要求。

### 12.1.2　账务处理程序的种类

我国经济单位采用的账务处理程序一般有以下六种：记账凭证账务处理程序、汇总记账凭证账务处理程序、科目汇总表账务处理程序、多栏式日记账账务处理程序、日记总账账务处理程序、通用日记账账务处理程序，见表12.1。

表12.1　账务处理程序

| 种类 | 特点 | 优缺点及适用范围 |
| --- | --- | --- |
| 记账凭证账务处理程序 | 根据记账凭证登记总分类账 | 优点：简单明了，总分类账详细反映经济业务情况，可以代替明细账<br>缺点：登记总分类账工作量大，不便于会计分工<br>适用范围：规模较小、经济业务较少的单位 |
| 汇总记账凭证账务处理程序 | 定期编制科目汇总表，据此登记总分类账 | 优点：简化了总分类账的登记工作，可以对科目汇总表进行试算平衡，便于及时发现问题，采取措施<br>缺点：科目汇总表不能反映账户之间的对应关系，不便于会计信息使用者了解经济业务的内容<br>适用范围：任何规模的企业，尤其是经济业务频繁的企业 |

续表

| 种类 | 特点 | 优缺点及适用范围 |
| --- | --- | --- |
| 科目汇总表账务处理程序 | 根据记账凭证编制科目汇总表，据此登记总分类账 | 优点：大大简化了总分类账的登记工作，会计信息使用者可及时掌握资金运动情况，便于记账凭证的整理<br>缺点：不利于会计核算分工<br>适用范围：规模较大、业务较多的企业 |
| 多栏式日记账账务处理程序 | 设置多栏式现金日记账和银行存款日记账，并据此登记总分类账 | 优点：多栏式日记账可以反映账户之间的对应关系，可以直接进行试算平衡（相当于科目汇总表），简化了总分类账的核算过程，效率较高<br>缺点：多栏式日记账限制了会计科目的使用<br>适用范围：用于使用会计科目不多的企业（即业务简单的企业） |
| 日记总账账务处理程序 | 设置日记总账 | 优点：可全面反映各项经济业务的来龙去脉，账务处理程序简单<br>缺点：会计科目多会导致总分类账账页过长，不便于记账和查阅<br>适用范围：用于规模小、经济业务简单，尤其是会计科目少的企业 |
| 通用日记账账务处理程序 | 采用通用日记账，再据此登记总分类账 | 优点：会计信息使用者可了解每日每项经济业务的情况，可按时间顺序查阅资料<br>缺点：仅一本通用日记账不便于会计核算分工，易发生账簿记录差错，工作量大<br>适用范围：运用电子计算机进行核算的经济单位 |

## 12.2　重难点分析

本章重点包括以下几个：

（1）了解账务处理程序的概念、作用和设计原则，掌握最常用的三种账务处理程序，即记账凭证账务处理程序、汇总记账凭证账务处理程序和科目汇总表账务处理程序，其中最基础的是记账凭证账务处理程序。

（2）掌握各种账务处理程序的共同点和不同点。所有的账务处理程序都从原始凭证出发，都需要编制记账凭证（除了通用日记账形式）、都要登记明细分类账和总分类账，都需要登记现金和银行存款日记账（除了通用日记账形式），都需要编制会计报表。各种账务处理程序的不同主要在于总分类账的设置以及登记方法不同。

（3）掌握各种账务处理程序的特点、优缺点和适用范围。

本章难点在于不同账务处理程序对会计分录的编制有不同要求。比如在汇总记账凭证账务处理程序中，汇总转账凭证按贷方汇总，其会计分录只允许涉及一个贷方账户。对于科目汇总表账务处理程序，为了便于汇总，其会计分录的形式最好是“一借一贷”。

这里的账务处理程序是针对手工会计而言的，现代企业的会计实务大都运用电算化会计，其账务处理程序与手工会计有所不同。

## 12.3 学习提示

(1)了解账务处理程序的概念、作用和设计原则。

(2)掌握并比较不同的账务处理程序，可通过画图来加深理解。

### 习题

**一、判断题**

1. 记账凭证账务处理程序适用于生产经营规模较小、经济业务较少的单位。 (　　)

2. 各企业可以结合本单位的业务特点，自行设计或选用科学合理的会计核算形式。 (　　)

3. 汇总记账凭证账务处理程序的账簿设置与记账凭证账务处理程序的账簿设置基本相同。 (　　)

4. 科目汇总表账务处理程序的缺点是科目汇总表不能反映各个账户之间的对应关系，不便于分析经济业务的来龙去脉和进行账目核对。 (　　)

5. 多栏式日记账账务处理程序的特点是根据收款凭证和付款凭证逐日登记多栏式现金日记账和多栏式银行存款日记账，然后根据它们登记总分类账。 (　　)

6. 日记总账账务处理程序的特点是将日记账和总分类账结合起来设置一本联合账簿，称为日记总账，并将所有经济业务都登记在日记总账上。 (　　)

7. 汇总记账凭证账务处理程序中编制的转账凭证可以是一贷多借，也可以是一借多贷、多借多贷。

8. 不同账务处理程序的主要区别在于记账凭证的填制不同。 (　　)

9. 记账凭证账务处理程序的最后一个步骤是根据总账和明细账的记录编制会计报表。 (　　)

10. 各种账务处理程序的共同特点是都要编制记账凭证。 (　　)

11. 采用科目汇总表账务处理程序，各种账簿应根据科目汇总表登记。 (　　)

12. 规模较大、业务较多的单位，应采用记账凭证账务处理程序，因为该账务处理程序简单明了、方法易学。 (　　)

13. 汇总转账凭证是按每一贷方科目分别设置的记账凭证。 (　　)

14. 科目汇总表不仅可以起到试算平衡的作用，还可以反映账户之间的对应关系。 (　　)

15. 各种账务处理程序的主要区别是登记总账的依据和方法不同。 (　　)

**二、单项选择题**

1. 以下哪项不是常用的账务处理程序(　　)。

A. 原始凭证账务处理程序　　B. 记账凭证账务处理程序
C. 科目汇总表账务处理程序　　D. 日记总账账务处理程序

2. 科目汇总表账务处理程序和汇总记账凭证账务处理程序(　　)。
A. 登记总账的依据相同　　B. 记账凭证都需要汇总
C. 汇总凭证的方法相同　　D. 汇总凭证的格式相同

3. 不需要编制记账凭证的账务处理程序是(　　)。
A. 科目汇总表账务处理程序　　B. 日记总账账务处理程序
C. 多栏式日记账账务处理程序　　D. 通用日记账账务处理程序

4. 生产经营规模较大、经营业务较多的单位适合采用(　　)账务处理程序。
A. 多栏式日记账　　B. 科目汇总表
C. 日记总账　　D. 记账凭证

5. 各种会计核算程序的主要区别是(　　)不同。
A. 填制会计凭证的依据和方法　　B. 登记总账的依据和方法
C. 登记明细账的依据和方法　　D. 编制会计报表的依据和方法

6. 科目汇总表是直接根据(　　)汇总编制的。
A. 原始凭证　　B. 汇总原始凭证
C. 记账凭证　　D. 汇总记账凭证

7. 根据记账凭证逐笔登记总账的账务处理程序是(　　)。
A. 记账凭证账务处理程序　　B. 汇总记账凭证账务处理程序
C. 科目汇总表账务处理程序　　D. 多栏式日记账账务处理程序

8. 科目汇总表账务处理程序的主要缺点是(　　)。
A. 登记总账的工作量太大　　B. 编制科目汇总表的工作量太大
C. 不利于人员分工　　D. 反映不出科目之间的对应关系

9. 记账凭证账务处理程序的显著特点是(　　)。
A. 根据记账凭证编制科目汇总表　　B. 根据记账凭证编制汇总记账凭证
C. 直接根据每一张记账凭证登记总账　　D. 所有经济业务都必须在日记账中进行登记

10. 记账凭证账务处理程序适合(　　)的单位使用。
A. 规模大、业务多　　B. 规模大、收付款业务多
C. 规模小、收付款业务多　　D. 规模小、业务少

11. 在科目汇总表账务处理程序下,总分类账的记账依据是(　　)。
A. 科目汇总表　　B. 记账凭证
C. 汇总记账凭证　　D. 多栏式日记账

12. 在汇总记账凭证账务处理程序下,汇总转账凭证应按照(　　)设置。
A. 借方科目　　B. 贷方科目
C. 借方或贷方科目　　D. 以上都不对

**三、多项选择题**

1. 下列账务处理程序中,可以减轻登记总分类账工作量的有(　　)。
A. 汇总记账凭证账务处理程序　　B. 科目汇总表账务处理程序
C. 多栏式日记账账务处理程序　　D. 日记总账账务处理程序

2. 在汇总记账凭证账务处理程序下，对于平时所编的转账凭证上的科目对应关系应保持（　　）。

A. 一借一贷　　B. 一借多贷

C. 多借多贷　　D. 多借一贷

3. 对于规模大的企业来说，登记总分类账工作量较大的账务处理程序是（　　）。

A. 记账凭证账务处理程序　　B. 汇总记账凭证账务处理程序

C. 科目汇总表账务处理程序　　D. 通用日记账账务处理程序

4. 在各种账务处理程序下，明细分类账登记的依据有（　　）。

A. 记账凭证　　B. 普通日记账

C. 汇总原始凭证　　D. 汇总记账凭证

E. 科目汇总表

5. 科学、适用的账务处理程序能够（　　）。

A. 保证会计核算资料的正确、完整以及资料提供的及时

B. 提高会计工作的质量和效率

C. 节约人力、物力

D. 适应经济活动的特点

E. 减轻会计人员的工作量

6. 账务处理程序的设计原则（　　）。

A. 适合本单位实际情况

B. 为会计信息使用者提供有助于决策的信息

C. 力求简化核算手续

D. 所有经济业务都必须进行登记

7. 下列属于我国经济单位采用的账务处理程序的有（　　）。

A. 记账凭证账务处理程序　　B. 科目汇总表账务处理程序

C. 汇总记账凭证账务处理程序　　D. 通用日记账账务处理程序

8. 记账凭证账务处理程序的优点有（　　）。

A. 总分类账较详细　　B. 减轻了登记总分类账的工作量

C. 简单明了　　D. 便于了解账户之间的对应关系

9. 科目汇总表账务处理程序的优点有（　　）。

A. 简明易懂　　B. 可做到试算平衡

C. 减轻了登记总分类账的工作量　　D. 便于查对账目

10. 各种账务处理程序的相同之处表现在（　　）。

A. 根据原始凭证编制汇总原始凭证

B. 根据原始凭证或原始凭证汇总表登记明细账

C. 根据总账和明细账的记录编制财务报表

D. 根据各种记账凭证和有关的原始凭证或原始凭证汇总表登记明细账

# 第13章　会计工作组织

## 13.1　内容简介

会计工作组织是指如何安排、协调和管理本单位的会计工作。会计机构和会计人员是会计工作系统运行的必要条件，而会计法规是保证会计工作系统正常运行的必要的约束机制。本章包括以下内容：①会计工作组织的意义、原则与形式；②会计机构的设置；③会计人员的任职资格与岗位职责；④会计工作交接与档案管理规定；⑤会计电算化的意义与电算化会计信息系统的构成。

### 13.1.1　会计工作组织概述

会计工作组织的意义、原则和形式如表13.1所示。

表13.1　会计工作组织的意义、原则和形式

| | 要点 |
|---|---|
| 意义 | 1.为会计工作的顺利开展与有效进行提供前提条件<br>2.有利于保证会计工作质量，提高会计工作效率<br>3.有利于确保会计工作与其他经济管理工作的协调<br>4.有利于充分发挥会计监督的作用 |
| 原则 | 1.按照国家对会计工作的统一要求组织会计工作<br>2.从实际出发，适合各单位经营管理的需要<br>3.会计工作要与业务工作相融合<br>4.在保证会计工作质量的前提下，讲求工作效率，节约工作时间和费用 |
| 形式 | 1.独立核算和非独立核算<br>2.集中核算和非集中核算 |

### 13.1.2　会计机构

会计机构是指各单位办理会计业务的职能部门。一般来说，企业应单独设置会计机构。规模较小、业务和人员都不多的单位，可以不单独设置会计机构，而将会计业务并入其他机构，或委托中介机构代理记账。不单独设置会计机构的单位应在有关机构中配备会计人员并指定会计主管人员。国务院财政部门是主管全国会计工作的机构，县级以上各级地方人民政府部门是主管本行政区域内会计工作的机构。

会计机构的总体任务是：有效地进行会计核算；进行合理的会计监督；制定本单位的会计制度、会计政策；参与本单位的各种计划的制订，并考核计划的执行情况。

会计机构的具体任务是：制订财务成本的预算或计划，负责企业资金的筹措、使用与分配；直接参与企业有关重大问题的决策；执行并有权要求全体职工执行财务计划、财务会计制度，遵守和维护财经纪律；对日常经济业务进行会计核算，提供会计资料和财务会计报告；对企业经济活动进行分析、评价；检查资产的利用情况，防止损失、浪费和违法乱纪行为的发生等。

会计机构应建立内部稽核制度、内部牵制制度和岗位责任制。

### 13.1.3 会计人员

会计人员是直接从事会计工作的人员，包括一般会计人员、单位会计机构负责人和总会计师。会计人员的任职资格、岗位职责、专业技术职务和法律责任如表 13.2、表 13.3 和表 13.4 所示。

表 13.2 会计人员的任职资格与岗位职责

| 会计人员 | 任职资格 | 岗位职责 |
|---|---|---|
| 一般会计人员 | 具备从事会计工作所需要的专业能力 | 1. 遵守国家和本单位各项财经规定，保证资金预算的正常实施；<br>2. 按照会计制度和本单位的有关规定进行会计核算；<br>3. 定期上报相关的报表；<br>4. 定期进行会计分析，提供财务分析数据 |
| 单位会计机构负责人 | 1. 坚持原则，廉洁奉公；<br>2. 具备会计师以上专业技术职务资格或者从事会计工作 3 年以上经历；<br>3. 熟悉国家财经法律、法规、规章和方针、政策，掌握本行业业务管理的有关知识；<br>4. 有较强的组织能力；<br>5. 身体状况能够适应本职工作的要求 | 1. 保证本单位会计核算的全面、及时和准确，提供有效的管理会计依据，负责编制财务可行性分析报告，并负责预、决算方案的编制；<br>2. 保证各项上缴税金的合理性，依法及时上缴各种税金，杜绝罚没性支出；<br>3. 保证本单位资产的安全性，合理使用资金，保护本单位利益不受侵害，杜绝资产的内部跑漏现象；<br>4. 保证为有关部门和人员提供快捷、有效的财务服务；<br>5. 负责会计凭证和会计报表的审核 |
| 总会计师 | 1. 坚持社会主义方向，积极为社会主义市场经济建设和改革开放服务；<br>2. 坚持原则、廉洁奉公；<br>3. 取得会计师专业技术资格后，主管一个单位或者单位内部一个重要方面的财务会计工作的时间不少于 3 年；<br>4. 要有较高的理论政策水平，熟悉国家财经纪律、法规、方针和政策，掌握现代化管理的有关知识<br>5. 具备本行业的基本业务知识，熟悉行业情况，有较强的组织领导能力<br>6. 身体健康，能胜任本职工作 | 1. 编制和执行预算、财务计划、信贷计划，拟定资金筹措和使用方案；<br>2. 进行成本费用预测、计划、控制、预算、分析和考核，督促本单位有关部门降低消耗，节约费用，提高经济效益；<br>3. 建立、健全经济核算制度，利用财务会计资料进行经济活动分析；<br>4. 承办单位主要行政领导人交办的其他工作；<br>5. 负责财会机构的设置和会计人员的配备、会计专业职务的设置，提出聘任方案；<br>6. 组织会计人员的业务培训和考核；<br>7. 支持会计人员依法行使职权；<br>8. 协助单位主要行政领导人对生产经营、业务发展以及基建投资等问题做出决策；<br>9. 参与新产品、技术改造、科技研究、商品（劳务）、价格和工资奖金等方案的制定 |

表13.3　会计人员专业技术职务

| 会计职称 | 任职基本条件 | 职称考试 |
| --- | --- | --- |
| 会计员 | 1.初步掌握财务会计知识和技能；<br>2.熟悉并能遵照执行有关会计法规和财务会计制度；<br>3.能担负一个岗位的财务会计工作；<br>4.大学专科或中等专业学校毕业，在财务会计工作岗位上见习1年期满 | 无须考试 |
| 初级职称 | 1.掌握一般的财务会计基础理论和专业知识；<br>2.熟悉并能正确执行有关财经方针、政策和财务会计法规、制度；<br>3.能担负一个方面或某个重要岗位的工作；<br>4.取得硕士学位或其他相应学位，具备履行助理会计师职责的能力；或大学本科毕业，在会计岗位上见习1年期满；或大学专科毕业并担任会计员2年以上；或中等专业学校毕业并担任会计员4年以上；<br>5.通过初级会计职称考试 | 初级会计职称考试由全国统一组织、统一考试时间、统一考试大纲、统一考试命题、统一合格标准，原则上每年举行一次。<br>1.报名条件：具备参加会计职称考试的三个基本条件(坚持原则，具备良好的职业道德品质；认真执行《会计法》和国家统一的会计制度以及有关财经法律、法规、规章制度，无严重违反财经纪律的行为；履行岗位职责，热爱本职工作)；具备教育部门认可的高中以上学历<br>2.考试科目：初级会计实务和经济法基础，必须在一个考试年度全部通过。实行无纸化考试，两个科目连续考试，分别计算考试成绩 |
| 中级职称 | 1.较系统地掌握财务会计的基础理论和专业知识；<br>2.掌握并能正确贯彻执行有关财经方针、政策和财务会计法规、制度；<br>3.具有一定的工作经验，能担任一个单位或管理一个地区、一个部门、一个系统某个方面的财务会计工作；<br>4.取得博士学位，并具有履行会计师职责的能力；或取得硕士学位并担任助理会计师2年左右；或取得第二学位或研究生结业证书并担任助理会计师2～3年；或大学本科、大学专科毕业并担任助理会计师4年以上；<br>5.掌握一门外语；<br>6.通过会计师专业技术职务考试 | 1.报名条件：具备参加会计职称考试的三个基本条件；满足中级会计职称的前5项任职基本条件<br>2.考试科目：财务管理、经济法和中级会计实务，必须在连续的两个考试年度内全部通过。实行无纸化考试 |
| 高级职称 | 1.较系统地掌握经济、财务会计理论和专业知识；<br>2.具有较高的政策水平和丰富的财务会计工作经验；<br>3.能担负一个地区、一个部门或一个系统的财务会计管理工作；<br>4.取得博士学位并担任会计师2～3年；或取得硕士学位、第二学位、研究生结业证书；或大学本科毕业并担任会计师5年以上；<br>5.较熟练地掌握一门外语 | 各地要求不一<br>通过高级会计实务考试和评审<br>高级会计实务考试也实行无纸化考试，题型主要为案例分析 |

表 13.4　会计人员的法律责任

| 情形 | 违规违法行为 | 法律责任 |
|---|---|---|
| 情形 1 | 提供虚假财务会计报告，做假账，隐匿或者故意销毁会计凭证、会计账簿、财务会计报告，贪污，挪用公款，职务侵占，等等 | 对与会计职务的有关违法行为追究刑事责任，不得再从事会计工作 |
| 情形 2 | ①不依法设置会计账簿；②私设会计账簿；③未按照规定填制、取得原始凭证或者填制、取得的原始凭证不符合规定；④以未经审核的会计凭证为依据登记会计账簿或者登记会计账簿不符合规定；⑤随意变更会计处理方法；⑥向不同的会计资料使用者提供的财务会计报告的编制依据不一致；⑦未按照规定使用会计记录文字或者记账本位币；⑧未按照规定保管会计资料，致使会计资料毁损、灭失；⑨未按照规定建立并实施单位内部会计监督制度或者拒绝依法实施的监督或者不如实提供有关会计资料及有关情况；⑩任用会计人员不符合《会计法》规定 | 构成犯罪的，依法追究刑事责任；未构成犯罪但情节严重的，5 年内不得从事会计工作 |
| 情形 3 | ①伪造、变造会计凭证、会计账簿，编制虚假财务会计报告；②隐匿或者故意销毁依法应当保存的会计凭证、会计账簿、财务会计报告 | 构成犯罪的，依法追究刑事责任；未构成犯罪但情节严重的，5 年内不得从事会计工作 |

我国的《会计专业技术人员继续教育规定》(2018)对会计人员继续教育做了具体规定，表 13.5 归纳了若干要点。

表 13.5　会计人员继续教育规定的要点

| | 内容 |
|---|---|
| 继续教育的对象及开始时间 | 对象：所有会计工作人员(无论是否有专业技术资格)<br>开始时间：取得会计专业技术资格的次年或从事会计工作的次年 |
| 内容与形式 | 内容：公需科目和专业科目<br>1. 公需科目：应当普遍掌握的法律法规、政策理论、职业道德、技术信息等基本知识。<br>2. 专业科目：应当掌握的财务会计、管理会计、财务管理、内部控制与风险管理、会计信息化、会计职业道德、财税金融、会计法律法规等相关专业知识。<br>形式：<br>1. 继续教育管理部门组织的会计专业技术人员继续教育培训、高端会计人才培训、全国会计专业技术资格考试等会计相关考试、会计类专业会议等。<br>2. 会计继续教育机构或用人单位组织的会计专业技术人员继续教育培训。<br>3. 国家教育行政主管部门承认的中专及以上会计类专业学历(学位)教育。<br>4. 承担继续教育管理部门或行业组织(团体)的会计类研究课题，或在有国内统一刊号(CN)的经济、管理类报刊上发表会计类论文。<br>5. 公开出版会计类书籍。<br>6. 参加注册会计师、资产评估师、税务师等继续教育培训。<br>7. 继续教育管理部门认可的其他形式 |

续表

| | 内容 |
| --- | --- |
| 学分管理 | 每年参加继续教育取得的学分不少于 90 学分。其中专业科目一般不少于总学分的2/3；取得的学分在全国范围内当年度有效，不得结转以后年度。<br>学分折算方法：<br>1.参加全国会计专业技术资格考试等会计相关考试，每通过一科考试或被录取的，折算为 90 学分。<br>2.参加会计类专业会议，每天折算为 10 学分。<br>3.参加国家教育行政主管部门承认的中专及以上会计类专业学历(学位)教育，通过当年度一门学习课程考试或考核的，折算为 90 学分。<br>4.独立承担继续教育管理部门或行业组织(团体)的会计类研究课题，课题结项的，每项研究课题折算为 90 学分；与他人合作完成的，每项研究课题的课题主持人折算为 90 学分，其他参与人每人折算为 60 学分。<br>5.独立在有国内统一刊号(CN)的经济、管理类报刊上发表会计类论文的，每篇论文折算为 30 学分；与他人合作发表的，每篇论文的第一作者折算为 30 学分，其他作者每人折算为 10 学分。<br>6.独立公开出版会计类书籍的，每本会计类书籍折算为 90 学分；与他人合作出版的，每本会计类书籍的第一作者折算为 90 学分，其他作者每人折算为 60 学分。<br>7.参加其他形式的继续教育，学分计量标准由各省级财政部门、新疆生产建设兵团财政局会同本地区人力资源和社会保障部门、中央主管单位制定 |
| 考核与评价 | 1.用人单位应当建立本单位会计人员继续教育与使用、晋升相衔接的激励机制，将参加继续教育情况作为会计专业技术人员考核评价、岗位聘用的重要依据。<br>2.继续教育管理部门应当加强对会计人员参加继续教育情况的考核与评价，并将考核、评价结果作为参加会计专业技术资格考试或评审、先进会计工作者评选、高端会计人才选拔等的依据之一，并纳入其信用信息档案。对未按规定参加继续教育或者参加继续教育未取得规定学分的会计专业技术人员，继续教育管理部门应当责令其限期改正。<br>3.继续教育管理部门应当依法对会计继续教育机构、用人单位执行本规定的情况进行监督，定期组织或者委托第三方评估机构对所在地会计继续教育机构进行教学质量评估，评估结果作为承担下年度继续教育任务的重要参考 |

## 13.1.4　会计工作交接与会计档案管理

### 13.1.4.1　会计工作交接

会计工作交接是指会计人员工作调动或者因故离职时，与接替人员办理交接手续的一种工作程序。做好交接工作，可以保证会计工作的连续性，防止因会计人员变动而发生业务不清、工作混乱的现象，是划清移交方与接替方责任的有效措施。会计工作交接的要点如表 13.6 所示。

**表 13.6　会计工作交接的要点**

| 要点 | 内容 |
| --- | --- |
| 交接前准备工作 | 1.已经受理的经济业务尚未填制会计凭证的，应当填制完毕。<br>2.尚未登记的账目，应当登记完毕，并加盖经办人员印章。<br>3.整理应该移交的各项资料，对未了事项写出书面材料。<br>4.编制移交清册，列明相关会计资料和物品。<br>5.会计机构负责人移交时，应将财务会计工作、重大财务收支问题和会计人员等情况等向接替人员介绍清楚 |

续表

| 要点 | 内容 |
|---|---|
| 移交点收 | 1. 对于现金要根据账簿记录余额进行当面点交，不得短缺。<br>2. 有价证券的数量要与会计账簿记录一致。<br>3. 会计凭证、账簿、财务会计报告和其他会计资料必须完整无缺，不得遗漏。如有短缺，必须查清原因，并在移交清册中加以说明，由移交人负责。<br>4. 银行存款账户余额要与银行对账单核对相符，如有未达账项，应编制银行存款余额调节表调节至相符；各种财产物资和债权、债务的明细账户余额要与总账有关账户的余额核对相符；对重要实物进行实地盘点，对于余额较大的往来账户，要与往来单位、个人核对。<br>5. 公章、收据、空白支票、发票、科目印章以及其他物品等必须交接清楚。<br>6. 移交电子会计档案时将电子会计档案及其元数据一并移交，且文件格式应当符合国家档案管理的有关规定；特殊格式的电子会计档案应当与其读取平台一并移交。单位档案管理机构接收电子会计档案时，应当对电子会计档案的准确性、完整性、可用性、安全性进行检测，符合要求的才能接收 |
| 专人监交 | 1. 一般会计人员办理交接手续，由会计机构负责人监交。<br>2. 会计机构负责人办理交接手续，由单位负责人监交，必要时主管单位可以派人会同监交 |
| 交交接后的有关事宜 | 1. 交接完毕后，交接双方和监交人在移交清册上签名或盖章，并应在移交清册上注明单位名称，交接日期，交接双方和监交人的职务、姓名，移交清册页数以及需要说明的问题和意见，等等。<br>2. 接替人员应继续使用移交前的账簿，不得擅自另立账簿，以保证会计记录前后衔接、内容完整。<br>3. 移交清册一式三份，交接双方各执一份，存档一份 |

#### 13.1.4.2 会计档案管理

会计档案管理的要点如表 13.7 表示。

表 13.7　会计档案管理的要点

| 要点 | 内容 |
|---|---|
| 定义 | 会计档案是指单位在进行会计核算的过程中接收或形成的，记录和反映单位经济业务事项的，具有保存价值的文字、图表等各种形式的会计资料，包括通过计算机等电子设备形成、传输和存储的电子会计档案 |
| 构成 | 会计凭证、会计账簿、会计报表以及其他会计核算资料 |
| 介质 | 纸质档案和电子档案。除了传统的纸质档案，单位可以利用计算机、网络通信等信息技术手段管理会计档案。满足一定条件，单位内部形成的属于归档范围的电子会计资料可仅以电子形式保存(即不再打印纸质资料归档保存)，形成电子会计档案 |
| 会计机构保管时间 | 单位的会计机构负责定期将会计档案整理立卷，编制会计档案保管清册。<br>当年形成的会计档案，在会计年度终了后，可由单位会计机构临时保管 1 年，再移交单位档案管理机构保管。因工作需要确需推迟移交的，经单位档案管理机构同意，单位会计机构临时保管会计档案最长不超过 3 年 |

续表

| 要点 | 内容 |
| --- | --- |
| 借阅 | 1.单位保存的会计档案一般不得外借。确因工作需要且必须借出的，应当严格按照规定办理相关手续。<br>2.外部借阅会计档案时，应持有单位正式介绍信，经会计主管人员或单位领导人批准后办理借阅手续；单位内部人员借阅会计档案，经会计主管人员或单位领导人批准后办理借阅手续。借阅人应认真填写档案借阅登记簿，将借阅人姓名、单位、日期、数量、内容、归期等情况登记清楚。<br>3.借阅会计档案的人员不得在案卷中乱画、标记，拆散原卷册，也不得涂改、抽换、携带外出或复制原件（如有特殊情况，须经领导批准后方能携带外出或复制原件）。<br>4.借出的会计档案，会计档案管理人员要按期如数收回，并办理注销借阅手续 |
| 保管期限 | 会计档案的保管期限，从会计年度终了后的第一天算起。会计档案包括定期性和永久性两类，定期保管期限分为 10 年和 30 年。<br>1.保管期限为 10 年的会计档案：月度、季度、半年度财务会计报告，银行存款余额调节表，银行对账单，纳税申报表<br>2.保管期限为 30 年的会计档案：原始凭证、记账凭证、总账、明细账（特殊：固定资产卡片报废清理后保管 5 年）、日记账、其他辅助性账簿、会计档案移交清册<br>3.永久保管的会计档案：年度财务会计报告、会计档案保管清册、会计档案销毁清册、会计档案鉴定意见书 |
| 鉴定意见书 | 1.定期对已到保管期限的会计档案进行鉴定，并形成会计档案鉴定意见书。<br>2.经鉴定，仍需继续保存的会计档案，应当重新划定保管期限。<br>3.保管期满，确无保存价值的会计档案，可以销毁。<br>4.会计档案鉴定工作应当由单位档案管理机构牵头，组织单位会计、审计、纪检监察等机构或人员共同参与 |
| 监销 | 1.单位档案管理机构编制会计档案销毁清册，列明拟销毁会计档案的名称、卷号、册数、起止年度、档案编号、应保管期限、已保管期限和销毁时间等内容。<br>2.单位负责人、档案管理机构负责人、会计管理机构负责人、档案管理机构经办人、会计管理机构经办人在会计档案销毁清册上签署意见。<br>3.单位档案管理机构负责组织会计档案销毁工作，并与会计管理机构共同派员监销。监销人在会计档案销毁前，应当按照会计档案销毁清册所列内容进行清点核对；在会计档案销毁后，应当在会计档案销毁清册上签名或盖章。<br>4.电子会计档案的销毁还应当符合国家有关电子档案的规定，并由单位档案管理机构、会计管理机构和信息系统管理机构共同派员监销。<br>5.保管期满但未结清的债权、债务会计凭证和涉及其他未了事项的会计凭证不得销毁，纸质会计档案应当单独抽出立卷，电子会计档案单独转存，保管到未了事项完结时为止 |

## 13.1.5　会计电算化

### 13.1.5.1　概念与意义

会计电算化是把电子计算机和现代数据处理技术应用到会计工作中的简称，是用电子计算机代替人工记账、算账和报账，以及部分代替人脑完成对会计信息的分析、预测、决策的过程，其目的是提高企业财会管理水平和经济效益，从而实现会计工作的现代化。会计电算化对于提高会计核算工作效率、拓展会计数据的领域、促进会计职能的进一步发挥等来说意义重大。

#### 13.1.5.2 电算化会计信息系统的构成

电算化会计信息系统由计算机硬件、软件、会计人员和会计信息系统运行规程等几个方面构成。其中会计软件是指企业使用的，专门用于会计核算、财务管理的计算机软件、软件系统或者其功能模块。会计软件的功能主要是为会计核算、财务管理采集数据，生成会计凭证、账簿、报表等会计资料，对会计资料进行转换、输出、分析、利用。我国的《企业会计信息化工作规范》对会计软件提出了非常严格和详细的要求。

企业配备会计软件，可以选择购买、定制开发、购买与开发相结合等方式，其中定制开发包括企业自行开发、委托外部单位开发、企业与外部单位联合开发。

#### 13.1.5.3 电算化会计与传统手工会计的联系和区别

1. 电算化会计与传统手工会计的联系

(1)目标一致。两者都对企业的经济业务进行记录和核算，最终目标都是加强经营管理，提供会计信息，参与经营决策，提高企业经济效益。

(2)采用的基本会计理论与方法一致。两者都要遵循基本的会计理论和方法，都采用复式记账原理。

(3)坚守准则一致。两者都要遵守会计和财务制度以及国家的各项财经法纪，严格贯彻执行会计法规，从措施、技术、制度上堵塞各种可能的漏洞，消除弊端，防止舞弊。

(4)系统的基本功能相同。两者都具备信息的采集输入、存储、加工处理、传输和输出五项功能。

(5)都需要保存会计档案。作为会计信息系统的输出，会计信息档案必须被妥善保存，以便查询。

(6)编制会计报表的要求相同。两者都要编制会计报表，并且都必须按国家要求编制企业外部报表。

2. 电算化会计与传统手工会计的区别

表13.8归纳了电算化会计与传统手工会计的区别。

**表13.8 电算化会计与传统手工会计的区别**

| 不同点 | 电算化会计 | 传统手工会计 |
| --- | --- | --- |
| 初始化设置工作程序不同 | 初始化设置工作较为复杂，包括会计系统的安装，账套的设置，网络用户权限的设置，操作员及权限的设置，软件运行环境的设置，科目级别与位长的设置，会计科目及其代码的建立，明细科目初始余额的输入，凭证类型设置，自动转账分录定义，会计报表名称、格式、数据来源公式的确定等 | 初始化工作包括建立会计科目、开设总账、登录余额等 |
| 科目的设置和使用不同 | 计算机可以处理各种复杂的工作，科目的级数和位长设置因不同的软件而异，完全满足了会计明细核算方面的需要。科目的设置上除设置中文科目外，还设置科目代码。使用科目时，只要求用户输入科目代码，但在打印时，同时显示中文科目和对应的科目代码 | 由于手工核算的限制，手工会计将账户分为总账和明细账，明细账大多仅设到三级账户；科目的设置和使用一般都仅限于中文科目 |

续表

| 不同点 | 电算化会计 | 传统手工会计 |
| --- | --- | --- |
| 会计核算程序不同 | 只需人工输入会计凭证数据，不需输入各种账簿数据，系统直接输出各种会计报表，对账和结账也相对简单 | 会计核算程序为填制原始凭证、编制记账凭证、登记各种账簿、编制会计报表以及对账与结账，都由人工完成，程序比较复杂 |
| 更正错账的方法不同 | 不存在划线更正和红字更正的情况。凭证科目或数额不正确时，可以放弃记账凭证，重新填制。如果记账以后发现记账凭证错误，则先取消记账，再将原凭证作废，然后再进行整理 | 账簿记录出现错误时通常用划线更正法、红字更正法或补充登记法按规定更正差错 |
| 账务处理程序不同 | 在电算化会计中，一般要根据文件的设置来确定账务处理程序，常用的是日记账文件核算形式和凭证文件核算形式。在一个计算机会计系统中，通常只采用其中一种核算形式，对数据进行集中收集、统一处理，实现数据共享 | 手工会计可采用记账凭证账务处理程序、科目汇总表账务处理程序、汇总记账凭证账务处理程序等，对业务数据采用了分散收集、分散处理、重复登记的操作方法，通过多人员、多环节内部牵制和相互核对，减少舞弊和差错 |
| 账簿格式不同 | 在电算化会计中，不太可能打印订本式账簿。所有的账页可按活页式打印后装订成册；满足一定条件，则不需打印纸质账簿，可仅以电子形式保存 | 账簿的格式分为订本式、活页式和卡片式三种，并且现金日记账、银行存款日记账和总账必须采用订本式账簿 |

## 13.2 重难点分析

(1)会计工作组织的集中核算与非集中核算。集中核算是将企业的主要会计工作都集中在企业会计机构内进行。企业内部的各部门、各单位一般不进行单独核算，只是对所发生的经济业务进行原始记录，开展原始凭证的取得、填制、审核和汇总工作，并定期将这些资料报送企业会计部门，由其进行总分类核算和明细分类核算。非集中核算又称为分散核算，就是企业的内部单位对所发生的经济业务进行的比较全面的会计核算。如在工业企业里，车间设置成本明细账，登记本车间发生的生产成本并计算出所完成产品的车间成本，厂部会计部门只根据车间报送的资料进行产品成本的总分类核算。

(2)会计机构的内部稽核制度和内部牵制制度。两者都是会计机构内部控制和检查的方法。会计机构的内部稽核制度是指各单位应指定专人或兼职人员对本单位的会计事项进行查对审核的制度，其内容包括对会计凭证、账簿、报表及其他资料的稽核。内部牵制制度是指每项业务必须由两个或两个以上人员或部门共同办理的各项规程、组织措施和工作方法，其核心内容是不相容职务的分离与牵制。

(3)会计人员的职责。一般会计人员、单位会计机构负责人以及总会计师各有不同的会计职责。

(4)会计人员的法律责任。会计人员不同程度地违规违法，需要承担不同的法律责任。做出与会计职务有关的违法行为且被依法追究刑事责任的人员，永远不得再从事会计工作；不构成犯罪但情节严重的，5年内不得从事会计工作。

(5)会计档案管理涉及多个方面的内容，包括会计档案的作用与内容、电子会计档案、会计档案保管等，需要全面了解和掌握。

## 13.3 学习提示

(1)学习最新修订的《中华人民共和国会计法》。

(2)学习《会计档案管理办法》《会计基础工作规范》《会计专业技术人员继续教育规定》和《企业会计信息化工作规范》等会计政策与规范。

## 习　题

**一、讨论题**

1. 为什么我国《会计法》规定，由财政部门主管会计工作？
2. 总会计师的职责是什么？
3. 会计机构负责人的任职资格是什么？
4. 会计机构、会计人员的基本职责是什么？
5. 各层次会计职称考试的报名条件是什么？
6. 如何理解会计人员的专业能力？
7. 我国对会计人员继续教育有哪些规定？
8. 会计工作交接的内容有哪些？
9. 我国《会计档案管理办法》对会计档案的保管和监销有哪些规定？
10. 手工会计与电算化会计有何区别？

**二、判断题**

1. 按照《会计法》的规定，国务院财政部门主管全国的会计工作，省级以上地方各级人民政府财政部门管理本行政区域内的会计工作。（　　）
2. 集中核算就是指整个企业的主要会计工作都集中在企业会计机构进行。（　　）
3. 非独立核算单位一般不设置专门的会计机构，也不需要配备专职会计人员。（　　）
4. 单位内部形成的属于归档范围的电子会计资料，必须同时打印纸质版归档保存。（　　）

5. 按内部牵制制度要求，凡经济活动中涉及财物和货币资金的收付、结算及登记的任何一项工作，都应由两人以上掌管，以相互牵制，防止差错。 （　）

6. 总会计师是会计机构负责人，协助单位负责人工作，直接对单位负责人负责。 （　）

7. 企业配备会计软件，一般采用定制开发的形式。 （　）

8. 会计交接工作完成后，如果接替人员在交接时因疏忽没有发现所接会计资料存在的问题，事后发现的，应由接替人员负责。 （　）

9. 会计人员每年参加继续教育取得的学分不少于90学分，其中专业科目一般不少于50学分。 （　）

10. 电子会计档案移交时应当将电子会计档案及其元数据一并移交，特殊格式的电子会计档案应当与其读取平台一并移交。 （　）

11. 会计人员参加继续教育取得的学分，在全国范围内有效，并且可以结转以后年度。 （　）

12. 出纳人员不得兼任稽核、会计档案保管和收入、支出、费用、债权、债务账目的登记工作。 （　）

**三、单项选择题**

1. 不设置会计机构的企业应当配备会计人员，并指定会计主管人员。在这里，会计主管人员相当于单独设置会计机构的企业中的（　）。

A. 会计机构负责人　　B. 主管会计

C. 总会计师　　D. 记账人员

2. （　）岗位不属于会计岗位。

A. 出纳　　B. 工资核算

C. 成本核算　　D. 内部审计

3. 按照内部牵制制度的要求，会计机构中保管会计档案的人员，不得由（　）兼任。

A. 会计人员　　B. 会计机构负责人

C. 出纳人员　　D. 会计主管人员

4. 会计机构负责人的任职资格中，对专业技术资格和工作经历的要求（　）。

A. 具备高级会计师专业技术职务资格

B. 具备会计师以上专业技术职务资格

C. 具备会计师以上专业技术职务资格或者从事会计工作3年以上经历

D. 具备助理会计师以上专业技术职务资格或者从事会计工作3年以上经历

5. 在大中型企业中，领导和组织企业会计工作和经济核算工作的是（　）。

A. 厂长　　B. 注册会计师

C. 高级会计师　　D. 总会计师

6. 其他单位因特殊原因需要使用原始凭证，经本单位负责人批准后（　）。

A. 一律不得借出　　B. 只能查阅，不能复制

C. 不可查阅或复制　　D. 可以查阅或复制

7. 下列会计资料中不属于会计档案的是（　）。

A. 记账凭证　　B. 会计移交清册

C. 年度财务计划　　D. 银行对账单

8. 企业年度财务报告的保管期限为（　　）。

A. 10 年　　B. 15 年

C. 30 年　　D. 永久

9. 定期保管的会计档案期限最长为（　　）。

A. 15 年　　B. 25 年

C. 30 年　　D. 永久

10. 下列项目中不属于内部牵制制度原则的是（　　）。

A. 机构分离、相互控制原则

B. 不相容职务分离原则

C. 会计机构内部指定专人分别登记总账、明细账

D. 钱账分离原则

11. 下列会计资料中保管期限不是 30 年的是（　　）。

A. 银行存款日记账　　B. 会计档案鉴定意见书

C. 原始凭证　　D. 辅助性账簿

12. 企业销毁经鉴定可以销毁的会计档案时，通常由（　　）。

A. 本单位档案管理机构负责，并与会计管理机构共同派员监销

B. 本单位会计管理机构负责，并与档案管理机构共同派员监销

C. 同级财政部门负责

D. 同级财政部门和审计部门负责

13. 当年形成的会计档案，在会计年度终了后，经单位档案管理机构同意，由单位会计管理机构临时保管的期限最长为（　　）。

A. 1 年　　B. 2 年

C. 3 年　　D. 5 年

14. 下列不属于会计人员专业技术职务的是（　　）。

A. 会计师　　B. 注册会计师

C. 助理会计师　　D. 高级会计师

15. 会计专业技术人员参加继续教育的情况，一般不作为（　　）的依据。

A. 职业道德评价　　B. 考核评价

C. 岗位聘用　　D. 申报评定上一级资格

16. 会计人员参加继续教育并取得学分的形式灵活多样，但不包括（　　）。

A. 自学会计政策和会计法规

B. 参加会计类专业会议

C. 参加并通过全国会计专业技术资格考试

D. 独立公开出版会计类书籍

17. 会计机构负责人办理会计工作移交时，监交人员应该是（　　）。

A. 继任的会计机构负责人

B. 本单位负责人

C. 本单位内部审计负责人

D. 本级财政部门派的人

18.《企业会计信息化工作规范》对会计软件有诸多的要求，但不包括(　　)。

A. 会计软件应当记录生成用户操作日志

B. 会计软件的界面应当支持中文和外文界面对照和处理

C. 会计软件应当提供符合国家统一会计准则的会计凭证、账簿和报表的显示和打印功能

D. 会计软件应当具有符合国家统一标准的数据接口，满足外部会计监督需要

19. 下列有关手工会计与电算化会计区别的说法中错误的是(　　)。

A. 初始化设置不同

B. 更正错账的方法不同

C. 账簿格式不同

D. 系统的基本功能不同

20. 下列会计档案中保管期限不属于永久的是(　　)。

A. 会计档案销毁清册

B. 年度财务会计报告

C. 会计档案移交清册

D. 会计档案保管清册

**四、多项选择题**

1. 下列事项中应集中在企业会计部门的是(　　)。

A. 现金收付

B. 银行存款收付

C. 生产车间成本明细核算

D. 应收和应付款项结算

2. 下列属于会计机构任务的有(　　)。

A. 会计核算

B. 会计监督

C. 制定会计政策

D. 参与财务计划制订

3. 下列属于会计机构内部稽核工作的有(　　)。

A. 出纳人员不得兼管债权、债务账目登记

B. 会计凭证的编制、审核、登记、归档保管等工作不得由同一个人完成

C. 记账凭证编制完成后，由专人查对审核

D. 会计报表编制完成后，由专人查对审核

4. 下列属于会计工作岗位的有(　　)。

A. 会计主管　　　　B. 会计稽核

C. 出纳　　　　D. 工资核算

5. 下列属于会计机构内部牵制工作的有(　　)。

A. 出纳人员不得兼管会计档案

B. 出纳员、程序编制人员不得兼管电算化会计录入工作

C. 出纳以外的会计人员不得经管现金、有价证券和票据

D. 会计主管人员不得兼任出纳工作

6. 下列说法中正确的有(　　)。

A. 会计人员对违反制度、法令的事项,只要拒绝执行,就不负连带责任

B. 会计人员有权监督、检查本单位有关部门的财务收支、资金使用和财产保管情况

C. 会计人员对超出本单位或部门预算的费用和成本支出,有权暂停付款

D. 会计人员对违反国家政策、法规和公司财经纪律的事项,有权拒绝报销

7. 会计人员的下列哪些行为,情节严重,构成犯罪的,依法追究刑事责任;未构成犯罪但情节严重的,5 年内不得从事会计工作?(　　)

A. 未按照规定使用会计记录文字或者记账本位币

B. 私设会计账簿

C. 贪污和挪用公款

D. 随意变更会计处理方法

8. 需满足下列哪些基本条件,才能报名参加全国统一的会计职称考试?(　　)

A. 在财务会计工作岗位上见习 1 年期满

B. 坚持原则,具备良好的职业道德品质

C. 无严重违反财经纪律的行为

D. 履行岗位职责,热爱本职工作

9. 会计专业技术人员继续教育的内容包括(　　)。

A. 专业科目　　B. 技术科目

C. 法规科目　　D. 公需科目

10. 下列有关会计专业技术人员继续教育学分折算的说法中哪些是正确的?(　　)

A. 作为第二作者公开出版会计类书籍的,每本会计类书籍折算为 30 学分

B. 作为第一作者在有国内统一刊号的经济管理类报刊上发表会计类论文的,每篇论文折算为 10 学分

C. 参加全国会计专业技术资格考试等会计相关考试,每通过一科考试或被录取的,折算为 90 学分

D. 参加会计类专业会议,每天折算为 10 学分

11. 下列关于会计工作交接的说法中哪些是正确的?(　　)

A. 临时离职不能继续原会计工作时,须由会计机构负责人指定专人接替或者代理。

B. 移交人员因病不能亲自办理移交手续的,可自行指定他人代为移交办理。

C. 移交人员在办理会计工作移交时,要按会计档案移交清册逐项移交

D. 会计机构负责人办理工作交接时,必须由单位负责人监交,必要时主管单位可以派人会同监交

12. 下列属于会计档案的有(　　)。

A. 银行对账单

B. 纳税申报表

C. 辅助性账簿

D. 主要财务指标快报

13. 下列会计档案中保管期限为 30 年的有(　　)。

A. 现金日记账
B. 会计档案移交清册
C. 原始凭证
D. 会计档案鉴定意见书

14. 下列会计档案中保管期限为 10 年的有(　　)。
A. 明细账
B. 纳税申报表
C. 月度财务会计报告
D. 固定资产卡片

15. 电算化会计与手工会计的差异在于(　　)。
A. 编制报表要求
B. 会计档案保管年限
C. 更正错账的方法
D. 会计报表产生方式

# 习题参考答案

## 第 1 章

一、讨论题(略)

二、判断题

| 1 | 2 | 3 | 4 | 5 | 6 | 7 | 8 | 9 | 10 |
|---|---|---|---|---|---|---|---|---|---|
| √ | × | √ | × | √ | × | × | √ | × | × |
| 11 | 12 | 13 | 14 | 15 | 16 | 17 | 18 | | |
| √ | × | √ | × | × | √ | √ | × | | |

三、单项选择题

| 1 | 2 | 3 | 4 | 5 | 6 | 7 | 8 | 9 | 10 |
|---|---|---|---|---|---|---|---|---|---|
| B | D | C | A | B | A | D | C | A | D |
| 11 | 12 | 13 | 14 | 15 | 16 | 17 | | | |
| C | A | C | B | B | A | B | | | |

四、综合思考题(略)

## 第 2 章

一、讨论题(略)

二、判断题

| 1 | 2 | 3 | 4 | 5 | 6 | 7 | 8 | 9 | 10 |
|---|---|---|---|---|---|---|---|---|---|
| √ | √ | × | × | √ | × | √ | √ | √ | × |
| 11 | 12 | 13 | 14 | 15 | 16 | 17 | 18 | 19 | 20 |
| × | √ | √ | × | √ | × | × | × | √ | √ |
| 21 | 22 | 23 | 24 | 25 | 26 | 27 | 28 | 29 | 30 |
| √ | √ | √ | × | × | √ | × | √ | × | √ |

## 三、单项选择题

| 1 | 2 | 3 | 4 | 5 | 6 | 7 | 8 | 9 | 10 |
|---|---|---|---|---|---|---|---|---|---|
| B | A | C | D | D | A | A | B | C | B |
| 11 | 12 | 13 | 14 | 15 | 16 | 17 | 18 | 19 | 20 |
| C | A | B | C | D | D | B | B | B | A |
| 21 | 22 | 23 | 24 | 25 | 26 | 27 | 28 | 29 | 30 |
| D | D | D | B | A | C | C | A | A | D |

## 四、多项选择题

| 1 | 2 | 3 | 4 | 5 | 6 | 7 | 8 | 9 | 10 |
|---|---|---|---|---|---|---|---|---|---|
| ABCDE | AD | ABDE | BCE | CE | BCD | ABCDE | ABCE | ABDE | AB |
| 11 | 12 | 13 | 14 | 15 | 16 | 17 | 18 | 19 | 20 |
| AE | ABE | ABCD | ABCDE | ABCD | ABC | BE | ABC | ACE | ABCD |
| 21 | 22 | 23 | 24 | 25 | | | | | |
| ABCE | BDE | ABCD | AB | BE | | | | | |

## 五、业务题

业务题一

表 2.3 资产和负债项目

| 百货公司 | | 乳制品工厂 | | 律师事务所 | |
|---|---|---|---|---|---|
| 资产 | 负债 | 资产 | 负债 | 资产 | 负债 |
| 库存现金 | 应付账款 | 库存现金 | 长期借款 | 库存现金 | 其他应付款 |
| 银行存款 | 应付职工薪酬 | 银行存款 | 应付票据 | 银行存款 | 预收账款 |
| 库存商品 | 短期借款 | 原材料 | 应付利息 | 应收账款 | 应交税费 |
| 固定资产 | | 预付账款 | | 无形资产 | |
| 其他应收款 | | 在建工程 | | 其他应收款 | |
| | | | | | |

业务题二

表 2.4 某企业 11 月 30 日的相关资料

单位:元

| 序号 | 项目内容 | 项目金额 | 资产 | 负债 | 所有者权益 |
|---|---|---|---|---|---|
| 1 | 欠交的税金 | 3 200 | | 3 200 | |
| 2 | 预收的押金 | 48 000 | | 48 000 | |
| 3 | 运输货物用的卡车 | 1 000 000 | 1 000 000 | | |

续表

| 序号 | 项目内容 | 项目金额 | 资产 | 负债 | 所有者权益 |
|---|---|---|---|---|---|
| 4 | 上月未分配的利润 | 160 000 | | | 160 000 |
| 5 | 从利润中提取的盈余公积 | 16 000 | | | 16 000 |
| 6 | 向银行借入的三年期借款 | 2 000 000 | | 2 000 000 | |
| 7 | 存放在库房的完工产品 | 527 200 | 527 200 | | |
| 8 | 房屋建筑物 | 4 500 000 | 4 500 000 | | |
| 9 | 应收的货款 | 350 000 | 350 000 | | |
| 10 | 应付的购货款 | 150 000 | | 150 000 | |
| 11 | 投资者投入的资本 | 4 000 000 | | | 4 000 000 |
| | 合计 | | 6 377 200 | 2 201 200 | 4 176 000 |

业务题三

**表 2.5　某企业资产、负债和所有者权益的相关资料**　　单位:元

| 资料内容 | 资产 | 负债 | 所有者权益 |
|---|---|---|---|
| 仓库里存放的商品 240 000 元 | 240 000 | | |
| 出纳保险箱里的现金 15 000 元 | 15 000 | | |
| 应付给 A 公司的货款 32 000 元 | | 32 000 | |
| 存在银行的款项 380 000 元 | 380 000 | | |
| 投资者投入的资本 600 000 元 | | | 600 000 |
| 运输用的汽车等交通工具 270 000 元 | 270 000 | | |
| 以前年度积累的未分配利润 560 000 元 | | | 560 000 |
| 办公用的房屋建筑物 460 000 元 | 460 000 | | |
| 从银行借入的三年期贷款 350 000 元 | | 350 000 | |
| 预收 B 公司的购货款 60 000 元 | | 60 000 | |
| 采购人员预支的差旅费 4 000 元 | 4 000 | | |
| 欠交的税金 31 900 元 | | 31 900 | |
| 拥有的非专利技术价值 50 000 元 | 50 000 | | |
| 向 C 公司投入的 200 000 元 | 200 000 | | |
| 应收 D 公司的货款 8 000 元 | 8 000 | | |
| 预付 E 公司的货款 6 900 元 | 6 900 | | |
| 合计 | 1 633 900 | 473 900 | 1 160 000 |

验证静态会计等式:1 633 900(资产)=473 900(负债)+1 160 000(所有者权益)

业务题四

表 2.6　某企业资产、费用、负债、所有者权益和收入的相关资料　　单位:元

| 资料内容 | 资产 | 费用 | 负债 | 所有者权益 | 收入 |
|---|---|---|---|---|---|
| 销售商品收入 250 000 元 | | | | | 250 000 |
| 借款利息 4 500 元 | | 4 500 | | | |
| 正在加工的产品 37 500 元 | 37 500 | | | | |
| 仓库里存放的材料 78 000 元 | 78 000 | | | | |
| 向银行借入的三个月期借款 40 000 元 | | | 40 000 | | |
| 支付的广告费 10 000 元 | | 10 000 | | | |
| 车间的机器设备 400 000 元 | 400 000 | | | | |
| 出租设备收入 15 000 元 | | | | | 15 000 |
| 法定盈余公积 10 500 元 | | | | 10 500 | |
| 行政部门的办公费 3 000 元 | | 3 000 | | | |
| 销售部门的差旅费 5 000 元 | | 5 000 | | | |
| 拥有的商标使用权价值 100 000 元 | 100 000 | | | | |
| 赊销商品收入 50 000 元 | | | | | 50 000 |
| 应交未交的各项税金总计 6 500 元 | | | 6 500 | | |
| 投资者投入的资本 500 000 元 | | | | 500 000 | |
| 销售商品的成本 230 000 元 | | 230 000 | | | |
| 存放在银行的款项 38 000 元 | 38 000 | | | | |
| 应付的上个月办公人员薪酬 10 000 元 | | | 10 000 | | |
| 销售商品支付的包装费 1 000 元 | | 1 000 | | | |
| 以前年度没有分配的利润 25 000 元 | | | | 25 000 | |
| 合计 | 653 500 | 253 500 | 56 500 | 535 500 | 315 000 |

验证:资产＋费用＝653 500＋253 500＝907 000(元)

负债＋所有者权益＋收入＝56 500＋535 500＋315 000＝907 000(元)

资产＋费用＝负债＋所有者权益＋收入

业务题五

(1)确认为本月收入

(2)不确认为本月费用

(3)不确认为本月费用

(4)不确认为本月收入

(5)确认为本月收入

(6)确认为本月利息费用

(7)确认为本月折旧费用

业务题六

表 2.7 经济业务对会计等式的影响

| 经济业务 | 影响类型 |
|---|---|
| 1. 收回一项应收的货款 | C |
| 2. 开具银行支票，归还以前欠付的货款 | D |
| 3. 收到投资者投入的专利权 | B |
| 4. 借入短期借款，用以归还所欠货款 | K |
| 5. 计提本月应该承担的利息费用 | I |
| 6. 盈余公积转增资本 | L |
| 7. 购买货物，款项未付 | A |
| 8. 用银行存款满足投资者的抽资要求 | E |
| 9. 宣布将向投资者分配股利 | F |
| 10. 销售商品，下个月才能收到货款 | J |
| 11. 支付本月办公部门的水电费 | H |
| 12. 投资者代企业归还银行借款，作为追加投资 | G |

业务题七

(1)A 为 12 720，B 为 100 000，C 为 500 000。

(2)流动资产总额为 240 000 元，非流动资产总额为 260 000 元。

(3)流动负债总额为 250 000 元，非流动负债总额为 100 000 元。

(4)留存收益为 50 000 元。

业务题八

(1)

表 2.9 收入和费用确认表 单位：元

| 业务序号 | 权责发生制 | | 收付实现制 | |
|---|---|---|---|---|
| | 收入 | 费用 | 收入 | 费用 |
| 1 | 50 000 | | 50 000 | |
| 2 | 2 500 | | 7 500 | |
| 3 | | | 80 000 | |
| 4 | | 2 000 | | 6 000 |
| 5 | | 3 000 | | 9 000 |
| 6 | | | 36 000 | |
| 7 | | 1 500 | | 1 500 |
| 8 | | 3 000 | | 9 000 |
| 合计 | 52 500 | 9 500 | 173 500 | 25 500 |

(2)权责发生制下的利润＝43 000(元)

收付实现制下的利润＝148 000(元)

(3)两种确认标准对收入和费用确认的依据不同,从而影响了企业经营业绩的各期计量结果。权责发生制下以权利、义务的发生作为收入、费用确认的时点,而收付实现制下以款项的收付作为收入、费用确认的时点。

业务题九

A公司:期初所有者权益为27 000元,本期费用为24 000元,期末负债为15 000元。

B公司:期初资产为143 000元,期末负债为24 000元,期末所有者权益为72 000元。

C公司:期初负债为10 000元,本期收入为60 000元,期末资产为140 000元。

D公司:期初所有者权益为41 000元,本期费用为52 000元,期末所有者权益为18 000元。

业务题十

(1)

**表2.11　分析结果**

单位:元

| 业务序号 | 资产 | 费用 | 负债 | 所有者权益 | 收入 |
|---|---|---|---|---|---|
| 1 | ＋16 000 | | | ＋16 000 | |
| 2 | | | －5 000 | ＋5 000 | |
| 3 | ＋2 000－2 000 | | | | |
| 4 | －38 000＋23 000 | | －15 000 | | |
| 5 | ＋31 000 | | ＋31 000 | | |
| 6 | ＋80 000 | | | | ＋80 000 |
| 7 | －50 000 | ＋50 000 | | | |
| 8 | ＋41 000－41 000 | | | | |
| 9 | －2 000 | ＋2 000 | | | |
| 10 | ＋250 000 | | ＋250 000 | | |
| 11 | ＋160 000－160 000 | | | | |
| 12 | ＋3 500 | | | | ＋3 500 |
| 合计 | ＋313 500 | ＋52 000 | ＋261 000 | ＋21 000 | ＋83 500 |

(2)该厂4月份的利润总额为31 500元。

(3)该厂4月末的资产总额为373 500元,负债总额为287 000元,所有者权益总额为55 000元。

# 第3章

## 一、讨论题(略)

## 二、判断题

| | | | | | | | | | |
|---|---|---|---|---|---|---|---|---|---|
| 1 | 2 | 3 | 4 | 5 | 6 | 7 | 8 | 9 | 10 |
| × | × | √ | × | √ | × | × | × | √ | √ |
| 11 | 12 | 13 | 14 | 15 | 16 | 17 | 18 | 19 | 20 |
| √ | √ | × | √ | √ | √ | × | √ | × | × |
| 21 | 22 | 23 | 24 | 25 | 26 | 27 | 28 | 29 | |
| × | × | × | √ | √ | √ | × | √ | √ | |

## 三、单项选择题

| | | | | | | | | | |
|---|---|---|---|---|---|---|---|---|---|
| 1 | 2 | 3 | 4 | 5 | 6 | 7 | 8 | 9 | 10 |
| B | D | B | C | D | C | B | A | B | C |
| 11 | 12 | 13 | 14 | 15 | 16 | 17 | 18 | 19 | 20 |
| A | A | D | C | D | A | B | B | C | C |
| 21 | 22 | 23 | 24 | 25 | 26 | 27 | 28 | 29 | 30 |
| A | B | A | B | A | B | D | C | C | C |
| 31 | | | | | | | | | |
| D | | | | | | | | | |

## 四、多项选择题

| | | | | | | | | | |
|---|---|---|---|---|---|---|---|---|---|
| 1 | 2 | 3 | 4 | 5 | 6 | 7 | 8 | 9 | 10 |
| BCD | ABCDE | AE | ABD | ABCD | ABC | ABC | ACDE | ACD | BCE |
| 11 | 12 | 13 | 14 | 15 | 16 | 17 | 18 | 19 | 20 |
| BDE | AD | BCD | ABCD | BCDE | ABCE | ABC | BCD | BC | ABCD |

## 五、业务题

业务题一

表3.2　某企业资产、费用、负债、所有者权益和收入的相关资料

| 资料内容 | 资产 | 费用 | 负债 | 所有者权益 | 收入 |
|---|---|---|---|---|---|
| 销售商品收入(示例) | | | | | 主营业务收入 |
| 借款利息(示例) | | 财务费用 | | | |
| 仓库里存放的材料 | 原材料 | | | | |

续表

| 资料内容 | 资产 | 费用 | 负债 | 所有者权益 | 收入 |
| --- | --- | --- | --- | --- | --- |
| 向银行借入的三个月期借款 | | | 短期借款 | | |
| 支付的广告费 | | 销售费用 | | | |
| 车间的机器设备 | 固定资产 | | | | |
| 出租设备收入 | | | | | 其他业务收入 |
| 从利润中提取的法定盈余公积 | | | | 盈余公积 | |
| 行政部门的办公费 | | 管理费用 | | | |
| 销售部门的差旅费 | | 销售费用 | | | |
| 拥有的商标使用权 | 无形资产 | | | | |
| 赊销商品收入 | | | | | 主营业务收入 |
| 应交未交的各项税金 | | | 应交税费 | | |
| 投资者投入的资本 | | | | 实收资本 | |
| 销售商品的成本 | | 主营业务成本 | | | |
| 存放在银行的款项 | 银行存款 | | | | |
| 应付的上个月办公人员薪酬 | | | 应付职工薪酬 | | |
| 销售商品支付的包装费 | | 销售费用 | | | |
| 以前年度没有分配的利润 | | | | 利润分配 | |

业务题二

**表 3.3　某企业 6 月 30 日部分账户的期初余额、本期发生额和期末余额**　　单位：元

| 账户名称 | 期初余额 | 本期借方发生额 | 本期贷方发生额 | 期末余额 | |
| --- | --- | --- | --- | --- | --- |
| | | | | 借或贷 | 金额 |
| 银行存款 | 20 000 | 50 000 | 15 000 | 借 | 55 000 |
| 应收账款 | 150 000 | 320 000 | 230 000 | 借 | 240 000 |
| 原材料 | 83 000 | 46 000 | 28 000 | 借 | 101 000 |
| 固定资产 | 600 000 | 44 000 | 30 000 | 借 | 614 000 |
| 短期借款 | 50 000 | 29 000 | 40 000 | 贷 | 61 000 |
| 应付账款 | 38 640 | 29 640 | 84 000 | 贷 | 93 000 |
| 预收账款 | 20 000 | 31 000 | 42 000 | 贷 | 31 000 |
| 应付职工薪酬 | 64 330 | 56 330 | 35 000 | 贷 | 43 000 |
| 长期借款 | 200 000 | 100 000 | 150 000 | 贷 | 250 000 |
| 实收资本 | 350 000 | | 20 000 | 贷 | 370 000 |
| 盈余公积 | 20 000 | | 15 000 | 贷 | 35 000 |

业务题三

表 3.4 某企业资产、负债、所有者权益的期初余额、本期发生额和期末余额 单位:万元

| 项目 | 资产 | 负债 | 所有者权益 |
| --- | --- | --- | --- |
| 期初余额 | 20 | 8 | ( 12 ) |
| 本期借方发生额 | ( 12 ) | 5 | 3 |
| 本期贷方发生额 | 8 | ( 6 ) | 6 |
| 期末余额 | ( 24 ) | 9 | ( 15 ) |

业务题四

(1)完成表 3.7 至表 3.14,会计分录略。

表 3.7 从银行提取现金 单位:元

| 账户名称 | 要素类别 | 金额变化 | 借方 | 贷方 |
| --- | --- | --- | --- | --- |
| 库存现金 | 资产 | 增加 | 20 000 | |
| 银行存款 | 资产 | 减少 | | 20 000 |

表 3.8 用现金发放上个月员工工资 单位:元

| 账户名称 | 要素类别 | 金额变化 | 借方 | 贷方 |
| --- | --- | --- | --- | --- |
| 应付职工薪酬 | 负债 | 减少 | 20 000 | |
| 库存现金 | 资产 | 减少 | | 20 000 |

表 3.9 用银行存款支付本月水电费和电话费等杂费 单位:元

| 账户名称 | 要素类别 | 金额变化 | 借方 | 贷方 |
| --- | --- | --- | --- | --- |
| 管理费用 | 费用 | 增加 | 3 400 | |
| 银行存款 | 资产 | 减少 | | 3 400 |

表 3.10 赊购 97 号汽油一批 单位:元

| 账户名称 | 要素类别 | 金额变化 | 借方 | 贷方 |
| --- | --- | --- | --- | --- |
| 库存商品 | 资产 | 增加 | 230 000 | |
| 应付账款 | 负债 | 增加 | | 230 000 |

表 3.11 预收客户支付的现金 单位:元

| 账户名称 | 要素类别 | 金额变化 | 借方 | 贷方 |
| --- | --- | --- | --- | --- |
| 库存现金 | 资产 | 增加 | 800 | |
| 预收账款 | 负债 | 增加 | | 800 |

表 3.12　收到客户交还的上个月欠款

单位：元

| 账户名称 | 要素类别 | 金额变化 | 借方 | 贷方 |
| --- | --- | --- | --- | --- |
| 银行存款 | 资产 | 增加 | 5 000 | |
| 应收账款 | 资产 | 减少 | | 5 000 |

表 3.13　收到股东投入的资金并存入银行

单位：元

| 账户名称 | 要素类别 | 金额变化 | 借方 | 贷方 |
| --- | --- | --- | --- | --- |
| 银行存款 | 资产 | 增加 | 200 000 | |
| 实收资本 | 所有者权益 | 增加 | | 200 000 |

表 3.14　销售汽油取得收入

单位：元

| 账户名称 | 要素类别 | 金额变化 | 借方 | 贷方 |
| --- | --- | --- | --- | --- |
| 银行存款 | 资产 | 增加 | 300 000 | |
| 应收账款 | 资产 | 增加 | 100 000 | |
| 主营业务收入 | 收入 | 增加 | | 400 000 |

(2)将每笔分录填入相应的 T 形账户(略)。

(3)根据资料提供的期初余额,编制本期发生额和期末余额试算平衡表(见表 3.15)。

表 3.15　发生额和余额试算平衡表

××××年 4 月

单位：元

| 账户名称 | 期初余额 | | 本期发生额 | | 期末余额 | |
| --- | --- | --- | --- | --- | --- | --- |
| | 借方 | 贷方 | 借方 | 贷方 | 借方 | 贷方 |
| 库存现金 | 8 000 | | 20 800 | 20 000 | 8 800 | |
| 银行存款 | 750 000 | | 505 000 | 63 400 | 1 191 600 | |
| 应收账款 | 85 000 | | 100 000 | 5 000 | 180 000 | |
| 预付账款 | 15 000 | | | | 15 000 | |
| 库存商品 | 800 000 | | 230 000 | | 1 030 000 | |
| 固定资产 | 2 600 000 | | 40 000 | | 2 640 000 | |
| 短期借款 | | 250 000 | | | | 250 000 |
| 应付账款 | | 180 000 | | 230 000 | | 410 000 |
| 预收账款 | | 130 000 | | 800 | | 130 800 |
| 应付职工薪酬 | | 20 000 | 20 000 | | | |
| 实收资本 | | 3 000 000 | | 200 000 | | 3 200 000 |
| 利润分配 | | 678 000 | | | | 678 000 |
| 管理费用 | | | 3 400 | | 3 400 | |
| 主营业务收入 | | | | 400 000 | | 400 000 |
| 合计 | 4 258 000 | 4 258 000 | 919 200 | 919 200 | 5 068 800 | 5 068 800 |

业务题五

(1)在表3.16中填入每笔业务的相关金额,会计等式平衡。

表3.16 牙科医院7月业务的相关金额

单位:元

| 序号 | 资产+ | 费用 | = | 负债+ | 所有者权益+ | 收入 |
|---|---|---|---|---|---|---|
| 1 | +4 000 000 | | | | +4 000 000 | |
| 2 | +3 000 000<br>−3 000 000 | | | | | |
| 3 | +2 000 000 | | | +2 000 000 | | |
| 4 | +1 700 000<br>−1 700 000 | | | | | |
| 5 | +600 000<br>−200 000 | | | +400 000 | | |
| 6 | −30 000 | +30 000 | | | | |
| 7 | +2 500 | | | | | +2 500 |
| 8 | +10 000 | | | +8 000 | | +2 000 |
| 9 | +500<br>−500 | | | | | |
| 10 | | +3 000 | | +3 000 | | |
| 11 | | +2 000 | | +2 000 | | |
| 合计 | 6 382 500 | 35 000 | = | 2 413 000 | 4 000 000 | 4 500 |

(2)为上述业务编制会计分录。

①借:银行存款　　4 000 000
　　贷:实收资本　　4 000 000

②借:固定资产　　3 000 000
　　贷:银行存款　　3 000 000

③借:银行存款　　2 000 000
　　贷:长期借款　　2 000 000

④借:固定资产　　1 700 000
　　贷:银行存款　　1 700 000

⑤借:固定资产　　600 000
　　贷:银行存款　　200 000
　　　　应付账款　　400 000

⑥借:销售费用　　30 000
　　贷:银行存款　　30 000

⑦借:库存现金　　2 000
　　　应收账款　　500
　　贷:主营业务收入　　2 500

⑧借:银行存款　　10 000
　　贷:预收账款　　8 000
　　　　主营业务收入　　2 000
⑨借:库存现金　　500
　　贷:应收账款　　500
⑩借:管理费用　　3 000
　　贷:应付职工薪酬　　3 000
⑪借:财务费用　　2 000
　　贷:应付利息　　2 000

(3)将每笔业务填入相应的T形账户(略)。

(4)编制7月份的发生额和余额试算平衡表(见表3.17)。

**表3.17　发生额和余额试算平衡表**

××××年7月　　单位:元

| 账户名称 | 本期发生额 | | 期末余额 | |
|---|---|---|---|---|
| | 借方 | 贷方 | 借方 | 贷方 |
| 银行存款 | 6 010 000 | 4 930 000 | 1 080 000 | |
| 固定资产 | 5 300 000 | | 5 300 000 | |
| 库存现金 | 2 500 | | 2 500 | |
| 应收账款 | 500 | 500 | | |
| 长期借款 | | 2 000 000 | | 2 000 000 |
| 应付账款 | | 400 000 | | 400 000 |
| 预收账款 | | 8 000 | | 8 000 |
| 应付利息 | | 2 000 | | 2 000 |
| 应付职工薪酬 | | 3 000 | | 3 000 |
| 实收资本 | | 4 000 000 | | 4 000 000 |
| 销售费用 | 30 000 | | 30 000 | |
| 管理费用 | 3 000 | | 3 000 | |
| 财务费用 | 2 000 | | 2 000 | |
| 主营业务收入 | | 4 500 | | 4 500 |
| 合计 | 11 348 000 | 11 348 000 | 6 417 500 | 6 417 500 |

(5)根据试算平衡的结果,牙科医院7月的盈利情况如下:

盈利=收入−费用=4 500−35 000=−30 500(元),所以牙科医院7月亏损30 500元。

业务题六

(1)为每笔业务编制会计分录(见表3.18)。

表3.18 会计分录表 单位:元

| 业务 | 会计分录 |
|---|---|
| 7月1日,收到投资者陈某投入的40万元投资款,存入银行 | 借:银行存款 400 000<br>贷:实收资本 400 000 |
| 7月3日,开出21 000元支票支付三个月的租金 | 借:预付账款 21 000<br>贷:银行存款 21 000 |
| 7月5日,向银行借款10万元,期限为两年 | 借:银行存款 100 000<br>贷:长期借款 100 000 |
| 7月10日,购买空调、冷柜等设备花费18 000元,用银行存款支付 | 借:固定资产 18 000<br>贷:银行存款 18 000 |
| 7月15日,以银行存款3 000元支付广告宣传费 | 借:销售费用 3 000<br>贷:银行存款 3 000 |
| 7月20日,购买待出售的百货商品30万元,商品已验收入库,已用转账支票支付20万元,其余款项未付 | 借:库存商品 300 000<br>贷:银行存款 200 000<br>应付账款 100 000 |
| 7月31日,本月累计出售百货商品40 000元,款项已存入银行 | 借:银行存款 40 000<br>贷:主营业务收入 40 000 |
| 7月31日,结转本月所售商品成本30 000元 | 借:主营业务成本 30 000<br>贷:库存商品 30 000 |
| 7月31日,摊销本月店面租金7 000元(用"管理费用"账户) | 借:管理费用 7 000<br>贷:预付账款 7 000 |
| 7月31日,计提本月应承担的借款利息650元 | 借:财务费用 650<br>贷:应付利息 650 |
| 7月31日,结转本月收入类账户 | 借:主营业务收入 40 000<br>贷:本年利润 40 000 |
| 7月31日,结转本月费用类账户 | 借:本年利润 40 650<br>贷:主营业务成本 30 000<br>管理费用 7 000<br>销售费用 3 000<br>财务费用 650 |

(2)编制发生额试算平衡表(见表3.19)。

**表3.19 发生额试算平衡表**

××××年7月

单位:元

| 账户名称 | 本期发生额 | |
|---|---|---|
| | 借方 | 贷方 |
| 银行存款 | 540 000 | 242 000 |
| 库存现金 | | |
| 库存商品 | 300 000 | 30 000 |
| 固定资产 | 18 000 | |
| 预付账款 | 21 000 | 7 000 |
| 应收账款 | | |
| 长期借款 | | 100 000 |
| 应付账款 | | 100 000 |
| 预收账款 | | |
| 应付利息 | | 650 |
| 实收资本 | | 400 000 |
| 本年利润 | 40 650 | 40 000 |
| 销售费用 | 3 000 | 3 000 |
| 管理费用 | 7 000 | 7 000 |
| 财务费用 | 650 | 650 |
| 主营业务收入 | 40 000 | 40 000 |
| 主营业务成本 | 30 000 | 30 000 |
| 合计 | 1 000 300 | 1 000 300 |

业务题七

**表3.20 某公司记账错误**

| 记账错误事项 | 资产 | 负债 | 所有者权益 | 净利润 |
|---|---|---|---|---|
| 1.现购设备误记为赊购设备 | 高估 | 高估 | 无 | 无 |
| 2.赊购商品未记账 | 低估 | 低估 | 无 | 无 |
| 3.赊销收入未记账 | 低估 | 无 | 低估 | 低估 |
| 4.少提折旧 | 高估 | 无 | 高估 | 高估 |
| 5.漏提利息 | 无 | 高估 | 高估 | 高估 |

业务题八

(1)借:财务费用　　1 000
　　贷:应付利息　　1 000
　借:应付利息　　3 000
　　贷:银行存款　　3 000
(2)借:预付账款　　18 000
　　贷:银行存款　　18 000
　借:管理费用　　3 000
　　贷:预付账款　　3 000
(3)借:预收账款　　30 000
　　贷:主营业务收入　　30 000
(4)借:银行存款　　60 000
　　贷:预收账款　　60 000
(5)借:管理费用　　30 000
　　贷:累计折旧　　30 000
(6)借:预收账款　　20 000
　　贷:其他业务收入　　20 000
(7)借:管理费用　　300
　　贷:预付账款　　300
(8)借:预付账款　　72 000
　　贷:银行存款　　72 000
　借:销售费用　　6 000
　　贷:预付账款　　6 000

业务题九

(1)借:本年利润　　419 000
　　贷:主营业务收入　　300 000
　　　其他业务收入　　50 000
　　　投资收益　　36 000
　　　营业外收入　　33 000
　借:主营业务成本　　180 000
　　其他业务成本　　20 000
　　税金及附加　　28 000
　　销售费用　　30 000
　　管理费用　　40 000
　　财务费用　　24 000
　　资产减值损失　　32 000
　　营业外支出　　35 000
　　贷:本年利润　　389 000
(2)利润总额=419 000-389 000=30 000(元)

# 第 4 章

## 一、判断题

| 1 | 2 | 3 | 4 | 5 | 6 | 7 | 8 | 9 | 10 |
|---|---|---|---|---|---|---|---|---|---|
| × | × | √ | √ | × | √ | × | √ | √ | √ |
| 11 | 12 | 13 | 14 | 15 | 16 | 17 | 18 | 19 | 20 |
| √ | × | √ | √ | √ | √ | × | √ | √ | × |
| 21 | 22 | 23 | 24 | 25 | 26 | 27 | 28 | 29 | 30 |
| × | × | √ | √ | √ | × | √ | × | × | √ |
| 31 | 32 | | | | | | | | |
| × | × | | | | | | | | |

## 二、单项选择题

| 1 | 2 | 3 | 4 | 5 | 6 | 7 | 8 | 9 | 10 |
|---|---|---|---|---|---|---|---|---|---|
| A | B | D | D | A | A | B | D | A | C |
| 11 | 12 | 13 | 14 | 15 | 16 | 17 | 18 | 19 | 20 |
| C | C | C | C | C | B | B | C | A | A |
| 21 | 22 | 23 | 24 | 25 | 26 | 27 | 28 | 29 | 30 |
| A | B | C | B | A | C | C | D | D | D |

## 三、多项选择题

| 1 | 2 | 3 | 4 | 5 | 6 | 7 | 8 | 9 | 10 |
|---|---|---|---|---|---|---|---|---|---|
| BDE | ACD | BC | BDE | CDE | AE | BD | ABC | ABCDE | ABCE |
| 11 | 12 | 13 | 14 | 15 | 16 | 17 | 18 | 19 | 20 |
| ACD | ACDE | ABC | ABCDE | ABCD | AD | AC | ABCD | ABCD | AC |
| 21 | 22 | 23 | 24 | 25 | 26 | 27 | 28 | 29 | 30 |
| BCD | AB | AD | CD | BC | ABC | ABD | AD | ACD | ABC |

## 四、业务题

业务题一

(1)借:银行存款 300 000

　　贷:实收资本 300 000

(2)借:银行存款 1 500 000

　　贷:短期借款 500 000

　　　　长期借款 1 000 000

(3)借:固定资产 6 000 000
　　库存商品 400 000
　　贷:实收资本 6 400 000
(4)借:库存现金 10 000
　　贷:银行存款 10 000
(5)借:管理费用 300
　　贷:库存现金 300
(6)借:管理费用 9 000
　　贷:银行存款 9 000
(7)借:短期借款 50 000
　　贷:银行存款 50 000
(8)借:无形资产 300 000
　　贷:实收资本 300 000
(9)借:管理费用 4 500
　　贷:银行存款 4 500

业务题二

(1)借:在途物资——A 商品 400 000
　　应交税费——应交增值税(进项税额) 52 000
　　贷:应付账款——大地公司 452 000
(2)借:在途物资——A 商品 2 000
　　应交税费——应交增值税(进项税额) 180
　　贷:银行存款 2 180
(3)借:库存商品——A 商品 402 000
　　贷:在途物资——A 商品 402 000
(4)借:固定资产 69 740
　　应交税费——应交增值税(进项税额) 8 975
　　贷:银行存款 78 715
(5)借:预付账款——七星公司 1 600
　　贷:银行存款 1 600
(6)借:在途物资——B 商品 240 000
　　　　——C 商品 270 000
　　应交税费——应交增值税(进项税额) 66 300
　　贷:银行存款 576 300
(7)借:在途物资——B 商品 4 000
　　　　——C 商品 6 000
　　应交税费——应交增值税(进项税额) 900
　　贷:银行存款 10 900
(8)借:库存商品——B 商品 244 000
　　　　——C 商品 276 000

贷:在途物资——B 商品　　244 000
　　　　——C 商品　　276 000

(9)借:库存商品——D 商品　　3 600
应交税费——应交增值税(进项税额)　　468
贷:预付账款　　1 600
银行存款　　2 468

(10)借:其他应收款　　800
贷:库存现金　　800

(11)借:应付账款——大地公司　　452 000
贷:银行存款　　452 000

(12)借:在途物资——D 商品　　20 000
应交税费——应交增值税(进项税额)　　2 600
贷:应付票据　　22 600

(13)借:销售费用(或管理费用)　　80
贷:库存现金　　80

(14)借:库存商品——D 商品　　20 000
贷:在途物资——D 商品　　20 000

(15)借:管理费用　　700
库存现金　　100
贷:其他应收款　　800

(16)借:预付账款　　3 180
贷:银行存款　　3 180

业务题三

(1)借:银行存款　　33 900
应收账款　　33 900
贷:主营业务收入　　60 000
应交税费——应交增值税(销项税额)　　7 800

(2)借:销售费用　　300
贷:银行存款　　300

(3)借:销售费用　　2 300
应交税费——应交增值税(进项税额)　　138
贷:银行存款　　2 438

(4)借:应收票据　　90 400
贷:主营业务收入　　80 000
应交税费——应交增值税(销项税额)　　10 400

(5)借:销售费用　　200
应交税费——应交增值税(进项税额)　　26
贷:库存现金　　226

| | | |
|---|---|---|
| (6)借:主营业务成本 | 120 000 | |
| 　　贷:库存商品——A 产品 | | 50 000 |
| 　　　　　　　——B 产品 | | 70 000 |
| (7)借:银行存款 | 25 000 | |
| 　　贷:预收账款 | | 25 000 |
| (8)借:税金及附加 | 1 000 | |
| 　　贷:应交税费——应交城市维护建设税 | | 700 |
| 　　　　　　　——应交教育费附加 | | 300 |
| (9)借:银行存款 | 3 800 | |
| 　　贷:应收账款 | | 3 800 |
| (10)借:银行存款 | 20 000 | |
| 　　贷:应收票据 | | 20 000 |

业务题四

| | | |
|---|---|---|
| (1)借:营业外支出 | 1 000 | |
| 　　贷:银行存款 | | 1 000 |
| (2)借:银行存款 | 212 000 | |
| 　　贷:其他业务收入 | | 200 000 |
| 　　　　应交税费——应交增值税(销项税额) | | 12 000 |
| (3)借:其他业务成本 | 3 000 | |
| 　　贷:银行存款 | | 3 000 |
| (4)借:其他应付款 | 600 | |
| 　　贷:营业外收入 | | 530.97 |
| 　　　　应交税费——应交增值税(销项税额) | | 69.03 |
| (5)借:管理费用 | 400 | |
| 　　贷:库存现金 | | 400 |
| (6)借:管理费用 | 30 000 | |
| 　　　销售费用 | 50 000 | |
| 　　贷:应付职工薪酬——工资 | | 80 000 |
| (7)借:管理费用 | 11 400 | |
| 　　　销售费用 | 19 000 | |
| 　　贷:应付职工薪酬——养老保险 | | 12 800 |
| 　　　　　　　　　——医疗保险 | | 8 000 |
| 　　　　　　　　　——住房公积金 | | 9 600 |
| (8)借:管理费用 | 1 050 | |
| 　　　销售费用 | 1 750 | |
| 　　贷:应付职工薪酬——工会经费 | | 1 600 |
| 　　　　　　　　　——职工教育经费 | | 1 200 |
| (9)借:银行存款 | 3 341 | |
| 　　贷:交易性金融资产 | | 2 887 |

投资收益 454

(10)借:管理费用 2 000

贷:银行存款 2 000

(11)借:财务费用 5 000

贷:应付利息 5 000

业务题五

(1)借:财务费用 2 600

贷:应付利息 2 600

(2)借:应收账款 5 450

贷:其他业务收入 5 000

应交税费——应交增值税(销项税额) 450

(3)借:销售费用 10 000

贷:应付账款 10 000

(4)借:信用减值损失 5 800

贷:坏账准备 5 800

(5)借:预收账款 1 000

贷:其他业务收入 1 000

(6)借:管理费用 400

贷:预付账款 400

(7)借:管理费用 10 000

贷:累计摊销 10 000

(8)借:管理费用 8 000

贷:累计折旧 8 000

业务题六

(1)借:主营业务收入 570 000

其他业务收入 120 000

投资收益 20 000

营业外收入 30 000

贷:本年利润 740 000

(2)借:本年利润 624 500

贷:主营业务成本 480 000

其他业务成本 100 000

税金及附加 20 000

销售费用 8 000

管理费用 2 000

财务费用 3 000

资产减值损失 1 500

营业外支出 10 000

(3)借:所得税费用　　28 875
　　贷:应交税费——应交所得税　　28 875
　借:本年利润　　28 875
　　贷:所得税费用　　28 875
(4)借:本年利润　　626 625
　　贷:利润分配——未分配利润　　626 625
(5)借:利润分配——提取法定盈余公积　　62 662.50
　　贷:盈余公积——法定盈余公积　　62 662.50
(6)借:利润分配——应付现金股利　　250 650
　　贷:应付股利　　250 650
(7)借:利润分配——未分配利润　　313 312.50
　　贷:利润分配——提取法定盈余公积　　62 662.50
　　　　　　——应付现金股利　　250 650

业务题七

(1)结转各收入和利得账户
借:主营业务收入　　80 000 000
　其他业务收入　　15 000 000
　营业外收入　　3 000 000
　投资收益　　9 000 000
　贷:本年利润　　107 000 000
(2)结转各费用和损失账户
借:本年利润　　91 000 000
　贷:主营业务成本　　50 000 000
　　其他业务成本　　10 000 000
　　税金及附加　　2 000 000
　　销售费用　　9 500 000
　　管理费用　　6 500 000
　　财务费用　　3 000 000
　　营业外支出　　9 000 000
　　资产减值损失　　1 000 000
(3)计算并结清所得税费用账户
本月利润总额＝10 700－9 100＝1 600(万元)
应交所得税＝1 600×25%＝400(万元)
借:所得税费用　　4 000 000
　贷:应交税费——应交所得税　　4 000 000
借:本年利润　　4 000 000
　贷:所得税费用　　4 000 000
本月净利润＝1 600－400＝1 200(万元)
2014 年度净利润总额＝1 200＋8 600＝9 800(万元)

(4)年度利润结转

借:本年利润　98 000 000

　贷:利润分配——未分配利润　98 000 000

(5)提取法定盈余公积

借:利润分配——提取法定盈余公积　9 800 000

　贷:盈余公积　9 800 000

(6)向股东分配现金股利

借:利润分配——应付现金股利　30 000 000

　贷:应付股利　30 000 000

(7)结清利润分配账户的明细账户

借:利润分配——未分配利润　39 800 000

　贷:利润分配——提取法定盈余公积　9 800 000

　　　　　　——应付现金股利　30 000 000

业务题八

(1)借:银行存款　21 696

　　贷:主营业务收入　19 200

　　　应交税费——应交增值税(销项税额)　2 496

(2)借:应收账款　115 260

　　贷:主营业务收入　102 000

　　　应交税费——应交增值税(销项税额)　13 260

(3)借:销售费用　1 350

　　管理费用　7 600

　　贷:银行存款　8 950

(4)借:财务费用　1 200

　　贷:应付利息　1 200

(5)借:主营业务成本——A 产品　12 476

　　　　　　　　——B 产品　69 000

　　贷:库存商品——A 产品　12 476

　　　　　　——B 产品　69 000

(6)借:税金及附加　1 710

　　贷:应交税费——应交城市维护建设税　1 100

　　　　　　——应交教育费附加　610

(7)借:银行存款　5 876

　　贷:其他业务收入　5 200

　　　应交税费——应交增值税(销项税额)　676

　借:其他业务成本　4 900

　　贷:原材料　4 900

(8)借:应付账款　2 800

　　贷:营业外收入　2 800

(9)借:营业外支出　260
　　贷:库存现金　260
(10)借:主营业务收入　121 200
　　其他业务收入　5 200
　　营业外收入　2 800
　　贷:本年利润　129 200
(11)借:本年利润　98 496
　　贷:主营业务成本　81 476
　　　税金及附加　1 710
　　　其他业务成本　4 900
　　　销售费用　1 350
　　　管理费用　7 600
　　　财务费用　1 200
　　　营业外支出　260
(12)本月应交所得税=(129 200−98 496)×25%=7 676(元)
借:所得税费用　7 676
　贷:应交税费——应交所得税　7 676
(13)借:本年利润　7 676
　　贷:所得税费用　7 676
(14)借:本年利润　23 028
　　贷:利润分配——未分配利润　23 028
(15)提取的盈余公积=23 028×10%=2 302.80(元)
借:利润分配——提取法定盈余公积　2 302.80
　贷:盈余公积　2 302.80
(16)借:利润分配——应付现金股利　15 000
　　贷:应付股利　15 000
(17)借:利润分配——未分配利润　17 302.80
　　贷:利润分配——提取法定盈余公积　15 000
　　　　　　——应付现金股利　2 302.80

业务题九

(1)借:预付账款　24 000
　　应交税费——应交增值税(进项税额)　2 160
　　贷:银行存款　26 160
(2)借:银行存款　5 000
　　贷:应收账款　5 000
(3)借:应交税费　7 900
　　贷:银行存款　7 900
(4)借:库存现金　34 200
　　贷:银行存款　34 200

| | |
|---|---|
| (5)借:应付职工薪酬 | 34 200 |
| 贷:库存现金 | 34 200 |
| (6)借:管理费用 | 3 000 |
| 应交税费——应交增值税(进项税额) | 260 |
| 贷:银行存款 | 3 260 |
| (7)借:应收账款 | 384 200 |
| 贷:主营业务收入 | 340 000 |
| 应交税费——应交增值税(销项税额) | 44 200 |
| (8)借:其他应收款 | 2 000 |
| 贷:银行存款 | 2 000 |
| (9)借:固定资产 | 200 000 |
| 贷:实收资本 | 200 000 |
| (10)借:营业外支出 | 4 300 |
| 贷:银行存款 | 4 300 |
| (11)借:固定资产 | 200 200 |
| 应交税费——应交增值税(进项税额) | 26 018 |
| 贷:银行存款 | 150 000 |
| 应付账款 | 76 218 |
| (12)借:银行存款 | 50 000 |
| 贷:预收账款——山地公司 | 50 000 |
| (13)借:在途物资——A 商品 | 160 000 |
| ——B 商品 | 270 000 |
| 应交税费——应交增值税(进项税额) | 55 900 |
| 贷:应付票据 | 485 900 |
| (14)借:在途物资——A 商品 | 2 000 |
| ——B 商品 | 3 000 |
| 应交税费——应交增值税(进项税额) | 450 |
| 贷:银行存款 | 5 450 |
| (15)借:库存商品——A 商品 | 162 000 |
| ——B 商品 | 273 000 |
| 贷:在途物资——A 商品 | 162 000 |
| ——B 商品 | 273 000 |
| (16)借:短期借款 | 500 000 |
| 贷:银行存款 | 500 000 |
| (17)借:银行存款 | 565 000 |
| 贷:主营业务收入 | 500 000 |
| 应交税费——应交增值税(销项税额) | 65 000 |
| (18)借:销售费用 | 500 |
| 应交税费——应交增值税(进项税额) | 50 |

贷：银行存款 550

(19)借：库存现金 150

管理费用 1 850

贷：其他应收款 2 000

(20)借：银行存款 6 540

贷：预收账款 6 000

应交税费——应交增值税（销项税额） 540

(21)借：银行存款 3 000

贷：营业外收入 3 000

(22)借：银行存款 82 000

贷：交易性金融资产 70 000

投资收益 12 000

(23)借：销售费用 20 000

管理费用 10 000

贷：应付职工薪酬——工资 30 000

(24)借：销售费用 7 500

管理费用 3 750

贷：应付职工薪酬——养老保险 4 800

——医疗保险 3 000

——住房公积金 2 400

——工会经费 600

——职工教育经费 450

(25)借：主营业务成本 680 000

贷：库存商品——A 商品 280 000

——B 商品 400 000

(26)借：财务费用 3 200

贷：应付利息 3 200

(27)借：管理费用 150

贷：预付账款 150

(28)借：预收账款 1 000

贷：其他业务收入 1 000

(29)借：销售费用 600

管理费用 400

应交税费——应交增值税（进项税额） 130

贷：应付账款 1 130

(30)借：税金及附加 1 100

贷：应交税费——应交房产税 1 000

——应交城市维护建设费 70

——应交教育费附加 30

(31)借:信用减值损失　400
　　贷:坏账准备　400
(32)借:管理费用　500
　　贷:累计摊销　500
(33)借:主营业务收入　840 000
　　其他业务收入　1 000
　　投资收益　12 000
　　营业外收入　3 000
　　贷:本年利润　856 000
(34)借:本年利润　737 250
　　贷:主营业务成本　680 000
　　　税金及附加　1 100
　　　销售费用　28 600
　　　管理费用　19 650
　　　财务费用　3 200
　　　信用减值损失　400
　　　营业外支出　4 300
(35)本月利润总额=856 000-737 250=118 750(元)
　应交所得税=118 750×25%=29 687.50(元)
借:所得税费用　29 687.50
　贷:应交税费——应交所得税　29 687.50
借:本年利润　29 687.50
　贷:所得税费用　29 687.50
(36)本月净利润=118 750×75%=89 062.50(元)
　本年净利润=89 062.50+1 357 850=1 446 912.50(元)
借:本年利润　1 446 912.50
　贷:利润分配——未分配利润　1 446 912.50
(37)借:利润分配——提取法定盈余公积　144 691.25
　　贷:盈余公积——法定盈余公积　144 691.25
(38)借:利润分配——应付现金股利　434 073.75
　　贷:应付股利　434 073.75
(39)借:利润分配——未分配利润　578 765
　　贷:利润分配——提取法定盈余公积　144 691.25
　　　　　　——应付现金股利　434 073.75

## 第 5 章

### 一、讨论题(略)

### 二、判断题

| 1 | 2 | 3 | 4 | 5 | 6 | 7 | 8 | 9 | 10 |
|---|---|---|---|---|---|---|---|---|---|
| × | × | × | × | √ | √ | × | √ | √ | × |
| 11 | 12 | 13 | 14 | 15 | 16 | 17 | 18 | 19 | 20 |
| √ | × | × | × | √ | × | √ | × | √ | × |
| 21 | 22 | 23 | 24 | 25 | 26 | 27 | 28 | 29 | 30 |
| √ | × | √ | √ | √ | × | √ | × | √ | √ |

### 三、单项选择题

| 1 | 2 | 3 | 4 | 5 | 6 | 7 | 8 | 9 | 10 |
|---|---|---|---|---|---|---|---|---|---|
| A | B | D | C | C | A | B | A | B | D |
| 11 | 12 | 13 | 14 | 15 | 16 | 17 | 18 | 19 | 20 |
| B | B | B | C | A | C | A | A | A | B |
| 21 | 22 | 23 | 24 | 25 | 26 | 27 | 28 | 29 | 30 |
| A | D | D | C | D | C | C | D | C | B |

### 四、多项选择题

| 1 | 2 | 3 | 4 | 5 | 6 | 7 | 8 | 9 | 10 |
|---|---|---|---|---|---|---|---|---|---|
| BCE | BDE | BCD | BCE | ABCD | ABCD | ABD | ABCE | AC | AC |
| 11 | 12 | 13 | 14 | 15 | 16 | 17 | 18 | 19 | 20 |
| AD | BDE | ABCD | BCE | ABCE | ACDE | ABCE | ABCDE | BCE | AB |
| 21 | 22 | 23 | 24 | | | | | | |
| CD | ABCD | CD | CDE | | | | | | |

### 五、业务题

业务题一

(1)①借:在途物资——日用百货 10 350

应交税费——应交增值税(进项税额) 1 331.50

贷:银行存款 11 681.50

②借:库存商品——日用百货 16 950

贷:在途物资——日用百货 10 350

商品进销差价 6 600

③借:库存商品——食品 27 120

应交税费——应交增值税(进项税额) 2 600

贷:应付账款 22 600

商品进销差价 7 120

④借:银行存款 11 800

贷:主营业务收入 11 800

⑤借:主营业务成本 11 800

贷:库存商品 11 800

(2)日用百货的分类差价率=174 000÷(475 600+220 400)=25%

食品的分类差价率=161 240÷(365 400+440 800)=20%

本月已销日用百货的进销差价=25%×220 400=55 100(元)

本月已销食品的进销差价=20%×440 800=88 160(元)

根据上述数据,编制分录:

借:商品进销差价——日用百货 55 100

——食品 88 160

贷:主营业务成本 143 260

(3)本月已销商品收入中的增值税销项税额=(220 400+440 800)×13%÷(1+13%)=76 067.26(元)

根据上述数据,编制分录:

借:主营业务收入 76 067.26

贷:应交税费——应交增值税(销项税额) 76 067.26

业务题二

(1)借:在途物资——甲材料 5 150

应交税费——应交增值税(进项税额) 650

贷:银行存款 5 800

(2)借:原材料——甲材料 5 150

贷:在途物资——甲材料 5 150

(3)借:生产成本——A 产品 25 000

——B 产品 12 000

制造费用 800

管理费用 300

贷:原材料 38 100

(4)借:制造费用 2 000

应交税费——应交增值税(进项税额) 260

贷:银行存款 2 260

(5)借:制造费用 560

贷:其他应收款 500

库存现金 60

(6)借:制造费用　　600
　　贷:库存现金　　600
(7)借:应付职工薪酬——工资　　54 000
　　贷:银行存款　　54 000
(8)借:生产成本——A 产品　　10 000
　　　　　　——B 产品　　30 000
　　制造费用　　6 000
　　管理费用　　8 000
　　贷:应付职工薪酬——工资　　54 000
(9)借:生产成本——A 产品　　4 150
　　　　　　——B 产品　　12 450
　　制造费用　　2 490
　　管理费用　　3 320
　　贷:应付职工薪酬　　22 410
(10)借:制造费用　　1 250
　　贷:累计折旧　　1 250
(11)借:银行存款　　56 500
　　贷:主营业务收入　　50 000
　　　　应交税费——应交增值税(销项税额)　　6 500
(12)借:主营业务成本　　41 000
　　贷:库存商品——A 产品　　24 000
　　　　　　　——B 产品　　17 000
(13)借:应收账款　　3 390
　　贷:其他业务收入　　3 000
　　　　应交税费——应交增值税(销项税额)　　390
(14)借:其他业务成本　　2 800
　　贷:原材料　　2 800
(15)借:制造费用　　720
　　应交税费——应交增值税(进项税额)　　108
　　贷:库存现金　　828
(16)借:预付账款　　1 000
　　制造费用　　500
　　应交税费——应交增值税(进项税额)　　135
　　贷:银行存款　　1 635
(17)借:生产成本——A 产品　　3 730
　　　　　　——B 产品　　11 190
　　贷:制造费用　　14 920
(18)借:库存商品——A 产品　　42 880
　　贷:生产成本——A 产品　　42 880

业务题三

| | | |
|---|---|---|
| (1)借:固定资产 | 301 200 | |
| 　　应交税费——应交增值税(进项税额) | 39 108 | |
| 　　贷:银行存款 | | 340 308 |

(2)本月折旧费用=301 200×(1−10%)÷(10×12)=2 259(元)

| | | |
|---|---|---|
| 借:制造费用 | 2 259 | |
| 　贷:累计折旧 | | 2 259 |

(3)已提折旧=4×2 259=9 036(元)

固定资产账面净值=301 200−9 036=292 164(元)

固定资产发生的减值=292 164−282 000=10 164(元)

| | | |
|---|---|---|
| 借:资产减值损失 | 10 164 | |
| 　贷:固定资产减值准备 | | 10 164 |
| (4)借:固定资产清理 | 282 000 | |
| 　　累计折旧 | 9 036 | |
| 　　固定资产减值准备 | 10 164 | |
| 　　贷:固定资产 | | 301 200 |
| (5)借:固定资产清理 | 900 | |
| 　　贷:库存现金 | | 900 |
| (6)借:银行存款 | 314 140 | |
| 　　贷:固定资产清理 | | 278 000 |
| 　　　应交税费——应交增值税(销项税额) | | 36 140 |
| (7)借:资产处置损益 | 4 900 | |
| 　　贷:固定资产清理 | | 4 900 |

业务题四

| | | |
|---|---|---|
| (1)借:在途物资——A201 | 50 000 | |
| 　　　　　　——B303 | 160 000 | |
| 　　应交税费——应交增值税(进项税额) | 27 300 | |
| 　　贷:应付票据 | | 237 300 |
| (2)借:库存商品——A201 | 80 000 | |
| 　　　　　　——B303 | 240 000 | |
| 　　贷:在途物资——A201 | | 50 000 |
| 　　　　　　　——B303 | | 160 000 |
| 　　　商品进销差价 | | 110 000 |
| (3)借:银行存款 | 76 000 | |
| 　　贷:主营业务收入 | | 76 000 |
| (4)借:主营业务成本 | 76 000 | |
| 　　贷:库存商品 | | 76 000 |
| (5)借:银行存款 | 200 000 | |
| 　　贷:主营业务收入 | | 200 000 |

(6)借:主营业务成本　200 000
　贷:库存商品　200 000

(7)调整后的主营业务收入=(76 000+200 000)÷(1+13%)×13%≈31 752.21(元)

借:主营业务收入　31 752.21
　贷:应交税费——应交增值税(销项税额)　31 752.21

(8)分类差价率=(35 000+110 000)÷(135 000+320 000)≈31.87%

应转出差价额=276 000×31.87%=87 961.20(元)

借:商品进销差价　87 961.20
　贷:主营业务成本　87 961.20

业务题五

(1)借:银行存款　200 000
　贷:实收资本　200 000

(2)借:银行存款　200 000
　贷:短期借款　200 000

(3)借:在途物资——甲材料　30 000
　——乙材料　50 000
　应交税费——应交增值税(进项税额)　10 400
　贷:应付账款　90 400

(4)借:固定资产　60 800
　应交税费——应交增值税(进项税额)　7 872
　贷:银行存款　68 672

(5)借:在途物资——甲材料　360
　——乙材料　240
　应交税费——应交增值税(进项税额)　54
　贷:库存现金　654

借:原材料——甲材料　30 360
　——乙材料　50 240
　贷:在途物资——甲材料　30 360
　——乙材料　50 240

(6)借:应交税费　17 000
　贷:银行存款　17 000

(7)借:生产成本——A产品　2 500
　——B产品　2 000
　制造费用　500
　贷:原材料　5 000

(8)借:应付职工薪酬　39 000
　贷:银行存款　39 000

(9)借:应收票据　16 350
　贷:主营业务收入　15 000

应交税费——应交增值税(销项税额)　　1 350

(10)借:销售费用　　2 000

　应交税费——应交增值税(进项税额)　　120

　贷:银行存款　　2 120

(11)借:银行存款　　113 000

　贷:主营业务收入　　100 000

　　应交税费——应交增值税(销项税额)　　13 000

(12)借:管理费用　　2 000

　贷:银行存款　　2 000

(13)借:银行存款　　23 200

　贷:应收账款——D 公司　　23 200

(14)借:制造费用　　11 100

　管理费用　　1 900

　贷:累计折旧　　13 000

(15)借:税金及附加　　750

　贷:应交税费——应交消费税　　750

(16)借:生产成本——A 产品　　13 000

　　——B 产品　　12 000

　制造费用　　6 000

　管理费用　　8 000

　贷:应付职工薪酬　　39 000

(17)借:生产成本——A 产品　　5 135

　　——B 产品　　4 740

　制造费用　　2 370

　管理费用　　3 160

　贷:应付职工薪酬　　15 405

(18)借:财务费用　　1 200

　贷:应付利息　　1 200

(19)借:生产成本——A 产品　　10 384.40

　　——B 产品　　9 585.60

　贷:制造费用　　19 970

(20)借:库存商品——A 产品　　31 019.40

　　——B 产品　　28 325.60

　贷:生产成本——A 产品　　31 019.40

　　——B 产品　　28 325.60

(21)借:主营业务成本　　90 000

　贷:库存商品——A 产品　　12 000

　　——B 产品　　78 000

(22)借:主营业务收入　115 000
　贷:本年利润　115 000
　借:本年利润　109 010
　　贷:主营业务成本　90 000
　　　税金及附加　750
　　　销售费用　2 000
　　　管理费用　15 060
　　　财务费用　1 200
(23)借:所得税费用　1 497.50
　　贷:应交税费　1 497.50
　借:本年利润　1 497.50
　　贷:所得税费用　1 497.50
(24)借:本年利润　115 905
　　贷:利润分配——未分配利润　115 905
(25)借:利润分配——提取法定盈余公积　11 590.50
　　贷:盈余公积——法定盈余公积　11 590.50
(26)借:利润分配——应付现金股利　23 181
　　贷:应付股利　23 181
(27)借:利润分配——未分配利润　34 771.50
　　贷:利润分配——提取法定盈余公积　11 590.50
　　　　　　　——应付现金股利　23 181

业务题六

(1)借:固定资产清理　220 000
　　累计折旧　180 000
　　贷:固定资产　400 000
(2)借:固定资产清理　8 080
　　贷:银行存款　8 080
(3)借:银行存款　46 400
　　贷:固定资产清理　40 000
　　　应交税费——应交增值税(销项款额)　6 400
(4)固定资产清理净损失＝220 000＋8 080－40 000＝188 080(元)
　借:营业外支出　188 080
　　贷:固定资产清理　188 080

## 第 6 章

一、讨论题(略)

二、判断题

| 1 | 2 | 3 | 4 | 5 | 6 | 7 | 8 | 9 | 10 |
|---|---|---|---|---|---|---|---|---|---|
| × | × | × | × | × | √ | √ | × | √ | √ |
| 11 | 12 | 13 | 14 | 15 | 16 | 17 | 18 | 19 | 20 |
| × | × | √ | √ | √ | √ | × | × | × | √ |
| 21 | 22 | 23 | 24 | | | | | | |
| √ | √ | × | × | | | | | | |

三、单项选择题

| 1 | 2 | 3 | 4 | 5 | 6 | 7 | 8 | 9 | 10 |
|---|---|---|---|---|---|---|---|---|---|
| D | D | D | A | B | C | C | A | B | B |
| 11 | 12 | 13 | 14 | 15 | 16 | 17 | 18 | 19 | 20 |
| A | C | B | D | C | D | D | B | A | A |
| 21 | 22 | | | | | | | | |
| B | C | | | | | | | | |

四、多项选择题

| 1 | 2 | 3 | 4 | 5 | 6 | 7 | 8 | 9 | 10 |
|---|---|---|---|---|---|---|---|---|---|
| BCD | BC | ABCD | ABCD | ACD | BCD | AB | ABD | BC | ABC |

## 第 7 章

一、讨论题(略)

二、判断题

| 1 | 2 | 3 | 4 | 5 | 6 | 7 | 8 | 9 | 10 |
|---|---|---|---|---|---|---|---|---|---|
| × | √ | × | √ | × | × | √ | √ | √ | × |
| 11 | 12 | 13 | 14 | 15 | 16 | 17 | 18 | 19 | 20 |
| × | × | √ | × | √ | √ | √ | √ | √ | × |
| 21 | 22 | 23 | 24 | 25 | 26 | 27 | 28 | 29 | 30 |
| √ | √ | √ | × | × | √ | × | √ | × | √ |
| 31 | 32 | | | | | | | | |
| × | × | | | | | | | | |

三、单项选择题

| 1 | 2 | 3 | 4 | 5 | 6 | 7 | 8 | 9 | 10 |
|---|---|---|---|---|---|---|---|---|---|
| B | D | A | C | B | C | B | D | D | B |
| 11 | 12 | 13 | 14 | 15 | 16 | 17 | 18 | 19 | 20 |
| A | B | A | A | A | B | B | A | C | C |
| 21 | 22 | 23 | 24 | 25 | 26 | 27 | 28 | 29 | 30 |
| B | C | C | D | D | B | B | A | B | B |
| 31 | 32 | | | | | | | | |
| B | C | | | | | | | | |

四、多项选择题

| 1 | 2 | 3 | 4 | 5 | 6 | 7 | 8 | 9 | 10 |
|---|---|---|---|---|---|---|---|---|---|
| BCDE | ABCDE | ABCE | ABCDE | ABCDE | DE | CE | BCDE | ACD | ADE |
| 11 | 12 | 13 | 14 | 15 | 16 | 17 | 18 | 19 | 20 |
| AD | CD | ABC | AE | ABDE | ACDE | ABCDE | AD | CD | CDE |

五、表格题

表 7.1 账户按用途和结构分类

| 分类 | 账户 | 分类 | 账户 |
|---|---|---|---|
| 盘存类 | 固定资产 | 调整类 | 坏账准备 |
| 资本类 | 资本公积 | 集合分配类 | 制造费用 |
| 结算类 | 应收账款 | 成本计算类 | 生产成本 |

## 第 8 章

一、讨论题(略)

二、判断题

| 1 | 2 | 3 | 4 | 5 | 6 | 7 | 8 | 9 | 10 |
|---|---|---|---|---|---|---|---|---|---|
| √ | × | × | × | × | √ | × | √ | √ | √ |
| 11 | 12 | 13 | 14 | 15 | 16 | 17 | 18 | 19 | 20 |
| √ | × | √ | √ | × | × | √ | √ | × | √ |
| 21 | 22 | 23 | 24 | 25 | 26 | 27 | 28 | 29 | 30 |
| × | × | √ | × | √ | √ | × | × | × | √ |
| 31 | 32 | | | | | | | | |
| √ | × | | | | | | | | |

## 三、单项选择题

| | | | | | | | | | |
|---|---|---|---|---|---|---|---|---|---|
| 1 | 2 | 3 | 4 | 5 | 6 | 7 | 8 | 9 | 10 |
| A | A | C | A | D | B | C | B | A | A |
| 11 | 12 | 13 | 14 | 15 | 16 | 17 | 18 | 19 | 20 |
| B | D | A | D | B | B | A | D | C | B |
| 21 | 22 | 23 | 24 | 25 | 26 | 27 | 28 | 29 | 30 |
| D | A | B | D | B | B | A | D | C | C |
| 31 | 32 | 33 | 34 | 35 | | | | | |
| B | C | B | D | D | | | | | |

## 四、多项选择题

| | | | | | | | | | |
|---|---|---|---|---|---|---|---|---|---|
| 1 | 2 | 3 | 4 | 5 | 6 | 7 | 8 | 9 | 10 |
| BCD | ABE | ABCDE | BC | ABD | BCDE | DE | AC | ACD | ABCDE |
| 11 | 12 | 13 | 14 | 15 | 16 | 17 | 18 | 19 | 20 |
| ABCD | ABCD | ABCE | ACE | CDE | BC | AB | AB | ABCDE | ADE |
| 21 | 22 | 23 | 24 | | | | | | |
| AC | ABC | CD | DE | | | | | | |

## 五、业务题

业务题一

(1)银付 001,以分录代凭证(下同)

借:库存现金　　5 000

　　贷:银行存款　　5 000

(2)银收 001

借:银行存款　　93 600

　　贷:应收账款——中鑫公司　　93 600

(3)现付 001

借:其他应收款——王某　　3 500

　　贷:库存现金　　3 500

(4)银付 002

借:应交税费——应交所得税　　38 000

　　　　　——应交增值税　　13 000

　　贷:银行存款　　51 000

(5)现付 002

借:管理费用——业务招待费　　850

　　贷:库存现金　　850

(6)转 001

借:生产成本——甲产品　　200 000

　贷:原材料——A 材料　　150 000

　　　　——B 材料　　50 000

转 002

借:生产成本——乙产品　　30 000

　贷:原材料——B 材料　　30 000

(7)银付 003

借:应付账款——南方公司　　146 250

　贷:银行存款　　146 250

(8)转 003

借:在途物资——A 材料　　297 000

　　　　——B 材料　　38 000

　应交税费——应交增值税(进项税额)　　43 550

　贷:应付账款——南方公司　　378 550

(9)银付 004

借:在途物资——A 材料　　3 000

　　　　——B 材料　　2 000

　应交税费——应交增值税(进项税额)　　450

　贷:银行存款　　5 450

(10)转 004

借:原材料——A 材料　　300 000

　贷:在途物资——A 材料　　300 000

转 005

借:原材料——B 材料　　40 000

　贷:在途物资——B 材料　　40 000

(11)银收 002

借:银行存款　　200 000

　贷:短期借款　　200 000

(12)银付 005

借:库存现金　　155 000

　贷:银行存款　　155 000

(13)现付 003

借:应付职工薪酬　　155 000

　贷:库存现金　　155 000

(14)转 006

借:应收账款——中鑫公司　　678 000

　贷:主营业务收入　　600 000

　　应交税费——应交增值税(销项税额)　　78 000

(15)转 007

借:管理费用——差旅费　3 200

　贷:其他应收款——王某　3 200

现收 001

借:库存现金　300

　贷:其他应收款——王某　300

(16)转 008

借:生产成本——甲产品　100 000

　制造费用　2 000

　贷:原材料——A 材料　60 000

　　　　——B 材料　40 000

(17)银付 006

借:销售费用　8 000

　应交税费——应交增值税(进项税额)　480

　贷:银行存款　8 480

(18)转 009

借:固定资产　800 000

　贷:实收资本——大新公司　800 000

(19)银收 003

借:银行存款　678 000

　贷:应收账款——中鑫公司　678 000

(20)银付 007

借:应付账款——南方公司　378 550

　贷:银行存款　378 550

(21)银付 008

借:短期借款　190 000

　贷:银行存款　190 000

(22)转 010

借:营业外支出　18 000

　贷:其他应收款　18 000

(23)转 011

借:应收账款——连发公司　90 400

　贷:主营业务收入　80 000

　　应交税费——应交增值税(销项税额)　10 400

(24)现付 004

借:销售费用　880

　应交税费——应交增值税(进项税额)　79.20

　贷:库存现金　959.20

(25)银付 009

借:制造费用　　1 500

　应交税费——应交增值税(进项税额)　　195

　贷:银行存款　　1 695

(26)银付 010

借:生产成本——甲产品　　5 000

　　　　——乙产品　　2 000

　制造费用　　500

　管理费用　　500

　应交税费——应交增值税(进项税额)　　1 040

　贷:银行存款　　9 040

(27)转 012

借:生产成本——甲产品　　72 000

　　　　——乙产品　　48 000

　制造费用　　15 000

　管理费用　　20 000

　贷:应付职工薪酬　　155 000

(28)转 013

借:制造费用　　26 000

　管理费用　　3 500

　贷:累计折旧　　29 500

(29)归集制造费用,如表 8.1 所示。

**表 8.1　制造费用**　　单位:元

| 日期 | 凭证字号 | 借方金额 | 贷方金额 |
|---|---|---|---|
| 6 月 15 日 | 转 008 | 2 000 | |
| 6 月 28 日 | 银付 009 | 1 500 | |
| 6 月 29 日 | 银付 010 | 500 | |
| 6 月 30 日 | 转 012 | 15 000 | |
| 6 月 30 日 | 转 013 | 26 000 | |
| 6 月 30 日 | 转 014 | | 45 000 |
| 本月合计 | | 45 000 | 45 000 |

甲产品工资分配率=72 000÷(72 000+48 000)=60%

甲产品承担的制造费用=45 000×60%=27 000(元)

乙产品承担制造费用=45 000×(1−60%)=18 000(元)

转 014

借:生产成本——甲产品　　27 000

　　　　——乙产品　　18 000

贷:制造费用 45 000

(30)转 015

借:库存商品——甲产品 270 000

贷:生产成本——甲产品 270 000

转 016

借:库存商品——乙产品 100 000

贷:生产成本——乙产品 100 000

(31)转 017

借:主营业务成本 410 000

贷:库存商品——甲产品 360 000

——乙产品 50 000

(32)先登记有关收入、费用账户,如表 8.2 至表 8.6 所示。

**表 8.2 主营业务收入** 单位:元

| 日期 | 凭证字号 | 借方金额 | 贷方金额 |
|---|---|---|---|
| 6 月 13 日 | 转 006 | | 600 000 |
| 6 月 26 日 | 转 011 | | 80 000 |
| 6 月 30 日 | 转 018 | 680 000 | |
| 本月合计 | | 680 000 | 680 000 |

**表 8.3 主营业务成本** 单位:元

| 日期 | 凭证字号 | 借方金额 | 贷方金额 |
|---|---|---|---|
| 6 月 30 日 | 转 017 | 410 000 | |
| 6 月 30 日 | 转 019 | | 410 000 |
| 本月合计 | | 410 000 | 410 000 |

**表 8.4 管理费用** 单位:元

| 日期 | 凭证字号 | 借方金额 | 贷方金额 |
|---|---|---|---|
| 6 月 5 日 | 现付 002 | 850 | |
| 6 月 14 日 | 转 007 | 3 200 | |
| 6 月 29 日 | 银付 010 | 500 | |
| 6 月 30 日 | 转 012 | 20 000 | |
| 6 月 30 日 | 转 013 | 3 500 | |
| 6 月 30 日 | 转 019 | | 28 050 |
| 本月合计 | | 28 050 | 28 050 |

表 8.5 销售费用 单位:元

| 日期 | 凭证字号 | 借方金额 | 贷方金额 |
|---|---|---|---|
| 6月16日 | 银付 006 | 8 000 | |
| 6月27日 | 现付 004 | 880 | |
| 6月30日 | 转 019 | | 8 880 |
| 本月合计 | | 8 880 | 8 880 |

表 8.6 营业外支出 单位:元

| 日期 | 凭证字号 | 借方金额 | 贷方金额 |
|---|---|---|---|
| 6月23日 | 转 010 | 18 000 | |
| 6月30日 | 转 019 | | 18 000 |
| 本月合计 | | 18 000 | 18 000 |

转 018

借:主营业务收入 680 000

　贷:本年利润 680 000

转 019

借:本年利润 464 930

　贷:主营业务成本 410 000

　　管理费用 28 050

　　销售费用 8 880

　　营业外支出 18 000

(33)本月利润总额=680 000−464 930=215 070(元)

应交所得税=215 070×25%=53 767.50(元)

转 020

借:所得税费用 53 767.50

　贷:应交税费 53 767.50

转 021

借:本年利润 53 767.50

　贷:所得税费用 53 767.50

(34)转 022

借:利润分配 16 130.25

　贷:盈余公积 16 130.25

业务题二

(1)转账凭证

借:固定资产 300 000

　贷:实收资本 300 000

(2)付款凭证

借:在途物资——甲材料 50 000

应交税费——应交增值税(进项税额) 6 500

贷:银行存款 56 500

(3)付款凭证

借:在途物资——甲材料 3 000

应交税费——应交增值税(进项税额) 270

贷:银行存款 3 270

转账凭证

借:原材料——甲材料 53 000

贷:在途物资——甲材料 53 000

(4)转账凭证

借:生产成本——A 产品 45 000

管理费用 20 000

制造费用 5 000

销售费用 2 000

贷:原材料——甲材料 72 000

(5)付款凭证

借:其他应收款——小陈 1 000

贷:库存现金 1 000

(6)付款凭证

借:库存现金 40 000

贷:银行存款 40 000

转账凭证

借:应付职工薪酬 40 000

贷:库存现金 40 000

(7)付款凭证

借:销售费用 10 000

应交税费——应交增值税(进项税额) 900

贷:银行存款 10 900

(8)转账凭证

借:管理费用 1 300

贷:其他应收款——小陈 1 300

付款凭证

借:其他应收款——小陈 300

贷:库存现金 300

(9)转账凭证

借:应收账款 226 000

贷:主营业务收入 200 000

应交税费——应交增值税(销项税额) 26 000

付款凭证

借:应收账款 1 200

贷:银行存款 1 200

(10)收款凭证

借:银行存款 14 690

贷:其他业务收入 13 000

应交税费——应交增值税(销项税额) 1 690

转账凭证

借:其他业务成本 10 000

贷:原材料——乙材料 10 000

(11)收款凭证

借:银行存款 500

贷:其他应付款 500

(12)付款凭证

借:制造费用 3 000

管理费用 1 000

应交税费——应交增值税(进项税额) 520

贷:银行存款 4 520

(13)付款凭证

借:制造费用 500

贷:银行存款 500

(14)转账凭证

借:生产成本——A 产品 28 000

制造费用 4 000

管理费用 8 000

贷:应付职工薪酬 40 000

(15)转账凭证

借:制造费用 6 000

管理费用 2 000

贷:累计折旧 8 000

(16)转账凭证

借:生产成本——A 产品 18 500

贷:制造费用 18 500

(17)转账凭证

借:财务费用 4 000

贷:应付利息 4 000

(18)转账凭证

借:主营业务收入 200 000

其他业务收入　　13 000

贷:本年利润　　213 000

## 第 9 章

### 一、讨论题(略)

### 二、判断题

| 1 | 2 | 3 | 4 | 5 | 6 | 7 | 8 | 9 | 10 |
|---|---|---|---|---|---|---|---|---|---|
| × | √ | × | √ | √ | × | × | √ | × | √ |
| 11 | 12 | 13 | 14 | 15 | 16 | 17 | 18 | 19 | 20 |
| × | √ | × | × | × | √ | × | × | × | √ |
| 21 | 22 | 23 | 24 | 25 | 26 | 27 | 28 | 29 | 30 |
| × | √ | × | √ | × | √ | √ | √ | × | × |

### 三、单项选择题

| 1 | 2 | 3 | 4 | 5 | 6 | 7 | 8 | 9 | 10 |
|---|---|---|---|---|---|---|---|---|---|
| A | D | A | D | A | C | C | B | D | B |
| 11 | 12 | 13 | 14 | 15 | 16 | 17 | 18 | 19 | 20 |
| D | C | C | D | D | A | A | D | A | B |
| 21 | 22 | 23 | 24 | 25 | 26 | 27 | 28 | 29 | 30 |
| B | D | D | A | D | B | D | D | A | B |
| 31 | 32 | 33 | 34 | | | | | | |
| C | D | C | A | | | | | | |

### 四、多项选择题

| 1 | 2 | 3 | 4 | 5 | 6 | 7 | 8 | 9 | 10 |
|---|---|---|---|---|---|---|---|---|---|
| ABCD | ABCD | CD | AD | BD | ABC | ABCD | AB | AB | BCD |
| 11 | 12 | 13 | 14 | 15 | 16 | 17 | 18 | 19 | 20 |
| ABD | AD | BC | CD | BC | ABCD | AD | ACD | ABCD | ACD |
| 21 | 22 | 23 | 24 | 25 | | | | | |
| ABC | AD | AD | BD | ABC | | | | | |

### 五、业务题

业务题一

(1)登记三栏式现金日记账和银行存款日记账(见表 9.3 与表 9.4)。

**表 9.3　现金日记账(三栏式)**　　　　第　　页

| 20××年 | | 凭证 | | 摘要 | 对方科目 | 收入 | 支出 | 结余 |
|---|---|---|---|---|---|---|---|---|
| 月 | 日 | 字 | 号 | | | | | |
| 6 | 1 | | | 期初余额 | | | | 1 200 |
| | 1 | 银付 | 001 | 提取现金 | 银行存款 | 5 000 | | 6 200 |
| | 2 | 现付 | 001 | 王某预支差旅费 | 其他应收款 | | 3 500 | 2 700 |
| | 5 | 现付 | 002 | 支付业务招待费 | 管理费用 | | 850 | 1 850 |
| | 12 | 银付 | 005 | 提取现金 | 银行存款 | 155 000 | | 156 850 |
| | 12 | 现付 | 003 | 发放工资 | 应付职工薪酬 | | 155 000 | 1 850 |
| | 14 | 现收 | 001 | 王某冲账 | 其他应收款 | 300 | | 2 150 |
| | 27 | 现付 | 004 | 支付销售运输费 | 销售费用 | | 959.20 | 1 190.80 |
| | 30 | | | 本月合计 | | 160 300 | 160 309.20 | 1 190.80 |

**表 9.4　银行存款日记账(三栏式)**

账号　　　　　　　　户名　　　　　　　　第　　页

| 20××年 | | 凭证 | | 摘要 | 对方科目 | 结算凭证(略) | | 收入 | 支出 | 结余 |
|---|---|---|---|---|---|---|---|---|---|---|
| 月 | 日 | 字 | 号 | | | 种类 | 号数 | | | |
| 6 | 1 | | | 期初余额 | | | | | | 160 800 |
| | 1 | 银付 | 001 | 提取现金 | 库存现金 | | | | 5 000 | 155 800 |
| | 2 | 银收 | 001 | 收中鑫公司前欠货款 | 应收账款 | | | 93 600 | | 249 400 |
| | 5 | 银付 | 002 | 支付税款 | 应交税费 | | | | 51 000 | 198 400 |
| | 6 | 银付 | 003 | 偿还南方公司货款 | 应付账款 | | | | 146 250 | 52 150 |
| | 7 | 银付 | 004 | 支付购货运杂费 | 在途物资 | | | | 5 450 | 46 700 |
| | 9 | 银收 | 002 | 取得短期借款 | 短期借款 | | | 200 000 | | 246 700 |
| | 12 | 银付 | 005 | 提取现金 | 库存现金 | | | | 155 000 | 91 700 |
| | 16 | 银付 | 006 | 支付广告费 | 销售费用 | | | | 8 480 | 83 220 |
| | 20 | 银收 | 003 | 收中鑫公司前欠货款 | 应收账款 | | | 678 000 | | 761 220 |
| | 21 | 银付 | 007 | 偿还南方公司货款 | 应付账款 | | | | 378 550 | 382 670 |
| | 22 | 银付 | 008 | 偿还短期借款 | 短期借款 | | | | 190 000 | 192 670 |
| | 28 | 银付 | 009 | 支付机器修理费 | 制造费用 | | | | 1 635 | 191 035 |
| | 29 | 银付 | 010 | 支付本月电费 | 生产成本等 | | | | 9 040 | 181 995 |
| | 30 | | | 本月合计 | | | | 971 600 | 950 405 | 181 995 |

(2)登记明细分类账(见表9.5至表9.9)。

**表9.5　明细分类账(数量金额式)**

材料名称:A材料

| 20××年 | | 凭证 | | 摘要 | 收入 | | | 发出 | | | 结存 | | |
|---|---|---|---|---|---|---|---|---|---|---|---|---|---|
| 月 | 日 | 字 | 号 | | 数量/千克 | 单价/元 | 金额/元 | 数量/千克 | 单价/元 | 金额/元 | 数量/千克 | 单价/元 | 金额/元 |
| 6 | 1 | | | 期初余额 | | | | | | | 17 000 | 10 | 170 000 |
| | 6 | 转 | 001 | 领用 | | | | 15 000 | 10 | 150 000 | 2 000 | 10 | 20 000 |
| | 8 | 转 | 004 | 入库 | 30 000 | 10 | 300 000 | | | | 32 000 | 10 | 320 000 |
| | 15 | 转 | 008 | 领用 | | | | 6 000 | 10 | 60 000 | 26 000 | 10 | 260 000 |
| | 30 | | | 本月合计 | 30 000 | 10 | 300 000 | 21 000 | 10 | 210 000 | 26 000 | 10 | 260 000 |

**表9.6　明细分类账(数量金额式)**

商品名称:甲产品

| 20××年 | | 凭证 | | 摘要 | 收入 | | | 发出 | | | 结存 | | |
|---|---|---|---|---|---|---|---|---|---|---|---|---|---|
| 月 | 日 | 字 | 号 | | 数量/件 | 单价/元 | 金额/元 | 数量/件 | 单价/元 | 金额/元 | 数量/件 | 单价/元 | 金额/元 |
| 6 | 1 | | | 期初余额 | | | | | | | 3 000 | 90 | 270 000 |
| | 30 | 转 | 015 | 完工入库 | 3 000 | 90 | 270 000 | | | | 6 000 | 90 | 540 000 |
| | 30 | 转 | 017 | 结转销售成本 | | | | 4 000 | 90 | 360 000 | 2 000 | 90 | 180 000 |
| | 30 | | | 本月合计 | 3 000 | 90 | 270 000 | 4 000 | 90 | 360 000 | 2 000 | 90 | 180 000 |

**表9.7　多栏式明细账**

会计科目:制造费用　　　　第　　页

| 20××年 | | 凭证 | | 摘要 | 职工薪酬 | 机物料消耗 | 折旧费 | 电费 | 修理费 | 其他 | 合计 |
|---|---|---|---|---|---|---|---|---|---|---|---|
| 月 | 日 | 字 | 号 | | | | | | | | |
| 6 | 15 | 转 | 008 | 机物料消耗 | | 2 000 | | | | | 2 000 |
| | 28 | 银付 | 009 | 修理机器 | | | | | 1 500 | | 1 500 |
| | 29 | 银付 | 010 | 车间电费 | | | | 500 | | | 500 |
| | 30 | 转 | 012 | 分配工资 | 15 000 | | | | | | 15 000 |
| | 30 | 转 | 013 | 计提折旧 | | | 26 000 | | | | 26 000 |
| | 30 | 转 | 014 | 结转制造费用 | (1 500) | (2 000) | (26 000) | (500) | (1 500) | | (45 000) |

注:表中加括号的数字表示减少数

表 9.8　明细分数账(三栏式)

会计科目:应收账款——中鑫公司　　　　第　　页

| 20××年 | | 凭证 | | 摘要 | 借方 | 贷方 | 借或贷 | 余额 |
|---|---|---|---|---|---|---|---|---|
| 月 | 日 | 字 | 号 | | | | | |
| 6 | 1 | | | 期初余额 | | | 借 | 93 600 |
| | 2 | 银收 | 001 | 收中鑫公司前欠货款 | | 93 600 | 平 | 0 |
| | 14 | 转 | 006 | 向中鑫公司赊销产品 | 678 000 | | 借 | 678 000 |
| | 19 | 银收 | 003 | 收中鑫公司前欠货款 | | 678 000 | 平 | 0 |
| | 30 | | | 本月合计 | 678 000 | 771 600 | 平 | 0 |

表 9.9　明细分类账(三栏式)

会计科目:应付账款——南方公司　　　　第　　页

| 20××年 | | 凭证 | | 摘要 | 借方 | 贷方 | 借或贷 | 余额 |
|---|---|---|---|---|---|---|---|---|
| 月 | 日 | 字 | 号 | | | | | |
| 6 | 1 | | | 期初余额 | | | 贷 | 146 250 |
| | 6 | 银付 | 003 | 偿还南方公司货款 | 146 250 | | 平 | 0 |
| | 7 | 转 | 003 | 从南方公司赊购材料 | | 378 550 | 贷 | 378 550 |
| | 21 | 银付 | 007 | 偿还南方公司前欠货款 | 378 550 | | 平 | 0 |
| | 30 | | | 本月合计 | 524 800 | 378 550 | 平 | 0 |

(3)登记总分类账(见表 9.10 与表 9.11)。

表 9.10　总分类账(三栏式)

会计科目:其他应收款　　　　第　　页

| 20××年 | | 凭证 | | 摘要 | 对方科目 | 借方 | 贷方 | 借或贷 | 余额 |
|---|---|---|---|---|---|---|---|---|---|
| 月 | 日 | 字 | 号 | | | | | | |
| 6 | 1 | | | 期初余额 | | | | 借 | 20 400 |
| | 2 | 现付 | 001 | 综合办王某预支差旅费 | 库存现金 | 3 500 | | 借 | 23 900 |
| | 14 | 转 | 007 | 综合办王某报销差旅费 | 管理费用 | | 3 200 | 借 | 20 700 |
| | 14 | 现收 | 001 | 综合办王某交回多余现金 | 库存现金 | | 300 | 借 | 20 400 |
| | 23 | 转 | 010 | 确认机床毁损损失 | 营业外支出 | | 18 000 | 借 | 2 400 |
| | 30 | | | 本月合计 | | 3 500 | 21 500 | 借 | 2 400 |

表 9.11　总分类账(三栏式)

会计科目:应交税费　　　　　　　　　　　　　　　　　　　　第　页

| 20××年 | | 凭证 | | 摘要 | 对方科目 | 借方 | 贷方 | 借或贷 | 余额 |
|---|---|---|---|---|---|---|---|---|---|
| 月 | 日 | 字 | 号 | | | | | | |
| 6 | 1 | | | 期初余额 | | | | | 51 000 |
| | 5 | 银付 | 002 | 交纳所得税、增值税 | 银行存款 | 51 000 | | 贷 | 0 |
| | 7 | 转 | 003 | 增值税进项税 | 应付账款 | 43 550 | | 借 | 43 550 |
| | 7 | 银付 | 004 | 增值税进项税 | 银行存款 | 450 | | 借 | 43 100 |
| | 13 | 转 | 006 | 增值税销项税 | 应收账款 | | 78 000 | 贷 | 121 100 |
| | 16 | 银付 | 006 | 增值税进项税 | 银行存款 | 480 | | 贷 | 120 620 |
| | 26 | 转 | 011 | 增值税销项税 | 应收账款 | | 10 400 | 贷 | 131 020 |
| | 27 | 现付 | 004 | 增值税进项税 | 库存现金 | 79.20 | | 贷 | 130 940.80 |
| | 28 | 银付 | 009 | 增值税进项税 | 银行存款 | 195 | | 贷 | 130 745.80 |
| | 29 | 银付 | 010 | 增值税进项税 | 银行存款 | 1 040 | | 贷 | 129 705.80 |
| | 30 | 转 | 020 | 确认应交所得税 | 所得税费用 | | 53 767.50 | 贷 | 183 473.30 |
| | 30 | | | 本月合计 | | 96 794.20 | 142 167.50 | 贷 | 183 473.30 |

业务题二

说明:括号内金额表示红字。

(1)分析:原会计分录科目运用正确,但金额少计 9 000 元(9 000=98 300−89 300),可采用补充登记法更正,补充登记少计的 9 000 元。更正后的会计分录如下:

借:银行存款　　9 000

　贷:应收账款——光华公司　　9 000

(2)分析:原会计分录中科目运用正确,但金额多计 81 000 元(81 000=90 000−9 000)。可采用红字更正法更正,以冲销多计的 81 000 元。更正后的会计分录如下:

借:管理费用　　(81 000)

　贷:累计折旧　　(81 000)

(3)分析:原会计分录中科目和金额均有错误,可采用红字更正法,先将原错误的会计分录冲销,然后再编制一正确分录。

借:在途物资　　(680)

　贷:银行存款　　(680)

借:销售费用　　860

　贷:银行存款　　860

(4)分析:原会计分录中科目运用错误,并已登记入账,可以采用红字更正法更正。更正后的会计分录如下:

借:主营业务成本　　(75 000)

　贷:原材料　　(75 000)

借:其他业务成本　　75 000

　贷:原材料　　75 000

(5)分析:该业务的会计分录正确,只是在登账时误将50 000元写成了80 000元。可采用划线更正法更正,即用红色水笔将账簿中记录的50 000全部划去,再在该数字的上方写上80 000,然后由更正人员签章。

业务题三

分录如下(假定不考虑增值税):

(1)购入材料

转001　借:材料采购——甲材料　　8 000
　　　　贷:应付账款——A公司　　8 000

转002　借:原材料——甲材料　　8 000
　　　　贷:材料采购——甲材料　　8 000

(2)支付货款

银付001　借:应付账款——B公司　　15 000
　　　　　贷:银行存款　　15 000

(3)接收B公司乙材料

转003　借:原材料——乙材料　　22 500
　　　　贷:实收资本　　22 500

(4)生产领用甲材料

转004　借:生产成本——C产品　　14 000
　　　　贷:原材料——甲材料　　14 000

(5)生产领用乙材料

转005　借:生产成本——C产品　　30 000
　　　　管理费用　　7 500
　　　　贷:原材料——乙材料　　37 500

(6)支付货款

银付002　借:应付账款——A公司　　30 000
　　　　　贷:银行存款　　30 000

**表9.12　总分类账(三栏式)**

会计科目:原材料　　　　第　　页

| 20××年 | | 凭证 | | 摘要 | 对方科目 | 借方 | 贷方 | 借或贷 | 余额 |
|---|---|---|---|---|---|---|---|---|---|
| 月 | 日 | 字 | 号 | | | | | | |
| 4 | 1 | | | 月初余额 | | | | 借 | 30 000 |
| | 2 | 转 | 002 | 材料入库 | 材料采购 | 8 000 | | 借 | 38 000 |
| | 8 | 转 | 003 | 材料入库 | 实收资本 | 22 500 | | 借 | 60 500 |
| | 10 | 转 | 004 | 领用材料 | 生产成本 | | 14 000 | 借 | 46 500 |
| | 15 | 转 | 005 | 领用材料 | 生产成本 | | 37 500 | 借 | 9 000 |
| | 30 | | | 本月合计 | | 30 500 | 51 500 | 借 | 9 000 |

表 9.13　总分类账(三栏式)

会计科目:应付账款　　　　第　页

| 20××年 | | 凭证 | | 摘要 | 对方科目 | 借方 | 贷方 | 借或贷 | 余额 |
|---|---|---|---|---|---|---|---|---|---|
| 月 | 日 | 字 | 号 | | | | | | |
| 4 | 1 | | | 月初余额 | | | | 贷 | 50 000 |
| | 2 | 转 | 001 | 采购材料,款项未付 | 材料采购 | | 8 000 | 贷 | 58 000 |
| | 5 | 银付 | 001 | 支付款项 | 银行存款 | 15 000 | | 贷 | 43 000 |
| | 20 | 银付 | 002 | 支付款项 | 银行存款 | 30 000 | | 贷 | 13 000 |
| | 30 | | | 本月合计 | | 45 000 | 8 000 | 贷 | 13 000 |

表 9.14　明细分类账(数量金额式)

材料名称:甲材料

| 20××年 | | 凭证 | | 摘要 | 收入 | | | 发出 | | | 结存 | | |
|---|---|---|---|---|---|---|---|---|---|---|---|---|---|
| 月 | 日 | 字 | 号 | | 数量/千克 | 单价/元 | 金额/元 | 数量/千克 | 单价/元 | 金额/元 | 数量/千克 | 单价/元 | 金额/元 |
| 4 | 1 | | | 月初余额 | | | | | | | 500 | 20 | 10 000 |
| | 2 | 转 | 002 | 采购材料 | 400 | 20 | 8 000 | | | | 900 | 20 | 18 000 |
| | 10 | 转 | 004 | 领用材料 | | | | 700 | 20 | 14 000 | 200 | 20 | 4 000 |
| | 30 | | | 本月合计 | 400 | 20 | 8 000 | 700 | 20 | 14 000 | 200 | 20 | 4 000 |

表 9.15　明细分类账(数量金额式)

材料名称:乙材料

| 20××年 | | 凭证 | | 摘要 | 收入 | | | 发出 | | | 结存 | | |
|---|---|---|---|---|---|---|---|---|---|---|---|---|---|
| 月 | 日 | 字 | 号 | | 数量/千克 | 单价/元 | 金额/元 | 数量/千克 | 单价/元 | 金额/元 | 数量/千克 | 单价/元 | 金额/元 |
| 4 | 1 | | | 月初余额 | | | | | | | 800 | 25 | 20 000 |
| | 8 | 转 | 003 | 接受投资 | 900 | 25 | 22 500 | | | | 1 700 | 25 | 42 500 |
| | 15 | 转 | 005 | 领用材料 | | | | 1 500 | 25 | 37 500 | 200 | 25 | 5 000 |
| | 30 | | | 本月合计 | 900 | 25 | 22 500 | 1 500 | 25 | 37 500 | 200 | 25 | 5 000 |

表 9.16　明细分类账(三栏式)

会计科目:应付账款

二级或明细科目:A 公司　　　　第　　页

| 20××年 | | 凭证 | | 摘要 | 借方 | 贷方 | 借或贷 | 余额 |
|---|---|---|---|---|---|---|---|---|
| 月 | 日 | 字 | 号 | | | | | |
| 4 | 1 | | | 月初余额 | | | 贷 | 30 000 |
| | 2 | 转 | 001 | 采购材料,款项未付 | | 8 000 | 贷 | 38 000 |
| | 20 | 银付 | 002 | 支付款项 | 30 000 | | 贷 | 8 000 |
| | 30 | | | 本月合计 | 30 000 | 8 000 | 贷 | 8 000 |

表 9.17　明细分类账(三栏式)

会计科目:应付账款

二级或明细科目:B 公司　　　　第　　页

| 20××年 | | 凭证 | | 摘要 | 借方 | 贷方 | 借或贷 | 余额 |
|---|---|---|---|---|---|---|---|---|
| 月 | 日 | 字 | 号 | | | | | |
| 4 | 1 | | | 月初余额 | | | 贷 | 20 000 |
| | 5 | 银付 | 001 | 支付款项 | 15 000 | | 贷 | 5 000 |
| | 30 | | | 本月合计 | 15 000 | | 贷 | 5 000 |

业务题四

(1)采用红字更正法冲销原错误的会计分录,编制正确的会计分录(括号内金额表示红字)。

借:管理费用　　(20 000)
　　贷:银行存款　　(20 000)
借:营业外支出　　20 000
　　贷:银行存款　　20 000

(2)采用补充登记法更正该记账错误,更正会计分录如下。

借:原材料　　27 000
　　贷:银行存款　　27 000

(3)采用红字更正法更正该记账错误,更正会计分录如下。

借:银行存款　　(60 000)
　　贷:主营业务收入　　(60 000)
借:银行存款　　60 000
　　贷:预收账款　　60 000

(4)采用划线更正法该记账错误,将原错误金额 5 300 划红线注销,在其上方用蓝色或黑色墨水书写 3 500,并在旁边加盖更改人印章。

# 第 10 章

## 一、判断题

| 1 | 2 | 3 | 4 | 5 | 6 | 7 | 8 | 9 | 10 |
|---|---|---|---|---|---|---|---|---|---|
| × | √ | × | × | √ | × | × | × | √ | × |
| 11 | 12 | 13 | 14 | 15 | 16 | 17 | 18 | 19 | 20 |
| √ | × | × | √ | × | √ | × | √ | × | √ |
| 21 | 22 | 23 | 24 | 25 | 26 | 27 | 28 | 29 | 30 |
| √ | √ | × | × | × | √ | × | √ | × | √ |
| 31 | 32 | 33 | 34 | 35 | | | | | |
| × | √ | × | × | √ | | | | | |

## 二、单项选择题

| 1 | 2 | 3 | 4 | 5 | 6 | 7 | 8 | 9 | 10 |
|---|---|---|---|---|---|---|---|---|---|
| A | D | C | C | A | A | D | D | A | B |
| 11 | 12 | 13 | 14 | 15 | 16 | 17 | 18 | 19 | 20 |
| D | A | C | B | D | B | A | D | A | A |
| 21 | 22 | 23 | 24 | 25 | 26 | 27 | 28 | 29 | 30 |
| C | C | B | C | B | D | C | C | A | C |
| 31 | 32 | 33 | 34 | 35 | 36 | 37 | 38 | 39 | 40 |
| C | B | D | A | B | B | A | B | B | C |

## 三、多项选择题

| 1 | 2 | 3 | 4 | 5 | 6 | 7 | 8 | 9 | 10 |
|---|---|---|---|---|---|---|---|---|---|
| ABCD | ABD | CD | ABCD | AB | ABC | ABD | ABC | BCD | ABC |
| 11 | 12 | 13 | 14 | 15 | 16 | 17 | 18 | 19 | 20 |
| AC | CD | ABCD | BCD | BCD | AC | ABC | ABCD | ABD | AD |
| 21 | 22 | 23 | 24 | 25 | 26 | 27 | 28 | 29 | 30 |
| ABD | ACD | ABC | ABCD | AD | ABCD | AD | AD | ACD | ABC |

## 四、业务题

业务题一

表 10.8 资产负债表

会企 01 表

编制单位：东海公司　　20××年 9 月 30 日　　单位：元

| 资产 | 期末余额 | 年初余额（略） | 负债及所有者权益 | 期末余额 | 年初余额（略） |
|---|---|---|---|---|---|
| 流动资产： | | | 流动负债： | | |
| 货币资金 | 579 940 | | 短期借款 | 320 000 | |
| 交易性金融资产 | 200 000 | | 应付票据 | 162 000 | |
| 应收票据 | 240 000 | | 应付账款 | 526 000 | |
| 应收账款 | 454 330 | | 预收账款 | 140 140 | |
| 预付账款 | 93 600 | | 应付职工薪酬 | 120 500 | |
| 其他应收款 | 49 000 | | 应交税费 | 74 020 | |
| 存货 | 1 351 260 | | 其他应付款 | 98 000 | |
| 其他流动资产 | 200 000 | | 一年内到期的非流动负债 | 500 000 | |
| 流动资产合计 | 2 968 130 | | 其他流动负债 | | |
| | | | 流动负债合计 | 1 940 660 | |
| 非流动资产： | | | 非流动负债： | | |
| 固定资产 | 4 198 570 | | 长期借款 | 500 000 | |
| 在建工程 | 240 632 | | 其他非流动负债 | | |
| 无形资产 | 255 000 | | 非流动负债合计 | 500 000 | |
| 其他非流动资产 | | | 负债合计 | 2 440 660 | |
| 非流动资产合计 | 4 694 202 | | 所有者权益： | | |
| | | | 实收资本 | 4 800 000 | |
| | | | 资本公积 | 148 000 | |
| | | | 盈余公积 | 32 892 | |
| | | | 未分配利润 | 240 780 | |
| | | | 所有者权益合计 | 5 221 672 | |
| 资产总计 | 7 662 332 | | 负债及所有者权益总计 | 7 662 332 | |

业务题二

**表 10.10 利润表**

会企 02 表

编制单位:××企业　　20××年 9 月　　单位:元

| 项目 | 行次(略) | 本月数 | 本年累计数(略) |
|---|---|---|---|
| 一、营业收入 | | 370 000 | |
| 减:营业成本 | | 270 000 | |
| 税金及附加 | | 8 000 | |
| 销售费用 | | 10 000 | |
| 管理费用 | | 12 000 | |
| 财务费用 | | 5 000 | |
| 资产减值损失 | | 2 000 | |
| 加:公允价值变动收益(损失以"一"填列) | | 10 000 | |
| 投资收益(损失以"一"填列) | | 50 000 | |
| 其中:对联营企业和合营企业的投资收益 | | | |
| 二、营业利润(亏损以"一"填列) | | 123 000 | |
| 加:营业外收入 | | 20 000 | |
| 减:营业外支出 | | 12 000 | |
| 三、利润总额(亏损总额以"一"填列) | | 131 000 | |
| 减:所得税费用 | | 32 750 | |
| 四、净利润(净亏损以"一"填列) | | 98 250 | |

业务题三

**表 10.12 资产负债表**

编制单位:G 公司　　20××年 11 月 30 日　　单位:元

| 资产 | 期末余额 | 负债及所有者权益 | 期末余额 |
|---|---|---|---|
| 流动资产: | | 流动负债: | |
| 货币资金 | 1 258 637.55 | 短期借款 | 125 000.00 |
| 交易性金融资产 | 5 000.00 | 应付票据 | 45 116.43 |
| 应收票据 | 3 703.08 | 应付账款 | 245 116.43 |
| 应收账款 | 42 064.43 | 预收账款 | 277 831.43 |
| 预付账款 | 821 050.20 | 应付职工薪酬 | 3674.00 |
| 其他应收款 | 5 292 964.99 | 应交税费 | 141.26 |
| 存货 | 449 858.67 | 其他应付款 | 7 108 381.74 |

续表

| 资产 | 期末余额 | 负债及所有者权益 | 期末余额 |
|---|---|---|---|
| 流动资产合计 | 7 873 278.92 | 一年内到期的非流动负债 | 200 000.00 |
| | | 流动负债合计 | 8 005 261.28 |
| 非流动资产： | | 非流动负债： | |
| 长期股权投资 | 25 000.00 | 长期借款 | 800 000.00 |
| 固定资产 | 187 138.47 | 应付债券 | |
| 无形资产 | 76 531.05 | 长期应付款 | |
| 非流动资产合计 | 288 669.52 | 非流动负债合计 | 1 000 000.00 |
| | | 负债合计 | 8 805 261.28 |
| | | 所有者权益： | |
| | | 实收资本 | 225 000.00 |
| | | 资本公积 | 17 283.90 |
| | | 盈余公积 | 7 716.10 |
| | | 未分配利润 | −893 312.84 |
| | | 所有者权益合计 | −643 312.84 |
| 资产总计 | 8 161 948.44 | 负债及所有者权益总计 | 8 161 948.44 |

业务题四

**表 10.14 利润表**

编制单位:G 公司　　　　20××年 10 月　　　　单位:元

| 项目 | 本月数 |
|---|---|
| 一、营业收入 | 15 200 000 |
| 减:营业成本 | 9 450 000 |
| 税金及附加 | 340 000 |
| 销售费用 | 370 000 |
| 管理费用 | 330 000 |
| 财务费用 | 150 000 |
| 资产减值损失 | 430 000 |
| 加:公允价值变动收益(损失以“—”填列) | 33 000 |
| 投资收益(损失以“—”填列) | 240 000 |
| 二、营业利润(亏损以“—”填列) | 4 403 000 |
| 加:营业外收入 | 620 000 |
| 减:营业外支出 | 7 000 |

续表

| 项目 | 本月数 |
|---|---|
| 三、利润总额(亏损总额以"一"填列) | 5 016 000 |
| 减:所得税费用 | 1 254 000 |
| 四、净利润(净亏损以"一"填列) | 3 762 000 |

业务题五

**表 10.16 资产负债表**

编制单位:H公司　　20××年12月31日　　单位:元

| 资产 | 期末余额 | 负债及所有者权益 | 期末余额 |
|---|---|---|---|
| 流动资产: | | 流动负债: | |
| 货币资金 | 4 008 000 | 短期借款 | 440 000 |
| 交易性金融资产 | 8 000 | 应付票据 | 614 400 |
| 应收票据 | 364 000 | 应付账款 | 1 488 000 |
| 应收账款 | 1 720 000 | 预收账款 | 2 160 000 |
| 预付账款 | 960 000 | 应付职工薪酬 | 319 200 |
| 其他应收款 | 48 800 | 应交税费 | 59 600 |
| 存货 | 4 376 000 | 应付股利 | 320 000 |
| 流动资产合计 | 11 484 800 | 其他应付款 | 120 000 |
| | | 一年内到期的非流动负债 | 100 000 |
| | | 流动负债合计 | 5 621 200 |
| 非流动资产: | | 非流动负债: | |
| 长期股权投资 | 75 200 | 长期借款 | 200 000 |
| 固定资产 | 643 200 | 应付债券 | 808 000 |
| 在建工程 | 335 360 | 长期应付款 | |
| 无形资产 | 276 960 | 非流动负债合计 | 1 008 000 |
| 非流动资产合计 | 1 330 720 | 负债合计 | 6 629 200 |
| | | 所有者权益: | |
| | | 实收资本 | 4 800 000 |
| | | 资本公积 | 950 128 |
| | | 盈余公积 | 276 551 |
| | | 未分配利润 | 159 641 |
| | | 所有者权益合计 | 6 186 320 |
| 资产总计 | 12 815 520 | 负债及所有者权益总计 | 12 815 520 |

业务题六

表 10.18　利润表

编制单位：H公司　　　　20××年10月　　　　单位：元

| 项目 | 本月数 |
|---|---|
| 一、营业收入 | 15 311 524.90 |
| 减：营业成本 | 9 246 084.84 |
| 税金及附加 | 347 934.10 |
| 销售费用 | 373 468.49 |
| 管理费用 | 338 460.91 |
| 财务费用 | 159 151.23 |
| 资产减值损失 | 4 344 153.00 |
| 加：公允价值变动收益（损失以“－”填列） | －33 450.00 |
| 投资收益（损失以“－”填列） | 242 127.09 |
| 二、营业利润（亏损以“－”填列） | 710 949.42 |
| 加：营业外收入 | 620 087.00 |
| 减：营业外支出 | 6 555.00 |
| 三、利润总额（亏损总额以“－”填列） | 1 324 481.42 |
| 减：所得税费用 | 331 120.36 |
| 四、净利润（净亏损以“－”填列） | 993 361.07 |

## 第 11 章

### 一、判断题

| 1 | 2 | 3 | 4 | 5 | 6 | 7 | 8 | 9 | 10 |
|---|---|---|---|---|---|---|---|---|---|
| √ | √ | √ | × | √ | × | × | √ | × | × |
| 11 | 12 | 13 | 14 | 15 | 16 | 17 | 18 | 19 | 20 |
| × | × | × | √ | × | × | √ | × | √ | √ |
| 21 | 22 | 23 | 24 | 25 | 26 | 27 | 28 | 29 | 30 |
| √ | × | × | × | √ | × | √ | × | √ | × |

## 二、单项选择题

| 1 | 2 | 3 | 4 | 5 | 6 | 7 | 8 | 9 | 10 |
|---|---|---|---|---|---|---|---|---|---|
| C | A | C | A | D | D | C | D | D | D |
| 11 | 12 | 13 | 14 | 15 | 16 | 17 | 18 | 19 | 20 |
| D | B | B | C | D | B | B | A | C | D |
| 21 | 22 | 23 | 24 | | | | | | |
| C | B | B | D | | | | | | |

## 三、多项选择题

| 1 | 2 | 3 | 4 | 5 | 6 | 7 | 8 | 9 | 10 |
|---|---|---|---|---|---|---|---|---|---|
| ABCE | ABC | ABDE | BD | ABCDE | ABD | AB | AD | ABC | BD |
| 11 | 12 | 13 | 14 | 15 | 16 | 17 | 18 | 19 | 20 |
| BCD | AD | ABCD | ABD | AC | ABCD | ABD | BD | AB | ACD |

## 四、业务题

业务题一

**表 11.6 银行存款余额调节表**

20×8 年 11 月 30 日

单位名称:________ 开户行:________ 账号:________ 币种:人民币 单位:元

| 企业银行存款日记账 | 金额 | 银行对账单 | 金额 |
|---|---|---|---|
| 银行存款日记账余额 | 535 000 | 银行对账单余额 | 544 885 |
| 加:银行已收,企业未入账金额 | 17 008 | 加:企业已收,银行未入账金额 | 4 700 |
| 减:银行已付,企业未入账金额 | 3 468 | 减:企业已付,银行未入账金额 | 1 045 |
| 调节后的企业银行存款日记账余额 | 548 540 | 调节后的银行对账单余额 | 548 540 |

编制: 出纳:

业务题二

**表 11.9 银行存款余额调节表**

20××年 5 月 31 日

单位名称:________ 开户行:________ 账号:________ 币种:人民币 单位:元

| 企业银行存款日记账 | 金额 | 银行对账单 | 金额 |
|---|---|---|---|
| 银行存款日记账余额 | 80 000 | 银行对账单余额 | 75 000 |
| 加:银行已收,企业未入账金额 | 50 000 | 加:企业已收,银行未入账金额 | 52 000 |
| 减:银行已付,企业未入账金额 | 5 000 | 减:企业已付,银行未入账金额 | 2 000 |
| 调节后的企业银行存款日记账余额 | 125 000 | 调节后的银行对账单余额 | 125 000 |

编制: 出纳:

业务题三

(1)盘亏设备时:

借:待处理财产损溢——待处理固定资产损溢　　15 000

　累计折旧　　45 000

　贷:固定资产　　60 000

审批后转销:

借:营业外支出　　15 000

　贷:待处理财产损溢——待处理固定资产损溢　　15 000

(2)盘盈仪器时:

借:固定资产　　2 500

　贷:以前年度损益调整　　2 500

调整所得税:

借:以前年度损益调整　　625

　贷:应交税费——应交所得税　　625

调整以前年度留存收益:

借:以前年度损益调整　　1 875

　贷:盈余公积——法定盈余公积　　187.50

　　利润分配——未分配利润　　1 687.50

(3)库存现金盘盈时:

借:库存现金　　100

　贷:待处理财产损溢——待处理流动资产损溢　　100

转销时:

借:待处理财产损溢——待处理流动资产损溢　　100

　贷:营业外收入　　100

(4)甲材料盘亏(8 千克)时:

借:待处理财产损溢——待处理流动资产损溢　　180.80

　贷:原材料——甲材料　　160

　　应交税费——应交增值税(进项税额转出)　　20.80

转销时:

借:其他应收款——孙某　　180.80

　贷:待处理财产损溢——待处理流动资产损溢　　180.80

(5)乙材料盘盈(10 千克)时:

借:原材料——乙材料　　150

　贷:待处理财产损溢——待处理流动资产损溢　　150

转销时:

借:待处理财产损溢——待处理流动资产损溢　　150

　贷:管理费用　　150

(6)丙材料的盘亏,部分属于定额内损耗(正常损失),部分属于由自然灾害造成的损失,均不需转出进项税额。

借:待处理财产损溢——待处理流动资产损溢　25 000
　贷:原材料——丙材料　25 000

转销时:

借:管理费用　2 000
　营业外支出　5 000
　其他应收款——保险公司　18 000
　贷:待处理财产损溢——待处理流动资产损溢　25 000

(7)丁材料盘亏时:

借:待处理财产损溢——待处理流动资产损溢　226
　贷:原材料——丁材料　200
　　应交税费——应交增值税(进项税额转出)　26

转销时:

借:管理费用　226
　贷:待处理财产损溢——待处理流动资产损溢　226

(8)A 产品部分变质并变质处理收入现金时:

借:库存现金　1 000
　待处理财产损溢——待处理流动资产损溢　4 650
　贷:库存商品——A 产品　5 000
　　应交税费——应交增值税　650

转销时:

借:其他应收款——过失人　1 500
　管理费用　3 300
　贷:待处理财产损溢——待处理流动资产损溢　4 800

(9)借:坏账准备　2 000
　　贷:应收账款　2 000

(10)借:信用减值损失　18 000
　　贷:坏账准备　18 000

业务题四

(1)借:待处理财产损溢——待处理流动资产损溢　200
　　贷:库存现金　200

借:其他应收款——出纳员　200
　贷:待处理财产损溢——待处理流动资产损溢　200

(2)借:库存现金　50
　　贷:待处理财产损溢——待处理流动资产损溢　50

借:待处理财产损溢——待处理流动资产损溢　50
　贷:营业外收入　50

(3)借:原材料——A 材料　4 000

　　贷:待处理财产损溢——待处理流动资产损溢　4 000

借:待处理财产损溢——待处理流动资产损溢　4 000

　贷:管理费用　4 000

(4)借:待处理财产损溢——待处理流动资产损溢　9 000

　　贷:原材料——B 材料　9 000

其中 2 200 元(2 200=1 200+1 000)属于非正常损失,需要进行增值税进项税额转出处理:

借:待处理财产损溢　286

　贷:应交税费——应交增值税(进项税额转出)　286

借:其他应收款——王某　1 130

　　　　　　——保险公司　4 000

　管理费用　3 156

　营业外支出　1 000

　贷:待处理财产损溢　9 286

(5)借:待处理财产损溢——待处理固定资产损溢　50 000

　　累计折旧　13 000

　　贷:固定资产　63 000

借:其他应收款——保险公司　25 000

　营业外支出　25 000

　贷:待处理财产损溢——待处理固定资产损溢　50 000

(6)借:固定资产　43 000

　　贷:以前年度损益调整　43 000

调整所得税:

借:以前年度损益调整　10 750

　贷:应交税费——应交所得税　10 750

调整以前年度留存收益:

借:以前年度损益调整　32 250

　贷:盈余公积——法定盈余公积　3 225

　　利润分配——未分配利润　29 025

(7)借:资产减值损失　17 820

　　贷:坏账准备　17 820

(8)借:坏账准备　7 000

　　贷:应收账款　7 000

(9)借:资产减值损失　13 320

　　贷:坏账准备　13 320

业务题五

**表 11.12 银行存款余额调节表**

20××年12月31日

单位名称:G公司　　开户行:________　　账号:________　　币种:人民币　　单位:元

| 企业银行存款日记账 | 金额 | 银行对账单 | 金额 |
|---|---|---|---|
| 银行存款日记账余额 | 99 750 | 银行对账单余额 | 124 725 |
| 加:银行已收,企业未入账金额 | | 加:企业已收,银行未入账金额 | |
| 其中:1. 企业存款利息 | 6 300 | 其中:存入转账支票 | 8 250 |
| 2. 银行代收销货款 | 24 750 | | |
| 减:银行已付,企业未入账金额 | | 减:企业已付,银行未入账金额 | |
| 其中:银行代扣罚金 | 3 000 | 其中:1. 开出现金支票 | 300 |
| | | 2. 开出转账支票 | 4 875 |
| 调节后的企业银行存款日记账余额 | 127 800 | 调节后的银行对账单金额 | 127 800 |

编制:　　出纳:

业务题六

**表 11.13 银行存款余额调节表**

20××年12月31日

单位名称:H公司　　开户行:________　　账号:________　　币种:人民币　　单位:元

| 企业银行存款日记账 | 金额 | 银行对账单 | 金额 |
|---|---|---|---|
| 银行存款日记账余额 | 82 000 | 银行对账单余额 | 95 000 |
| 加:银行已收,企业未入账金额 | | 加:企业已收,银行未入账金额 | |
| 其中:银行代收销货款 | 13 300 | 其中:存入转账支票 | 600 |
| 减:银行已付,企业未入账金额 | | 减:企业已付,银行未入账金额 | |
| 其中:企业借款利息 | 150 | 其中:开出转账支票 | 450 |
| 调节后的企业银行存款日记账余额 | 95 150 | 调节后的银行对账单金额 | 95 150 |

编制:　　出纳:

## 第12章

### 一、判断题

| | | | | | | | | | |
|---|---|---|---|---|---|---|---|---|---|
| 1 | 2 | 3 | 4 | 5 | 6 | 7 | 8 | 9 | 10 |
| √ | √ | √ | √ | √ | √ | × | × | √ | × |
| 11 | 12 | 13 | 14 | 15 | | | | | |
| × | × | √ | × | √ | | | | | |

二、单项选择题

| 1 | 2 | 3 | 4 | 5 | 6 | 7 | 8 | 9 | 10 | 11 | 12 |
|---|---|---|---|---|---|---|---|---|---|---|---|
| A | B | D | B | B | C | A | D | C | D | A | B |

三、多项选择题

| 1 | 2 | 3 | 4 | 5 | 6 | 7 | 8 | 9 | 10 |
|---|---|---|---|---|---|---|---|---|---|
| ABC | AD | AD | ABC | ABCDE | ABC | ABCD | ACD | ABC | ABCD |

## 第 13 章

一、讨论题(略)

二、判断题

| 1 | 2 | 3 | 4 | 5 | 6 | 7 | 8 | 9 | 10 | 11 | 12 |
|---|---|---|---|---|---|---|---|---|---|---|---|
| × | √ | × | × | √ | √ | × | × | × | √ | × | √ |

三、单项选择题

| | | | | | | | | | |
|---|---|---|---|---|---|---|---|---|---|
| 1 | 2 | 3 | 4 | 5 | 6 | 7 | 8 | 9 | 10 |
| B | D | C | C | D | D | D | D | C | C |
| 11 | 12 | 13 | 14 | 15 | 16 | 17 | 18 | 19 | 20 |
| B | A | C | B | A | A | B | B | D | C |

四、多项选择题

| | | | | | | | | | |
|---|---|---|---|---|---|---|---|---|---|
| 1 | 2 | 3 | 4 | 5 | 6 | 7 | 8 | 9 | 10 |
| ABD | ABCD | CD | ABCD | ABCD | BCD | ABD | BCD | AD | CD |
| 11 | 12 | 13 | 14 | 15 | | | | | |
| ACD | ABCD | ABC | BC | CD | | | | | |

# 附录　会计学基础课程实验指导手册

## 实验总纲

**（一）教学目的**

会计学基础课程实验教学包含编制会计凭证、登记会计账簿与试算平衡、编制会计报表三个重要环节，课堂理论教学明确相关基础知识后，需要实验操作以加强学生的应用能力，加深学生的理解。设计本实验的目的在于补充课堂教学的知识结构，让学生对综合案例运用合理的手段，编制会计凭证、登记会计账簿并编制会计报表，培养学生解决实际问题的能力。

**（二）课程实验的组成**

本课程实验有三个主要部分：编制会计凭证、登记会计账簿与试算平衡、编制会计报表。由于每个部分的实验内容都需要大量基础理论知识的支撑，因此为了增强实验效果，达到实验目的，在每个实验的开头部分都设置了相关基础知识的训练和测试环节。学生在学习理论课的同时，通过实验课同步了解和掌握实际的会计操作，接受智能化的测试。通过电脑智能化的批改和信息汇总反馈，实验教师可随时掌握每个学生的学习情况，根据不同情况进行具体辅导，重点关注电脑显示的学生学习的薄弱环节。

本课程共设计了三个实验模块，包括 7～9 个智能化实训项目和 3 个手工操作实验项目。

**实验模块一：会计分录与记账凭证**

第一部分：基础知识训练。要求学生学习会计基础理论知识、商业企业和制造业企业主要经济活动的会计核算，熟练掌握会计要素、会计等式、会计科目和账户、会计分录等基础知识，通过课堂辅导和智能化网络实训，学生熟悉主要经济业务的会计分录。这一模块要求学生完成 3～4 个实训项目。

第二部分：手工填制记账凭证操作实验。要求学生采用规定的财会用具，选择合适的凭证格式，手工填制收款凭证、付款凭证和转账凭证。通过实验进行实际操作、训练和巩固知识之后，要求学生针对给定的综合教学案例进行经济业务分析，在记账凭证上填写正确的会计分录。

**实验模块二：登记账簿与试算平衡**

第一部分：基础知识训练。要求学生学习账簿分类、账簿的设置与登记、过账技术、账页设置、账项调整、结账分录、划线结账、错账更正等知识与技能，通过课堂辅导和智能化网络实训，熟练掌握账户知识和登记账簿的技术。这一模块要求学生完成 2～3 个实训项目。

第二部分：手工登记会计账簿实验。针对综合教学案例，要求学生按照规定的财会用具，选择合适的账簿格式，手工登记指定的日记账、明细账和总分类账户，并进行划线结账和编制试算平衡表。

**实验模块三：资产负债表与利润表**

第一部分：基础知识训练。要求学生学习会计报表的基本知识、基本技能和基本方法以及财产清查、账务处理程序，通过智能化网络实训和课堂辅导，完成 2 个实训项目。

第二部分：手工编制会计报表实验。要求学生针对给定的教学综合案例手工编制资产负债表与利润表。

上述三个手工账实验和 7～9 个配套的智能化实训项目都在实验室完成。

### (三)课程实验学时分配

会计学基础课程实验学时分配如表 1 所示。

**表 1　课程实验学时分配**

| 序号 | 内容 | 学时 |
|---|---|---|
| 1 | 实验一：编制会计凭证（及配套实训） | 10 |
| 2 | 实验二：登记会计账簿（及配套实训） | 8 |
| 3 | 实验三：试算平衡及编制会计报表（及配套实训） | 6 |
| 4 | 三次闭卷测试 | 6 |
| 5 | 学生实验成果展示和辅导 | 2 |
| 合计 | | 32 |

注：实验报告于第 15 周上交

### (四)课程实验控制总则

(1)每个学生自成一组，7～9 次相关的配套实训均在在线智能测试系统（比如 Blackboard，简称 BB）上进行，由系统自动评分和反馈。系统给每个学生派发相关题库，学生可以根据上课内容进行课前预习和课后练习，然后在上机实验课上实训和接受辅导。每次实训成绩由系统自动生成，期末按照权重汇总成平时分数。

(2)每个学生实验后都要上交自己手工编制的会计凭证、会计账簿、试算平衡表和会计报表，实验结果要清晰完整，三个实验环节由教师分别评分。

(3)实验报告由封面和正文两个部分组成，须包括以下内容：

①封面（包括实验名称、本次报告人、学号、姓名及任课教师）；

②序言（包括学生基本信息、实验目的、实验要求、实验内容概述、实验的起止时间）；

③实验目的和要求；

④实验内容和原理；

⑤实验的操作方法和实验步骤；

⑥实验结果和分析；

⑦实验中遇到的问题及解决办法；

⑧讨论和心得。

(4)任课教师在实验课上现场辅导,解答疑惑。

**(五)课程实验成果评分准则**

学生应准时上交会计凭证、账簿和报表以及实验报告,教师对迟交者酌情扣分。

课程实验评分的一般准则如下:

(1)会计凭证是会计工作的基础,因此合理地分析经济业务,选择合适的会计凭证,并且根据业务内容填写正确的分录,是财会人员的基本要求。

(2)在能够填制会计凭证的基础上,用正确的方法设置和登记账簿,达到试算平衡的要求,这是将会计信息进行汇总的关键,也是学习财会知识的人员应该具备的基础技能。

(3)能够用案例的信息编制会计报表,这是会计信息报送的基本能力,也是本课程合格的标准。

(4)编制分录正确,记录完整且准确、清晰,成绩可判定为优秀。如果部分分录错误,但是凭证、账簿和报表编制(或登记)方法科学合理,成绩可判定为合格。

# 实验模块一　会计分录与会计凭证

**(一)实验目的、实验准备与实验要求**

1. 实验目的

学习会计基础理论知识、制造业企业主要经济活动的会计核算等,通过在线练习和测试,学生熟悉会计学的基础知识和主要经济业务的会计分录,为编制会计凭证打下基础。通过在线智能测试系统的会计实训,敦促学生加强平时练习,加深学生对所学专业知识的理解。

帮助学生掌握根据原始凭证编制记账凭证的方法,熟悉记账凭证的格式及每一种记账凭证的编制方法,增强学生对经济业务的会计处理能力。

2. 实验准备

准备实验用品:蓝色或黑色墨水笔、直尺、印泥、票夹、回形针、胶水、装订机、计算器或算盘、记账凭证封面、专用记账凭证(现收、现付、银收、银付、转账)等。专用记账凭证可以定制、商店购买,也可以直接填写在本实验手册中的表格内。

3. 实验要求

实验要求实验操作者:①完成在线智能测试系统的配套实训与测试;②严格按有关规定编制记账凭证,正确挑选合适的凭证格式,编制凭证时做到手续完备、书写规范、会计分录正确。

**(二)实验内容**

第一部分:在实验室电脑中跟随上课进度,每周循序渐进地测试以下基础知识,为实验做好准备。

(1)会计学总论(包括会计的含义、目的、职能等);

(2)企业资金运动的会计核算(包括会计要素和会计等式);

(3)会计循环的理论知识;

(4)商业企业和制造业主要经济活动的会计核算；

(5)账户分类；

(6)会计基础理论知识；

(7)会计凭证的格式。

第二部分：针对案例编制会计凭证。在编制会计凭证的实验中综合运用前述理论知识进行操作，完成正确的会计计量过程。

**(三)实验步骤**

根据实验资料编制记账凭证。实验操作者应严格按有关规定编制记账凭证，做到内容完整、项目齐全、书写规范。

1. 正确选用记账凭证

实验操作者在编制记账凭证时，要对原始凭证进行审核，经审核无误的原始凭证才能作为编制记账凭证的依据。同时，如果本单位采用专用记账凭证格式，实验操作者应根据引起货币资金增减变动的业务的原始凭证，编制有关现金或银行存款科目的收款凭证和付款凭证，根据转账业务的原始凭证编制转账凭证。

2. 编制的记账凭证项目要齐全，手续要完备

(1)记账凭证必须具备的要素：填制凭证的日期，凭证编号，经济业务摘要内容，会计科目，金额，所附原始凭证张数，填制凭证人员、稽核人员、记账人员、会计主管人员签名或者盖章。收付款的记账凭证还应当由出纳人员签名或者盖章。

(2)对于现金与银行存款之间相互化转的收付款业务，一律编制付款凭证，不编收款凭证。

(3)记账凭证应当连续编号。可按现金收付、银行存款收付和转账业务分类编号，或者按现金收入、现金支出、银行存款收入、银行存款支出和转账分别编号。如果一笔经济业务需要填制两张或两张以上记账凭证，可采用分数编号法。

(4)记账凭证可以根据每一张原始凭证填列，或者根据若干张同类原始凭证汇总填列，也可以根据原始凭证汇总表填列，但不得将不同内容或类别的原始凭证汇总填列在一张记账凭证上。

(5)除结账和更正错账的记账凭证可以不附原始凭证外，其他记账凭证必须附原始凭证。如果一张原始凭证涉及几张记账凭证，可把原始凭证附在一张主要的记账凭证后面，在其他记账凭证上注明附有原始凭证的记账凭证的编号或者附原始凭证复印件。如果一张原始凭证所列支出需要几个单位共同负担，应就其他单位负担的部分，开具原始凭证分割单，进行结算。

3. 书写要规范

(1)摘要栏填写应简单明了，概括说明经济业务内容，填制在记账凭证上的会计科目必须正确，应借应贷的对应关系必须清楚。

(2)如果在填制记账凭证时发生错误，不得任意更改，应当重新填制；已登记入账的记账凭证，在年内发现填写错误时，应用红字填写一张与原内容相同的记账凭证，在摘要栏内注明"冲销某年某月某日第×号凭证错误"，同时再用蓝字重新填制一张正确的记账凭证，注明"更正某年某月某日第×号凭证错误"。如果科目没有错误，只是金额错误，也可以根据正确数字与错误数字之间的差额，另编一张调整的记账凭证。调增金额用蓝字，调减金

额用红字。发现以前年度的错误，应用蓝字填制一张更正的记账凭证。

(3)填制完经济业务后，记账凭证如有空行，应当自金额栏最后一笔金额数字下的空行处至合计数上的空行处画线注销。

(4)字迹必须清楚、工整，不得潦草。

①记账凭证的“摘要”栏是对经济业务的简要说明，也是登记账簿的重要依据，必须针对不同性质的经济业务的特点，考虑登记账簿的需要，正确填写，不可漏填或错填。

②必须按照会计制度统一规定的会计科目，根据经济业务的性质，编制会计分录，填入“借方科目”和“贷方科目”栏，“二级或明细科目”是指一级科目的二级或明细科目，不需要进行明细核算的一级科目，也可以不填“二级或明细科目”栏。

③“金额”栏中登记的金额应和“借方科目”或“贷方科目”相对应或与“一级科目”“二级或明细科目”分别对应。

④根据记账凭证登记有关账簿以后，在“过账”栏中注明所记账簿的页数或画“√”，表示已经登记入账，避免重记、漏记。在没有登账之前，该栏没有记录。

⑤“凭证编号”栏。记账凭证在一个月内应当连续编号，以便查核。收款、付款和转账凭证分别编号，对于收、付款凭证还要根据收、付的现金或银行存款分别编号，如“银收字第×号”“现付字第×号”“转字第×号”。一笔经济业务需要编制多张记账凭证时，可采用分数编号法。

⑥记账凭证的日期。收、付款凭证的日期应按货币资金收、付的日期填写，原则上转账凭证的日期应按收到原始凭证的日期填写，也可按填制记账凭证的日期填写。

⑦记账凭证右边“附件×张”，是指该记账凭证所附的原始凭证的张数，在凭证上必须注明，以便查核。如果根据同一原始凭证填制数张记账凭证，则应在未附原始凭证的记账凭证上注明“附件×张，见第×号记账凭证”，如果原始凭证需要另行保管，则应在附件栏目内加以注明。

⑧收款凭证或付款凭证左上方的“应借科目”或“应贷科目”，必须是“库存现金”或“银行存款”，不能是其他会计科目。凭证里面的“应借科目”或“应贷科目”是与“库存现金”或“银行存款”分别对应的科目。

⑨记账凭证填写完毕后应进行复核与检查，并按所使用的记账方法进行试算平衡。有关人员均要签名盖章，出纳人员根据收款凭证收款或付款凭证付款时，要在凭证上加盖“收讫”或“付讫”的戳记，以免重收、重付，防止差错。

**(四)实验素材与实验结果：编制记账凭证**

实验资料：大地公司为增值税一般纳税人，增值税税率为13%，20××年5月发生下列经济业务，要求编制每个业务的记账凭证(见表2至表33)。

1日，从银行提取现金8 000元，备用。

表 2 （ ）款凭证

（ ）方科目：（ ） 年 月 日 ____字第____号

| 摘要 | （ ）方科目 | | 金额 | 过账 |
|---|---|---|---|---|
| | 总账科目 | 明细科目 | | |
| | | | | |
| | | | | |
| | | | | |
| | | | | |
| 合计 | | | | |

会计主管 记账（ ） 出纳 复核 制单（ ）

2 日，收到明星公司还来的前欠货款 93 600 元，存入银行。

表 3 （ ）款凭证

（ ）方科目：（ ） 年 月 日 ____字第____号

| 摘要 | （ ）方科目 | | 金额 | 过账 |
|---|---|---|---|---|
| | 总账科目 | 明细科目 | | |
| | | | | |
| | | | | |
| | | | | |
| | | | | |
| 合计 | | | | |

会计主管 记账（ ） 出纳 复核 制单（ ）

2 日，综合办公室的王某预支差旅费 3 500 元，付现。

表 4 （ ）款凭证

（ ）方科目：（ ） 年 月 日 ____字第____号

| 摘要 | （ ）方科目 | | 金额 | 过账 |
|---|---|---|---|---|
| | 总账科目 | 明细科目 | | |
| | | | | |
| | | | | |
| | | | | |
| | | | | |
| 合计 | | | | |

会计主管 记账（ ） 出纳 复核 制单（ ）

5 日，以银行存款解缴所得税 38 000 元，增值税为 17 000 元。

表 5　(　　)款凭证

(　　)方科目:(　　　　　　)　　　　年　　月　　日　　　　____字第____号

| 摘要 | (　　)方科目 | | 金额 | 过账 |
|---|---|---|---|---|
| | 总账科目 | 明细科目 | | |
| | | | | |
| | | | | |
| | | | | |
| | | | | |
| 合计 | | | | |

会计主管　　　记账(　　　　)　　　出纳　　　　　复核　　　　制单(　　　　　)

5 日,以现金支付业务招待费 950 元。

表 6　(　　)款凭证

(　　)方科目:(　　　　　　)　　　　年　　月　　日　　　　____字第____号

| 摘要 | (　　)方科目 | | 金额 | 过账 |
|---|---|---|---|---|
| | 总账科目 | 明细科目 | | |
| | | | | |
| | | | | |
| | | | | |
| | | | | |
| 合计 | | | | |

会计主管　　　记账(　　　　)　　　出纳　　　　　复核　　　　制单(　　　　　)

6 日,生产甲产品领用 A 材料 15 000 千克,每千克价格为 10 元,计 150 000 元;领用 B 材料 25 000千克,每千克价格为 2 元,计 50 000 元。生产乙产品领用 B 材料 15 000 千克,每千克价格为 2 元,计 30 000 元。

表 7　(　　　　)凭证

年　　月　　日　　　　转字第____号

| 摘要 | 总账科目 | 明细科目 | 借方金额 | 贷方金额 | 过账 |
|---|---|---|---|---|---|
| | | | | | |
| | | | | | |
| | | | | | |
| | | | | | |
| | | | | | |
| | | | | | |
| 合计 | | | | | |

会计主管　　　记账(　　　　)　　　出纳　　　　　复核　　　　制单(　　　　　)

6 日，以银行存款偿还前欠南方公司的货款 146 250 元。

表 8 （　　）款凭证

（　　）方科目：（　　　　　　）　　　　年　　月　　日　　　　____字第____号

| 摘要 | （　　）方科目 | | 金额 | 过账 |
|---|---|---|---|---|
| | 总账科目 | 明细科目 | | |
| | | | | |
| | | | | |
| | | | | |
| | | | | |
| 合计 | | | | |

会计主管　　记账（　　　　）　　出纳　　复核　　制单（　　　　）

7 日，从南方公司购入 A 材料 30 000 千克，每千克为 9.9 元；B 材料 20 000 千克，每千克为 1.9 元，货款及增值税计 388 600 元。款项尚未支付。

表 9 （　　　）凭证

年　　月　　日　　　　转字第____号

| 摘要 | 总账科目 | 明细科目 | 借方金额 | 贷方金额 | 过账 |
|---|---|---|---|---|---|
| | | | | | |
| | | | | | |
| | | | | | |
| | | | | | |
| | | | | | |
| 合计 | | | | | |

会计主管　　记账（　　　　）　　出纳　　复核　　制单（　　　　）

7 日，以银行存款支付上项材料异地运杂费 5 000 元和增值税 450 元，按材料的重量比例分摊费用。

表 10 （　　）款凭证

（　　）方科目：（　　　　　　）　　　　年　　月　　日　　　　____字第____号

| 摘要 | （　　）方科目 | | 金额 | 过账 |
|---|---|---|---|---|
| | 总账科目 | 明细科目 | | |
| | | | | |
| | | | | |
| | | | | |
| | | | | |
| 合计 | | | | |

会计主管　　记账（　　　　）　　出纳　　复核　　制单（　　　　）

8 日，上述 A、B 材料验收入库，结转其实际采购成本。

**表 11　(　　　　)凭证**

年　　月　　日　　　　　　　　　　　　　　　　　转字第____号

| 摘要 | 总账科目 | 明细科目 | 借方金额 | 贷方金额 | 过账 |
| --- | --- | --- | --- | --- | --- |
| | | | | | |
| | | | | | |
| | | | | | |
| | | | | | |
| | | | | | |
| 合计 | | | | | |

会计主管　　记账(　　　　)　　出纳　　复核　　制单(　　　　)

9 日，从银行借入短期借款 200 000 元，存入银行。

**表 12　(　　)款凭证**

(　　)方科目：(　　　　　　)　　　　年　　月　　日　　　　　　____字第____号

| 摘要 | (　　)方科目 | | 金额 | 过账 |
| --- | --- | --- | --- | --- |
| | 总账科目 | 明细科目 | | |
| | | | | |
| | | | | |
| | | | | |
| | | | | |
| 合计 | | | | |

会计主管　　记账(　　　　)　　出纳　　复核　　制单(　　　　)

12 日，从银行提取现金 155 000 元，准备发放工资。

**表 13　(　　)款凭证**

(　　)方科目：(　　　　　　)　　　　年　　月　　日　　　　　　____字第____号

| 摘要 | (　　)方科目 | | 金额 | 过账 |
| --- | --- | --- | --- | --- |
| | 总账科目 | 明细科目 | | |
| | | | | |
| | | | | |
| | | | | |
| | | | | |
| 合计 | | | | |

会计主管　　记账(　　　　)　　出纳　　复核　　制单(　　　　)

12 日，以现金发放职工工资 155 000 元。

表 14 (　　)款凭证

(　　)方科目：(　　　　　　)　　　　年　　月　　日　　　　　　____字第____号

| 摘要 | (　　)方科目 | | 金额 | 过账 |
|---|---|---|---|---|
| | 总账科目 | 明细科目 | | |
| | | | | |
| | | | | |
| | | | | |
| | | | | |
| 合计 | | | | |

会计主管　　　记账(　　　　　)　　　出纳　　　　　复核　　　　　制单(　　　　　)

13 日，出售给明星公司甲产品 4 000 件，每件售价为 150 元，货款 600 000 元和增值税税款 78 000 元尚未收到。

表 15 (　　　　)凭证

年　　月　　日　　　　　　转字第____号

| 摘要 | 总账科目 | 明细科目 | 借方金额 | 贷方金额 | 过账 |
|---|---|---|---|---|---|
| | | | | | |
| | | | | | |
| | | | | | |
| | | | | | |
| | | | | | |
| 合计 | | | | | |

会计主管　　　记账(　　　　　)　　　出纳　　　　　复核　　　　　制单(　　　　　)

14 日，综合办公室的王某出差回公司报销差旅费 3 200 元，交回多余现金 300 元。

表 16 (　　)款凭证

(　　)方科目：(　　　　　　)　　　　年　　月　　日　　　　　　____字第____号

| 摘要 | (　　)方科目 | | 金额 | 过账 |
|---|---|---|---|---|
| | 总账科目 | 明细科目 | | |
| | | | | |
| | | | | |
| | | | | |
| | | | | |
| 合计 | | | | |

会计主管　　　记账(　　　　　)　　　出纳　　　　　复核　　　　　制单(　　　　　)

表 17　(　　　　)凭证

年　　月　　日　　　　转字第____号

| 摘要 | 总账科目 | 明细科目 | 借方金额 | 贷方金额 | 过账 |
|---|---|---|---|---|---|
| | | | | | |
| | | | | | |
| | | | | | |
| | | | | | |
| | | | | | |
| 合计 | | | | | |

会计主管　　记账(　　　　)　　出纳　　复核　　制单(　　　　)

15 日,生产甲产品领用 A 材料 6 000 千克,每千克价格为 10 元,计 60 000 元;领用 B 材料20 000千克,每千克价格为 2 元,计 40 000 元。车间一般性消耗领用 B 材料 1 000 千克,每千克价格为 2 元,计 2 000 元。

表 18　(　　　　)凭证

年　　月　　日　　　　转字第____号

| 摘要 | 总账科目 | 明细科目 | 借方金额 | 贷方金额 | 过账 |
|---|---|---|---|---|---|
| | | | | | |
| | | | | | |
| | | | | | |
| | | | | | |
| | | | | | |
| 合计 | | | | | |

会计主管　　记账(　　　　)　　出纳　　复核　　制单(　　　　)

16 日,以银行存款支付广告费 8 000 元和增值税 480 元。

表 19　(　　)款凭证

(　　)方科目:(　　　　)　　年　　月　　日　　____字第____号

| 摘要 | (　　)方科目 | | 金额 | 过账 |
|---|---|---|---|---|
| | 总账科目 | 明细科目 | | |
| | | | | |
| | | | | |
| | | | | |
| | | | | |
| 合计 | | | | |

会计主管　　记账(　　　　)　　出纳　　复核　　制单(　　　　)

19日，接受大新公司作为投资投入的全新生产设备一套，价值1 000 000元。

表20 （　　　）凭证

年　月　日　　　　转字第____号

| 摘要 | 总账科目 | 明细科目 | 借方金额 | 贷方金额 | 过账 |
| --- | --- | --- | --- | --- | --- |
| | | | | | |
| | | | | | |
| | | | | | |
| | | | | | |
| | | | | | |
| | | | | | |
| 合计 | | | | | |

会计主管　　记账（　　　）　　出纳　　复核　　制单（　　　）

20日，收到明星公司还来的前欠款项678 000元，存入银行。

表21 （　）款凭证

（　）方科目：（　　　）　　年　月　日　　____字第____号

| 摘要 | （　）方科目 | | 金额 | 过账 |
| --- | --- | --- | --- | --- |
| | 总账科目 | 明细科目 | | |
| | | | | |
| | | | | |
| | | | | |
| | | | | |
| 合计 | | | | |

会计主管　　记账（　　　）　　出纳　　复核　　制单（　　　）

21日，以银行存款偿还南方公司的款项388 600元。

表22 （　）款凭证

（　）方科目：（　　　）　　年　月　日　　____字第____号

| 摘要 | （　）方科目 | | 金额 | 过账 |
| --- | --- | --- | --- | --- |
| | 总账科目 | 明细科目 | | |
| | | | | |
| | | | | |
| | | | | |
| | | | | |
| 合计 | | | | |

会计主管　　记账（　　　）　　出纳　　复核　　制单（　　　）

22 日，以银行存款归还短期借款 190 000 元。

表 23　(　　)款凭证

(　　)方科目：(　　　　)　　　　年　　月　　日　　　　____字第____号

| 摘要 | (　　)方科目 | | 金额 | 过账 |
|---|---|---|---|---|
| | 总账科目 | 明细科目 | | |
| | | | | |
| | | | | |
| | | | | |
| | | | | |
| 合计 | | | | |

会计主管　　记账(　　　　)　　出纳　　复核　　制单(　　　　)

23 日，上月转入"其他应收款"账户的毁损机床净值 15 000 元，无法取得赔偿，经批准列作营业外支出。

表 24　(　　　)凭证

年　　月　　日　　　　转字第____号

| 摘要 | 总账科目 | 明细科目 | 借方金额 | 贷方金额 | 过账 |
|---|---|---|---|---|---|
| | | | | | |
| | | | | | |
| | | | | | |
| | | | | | |
| | | | | | |
| 合计 | | | | | |

会计主管　　记账(　　　　)　　出纳　　复核　　制单(　　　　)

26 日，售给连发公司乙产品 1 000 件，每件售价为 90 元，货款及增值税税款尚未收到。

表 25　(　　　)凭证

年　　月　　日　　　　转字第____号

| 摘要 | 总账科目 | 明细科目 | 借方金额 | 贷方金额 | 过账 |
|---|---|---|---|---|---|
| | | | | | |
| | | | | | |
| | | | | | |
| | | | | | |
| | | | | | |
| 合计 | | | | | |

会计主管　　记账(　　　　)　　出纳　　复核　　制单(　　　　)

27 日，以现金支付销售过程中的运输费 780 元和增值税 70.20 元。

表 26 （　）款凭证

（　）方科目：（　　）　　年　月　日　　____字第____号

| 摘要 | （　）方科目 | | 金额 | 过账 |
|---|---|---|---|---|
| | 总账科目 | 明细科目 | | |
| | | | | |
| | | | | |
| | | | | |
| | | | | |
| 合计 | | | | |

会计主管　记账（　　）　出纳　复核　制单（　　）

28 日，以银行存款支付机器修理费 1 200 元和增值税 156 元。

表 27 （　）款凭证

（　）方科目：（　　）　　年　月　日　　____字第____号

| 摘要 | （　）方科目 | | 金额 | 过账 |
|---|---|---|---|---|
| | 总账科目 | 明细科目 | | |
| | | | | |
| | | | | |
| | | | | |
| 合计 | | | | |

会计主管　记账（　　）　出纳　复核　制单（　　）

29 日，以银行存款支付本月电费 8 000 元和增值税 1 280 元，其中生产甲产品动力消耗 5 000 元，生产乙产品动力消耗 2 000 元，车间消耗 500 元，公司行政管理部门消耗 500 元。

表 28 （　）款凭证

（　）方科目：（　　）　　年　月　日　　____字第____号

| 摘要 | （　）方科目 | | 金额 | 过账 |
|---|---|---|---|---|
| | 总账科目 | 明细科目 | | |
| | | | | |
| | | | | |
| | | | | |
| | | | | |
| | | | | |
| 合计 | | | | |

会计主管　记账（　　）　出纳　复核　制单（　　）

31 日，本月工资费用分配如下：生产甲产品的工人工资 72 000 元，生产乙产品的工人工资 48 000 元，车间管理人员工资 15 000 元，公司行政的管理人员工资 20 000 元。

**表 29　(　　　　)凭证**

年　　月　　日　　　　　　　　　　转字第____号

| 摘要 | 总账科目 | 明细科目 | 借方金额 | 贷方金额 | 过账 |
|---|---|---|---|---|---|
| | | | | | |
| | | | | | |
| | | | | | |
| | | | | | |
| | | | | | |
| 合计 | | | | | |

会计主管　　记账(　　　　)　　出纳　　复核　　制单(　　　　)

31 日，按规定计提本月固定资产折旧 29 500 元，其中车间固定资产折旧 26 000 元，公司行政管理部门固定资产折旧 3 500 元。

**表 30　(　　　　)凭证**

年　　月　　日　　　　　　　　　　转字第____号

| 摘要 | 总账科目 | 明细科目 | 借方金额 | 贷方金额 | 过账 |
|---|---|---|---|---|---|
| | | | | | |
| | | | | | |
| | | | | | |
| | | | | | |
| | | | | | |
| 合计 | | | | | |

会计主管　　记账(　　　　)　　出纳　　复核　　制单(　　　　)

31 日，将本月归集的制造费用按甲、乙产品的生产工人工资比例分配。

**表 31　(　　　　)凭证**

年　　月　　日　　　　　　　　　　转字第____号

| 摘要 | 总账科目 | 明细科目 | 借方金额 | 贷方金额 | 过账 |
|---|---|---|---|---|---|
| | | | | | |
| | | | | | |
| | | | | | |
| | | | | | |
| 合计 | | | | | |

会计主管　　记账(　　　　)　　出纳　　复核　　制单(　　　　)

31日，本月甲产品完工入库3 000件，结转其实际生产成本270 000元；乙产品完工入库2 000件，结转其实际生产成本100 000元。

表32 （　　　　）凭证

年　　月　　日　　　　　　　　转字第____号

| 摘要 | 总账科目 | 明细科目 | 借方金额 | 贷方金额 | 过账 |
|---|---|---|---|---|---|
| | | | | | |
| | | | | | |
| | | | | | |
| | | | | | |
| | | | | | |
| | | | | | |
| 合计 | | | | | |

会计主管　　记账（　　　　）　　出纳　　复核　　制单（　　　　）

31日，结转本月销售的4 000件甲产品的成本360 000元和1 000件乙产品的成本50 000元。

表33 （　　　　）凭证

年　　月　　日　　　　　　　　转字第____号

| 摘要 | 总账科目 | 明细科目 | 借方金额 | 贷方金额 | 过账 |
|---|---|---|---|---|---|
| | | | | | |
| | | | | | |
| | | | | | |
| | | | | | |
| | | | | | |
| | | | | | |
| 合计 | | | | | |

会计主管　　记账（　　　　）　　出纳　　复核　　制单（　　　　）

# 实验模块二　账簿登记与试算平衡

## （一）实验目的、实验准备与实验要求

1. 实验目的

本实验先通过在线实训及测试强化学生对理论知识的掌握，再通过设置、登记三栏式现金日记账和银行存款日记账，原材料、库存商品、应收账款、应付账款明细账，各账户总分类账，帮助学生掌握日记账、明细账和总分类账的登记方法，对账和结账的方法，划线结账

方法，编制试算平衡表的方法。

2. 实验准备

准备实验用品：蓝色或黑色墨水笔、红色墨水笔、直尺、印泥、计算器或算盘、普通日记账、现金日记账、银行存款日记账、总分类账（三栏式）、明细分类账（三栏式、横线登记式、数量金额式、多栏式）等。

3. 实验要求

掌握账簿的设置和启用，熟悉账簿的登记方法，能够选择合适的账页格式进行记账，账簿登记正确、清楚，期末能够进行对账和结账工作，进行划线结账，掌握试算平衡原理，能够熟练编制试算平衡表。

完成在线智能测试系统上 2～3 个实训项目。

**（二）实验内容与步骤**

针对实验模块一中的实验素材及编制的会计分录和会计凭证，继续进行以下实验：

（1）建立现金日记账，并登记期初余额；

（2）根据实验资料登记现金日记账，并进行日结和月结；

（3）建立和登记总分类账，包括应收账款、原材料、生产成本、固定资产、短期借款、实收资本、主营业务收入、销售费用；

（4）建立和登记明细账，包括原材料、生产成本、库存商品、应收账款、应付账款、管理费用、应交税费等；

（5）月末对账；

（6）月末结账。

**（三）实验要点**

1. 登记日记账

要正确登记日记账：应根据审核无误的有关现金、银行存款的收款凭证和付款凭证，或结合收、付款记账凭证所附的原始凭证，序时、逐笔地登记进日记账中各栏；要逐日结算余额，并与库存现金实有数核对；定期与银行送来的对账单进行核对。在具体登记账簿时应做到以下几点。

（1）先将会计凭证日期、编号、经济业务内容摘要、金额和其他有关资料逐项计入账内，做到数字准确，摘要清楚，登记及时，字迹工整。登记完毕，记账人员要在记账凭证上签名或者盖章，并注明符号“√”，表示已经记账。

（2）账簿按日期连续登记，不得跳行、隔页。如果发生跳行、隔页，应当将空行、空页划线注销，或者注明“此行空白”“此页空白”字样，并由记账人员签名或盖章。可以用红色墨水笔或者碳素墨水笔书写，不得用圆珠笔（银行的复写账簿除外）或者铅笔书写。账簿中书写的文字和数字一般应占格高的 1/2，预留改错的空间。

（3）必须每天定期结出账户的余额，每一账页登记完毕结转下页时，应当结出本页合计数及余额，将其写在本页最后一行和下页第一行有关栏内，并在摘要栏注明“过次页”和“承前页”字样，也可以将本页合计数及金额只写在下一页第一行有关栏内，并在摘要栏注明“承前页”字样。

（4）账簿记录错误的更正方法。如果会计账簿记录发生错误，不允许用涂改、挖补、刮擦或者用药水消除字迹等方法更正错误，也不允许重抄，应当根据错误情况，按照规定的方法进行更正。如果是账簿登记发生错误，应当将错误的文字或者数字划红线注销，但必须使原有的字迹仍可辨认，然后在划线处上方填写正确的文字或数字，并由记账人员在更正处盖章。对于错误的数字，应当全部划红线更正，不得只更正错误的数字；对于错误的文字，可只划去错误的部分；对于记账凭证错误而使账簿记录发生错误的情况，应当首先更正记账凭证，然后再按更正的记账凭证登记账簿。

(5)定期对账。定期与银行送来的对账单进行核对，保证账证相符、账账相符、账实相符。

(6)定期结账。对于现金、银行存款日记账，应做到“日结月结”。日结是指每日终了结出本日余额。日结可自然进行，既可逐笔结余额，也可每隔五笔结一次余额，每日的最后一笔登记之后必须结出当日余额，不必另起一行。月结是指在本月最后一笔记录下面划一条通栏单红线，并在下一行的摘要栏中写“本月合计”，同时在该行结出本月发生额及余额，然后，在“本月合计”行下面再划一条通栏单红线。

2.登记明细账和总账

登记明细账的基本要求同前面登记日记账的要求大体一致，即根据审核无误的有关记账凭证，序时、逐笔地登记明细账各栏，结算余额并核对。

明细分类账和总分类账结账的一般方法为：于月末结出本月借、贷方发生额及余额，并在摘要栏内注明“本月合计”字样，并在下面划一条通栏单红线。需要结出本年累计发生额的，应当在摘要栏内说明“本年累计”字样，并在下面划一条通栏单红线；12月份的“本年累计”就是全年累计发生额。应当在全年累计发生额下面划通栏双红线。总账登记应结合不同的账务处理程序进行。

但是明细账在月结时还应区别以下几种情况。

(1)本月没有发生额的账户，不必进行月结(不划结账线)。

(2)不需按月结计本月发生额的账户，如各项应收、应付款及各项财产物资明细账等，需要随时结出余额，每月最后一笔余额即为月末余额，这种情况就不需要按月结计本期发生额，月末结账时只需在本月最后一笔记录下面划一条通栏单红线，表示本月记录到此结束。

(3)对需要按月结计本月发生额的账户，如库存商品、应交税费、生产成本、制造费用及各损益类明细账等，每月结账时要在最后一笔经济业务记录下面划一条通栏单红线，并在下一行的摘要栏中写“本月合计”，同时在该行结出本月发生额及余额，然后，在“本月合计”行下面再划一条通栏单红线。

(4)需要结计本年累计发生额的账户，按月结出本年累计发生额，在“本月合计”字样下划一条通栏单红线后，在下面一行摘要栏再注明“本年累计”，并结出本季或全年发生额及余额，在下面再划一条通栏单红线。

3.编制试算平衡表

编制发生额和余额试算平衡表，以检查记账工作正确与否，如果出现不平衡的现象，需要查账找出错误原因，进行改账，直至平衡为止。

**(四)实验结果：登记账簿**

实验资料：大地公司20××年4月30日各账户余额如表34所示。

表 34　大地公司 20××年 4 月 30 日各账户余额　　单位：元

| 账户 | 借方余额 | 账户 | 贷方余额 |
|---|---|---|---|
| 固定资产 | 1 396 000 | 实收资本 | 1 690 000 |
| 原材料——A 材料（17 000 千克） | 170 000 | 累计折旧 | 304 750 |
| 原材料——B 材料（50 000 千克） | 100 000 | 短期借款 | 190 000 |
| 生产成本——甲产品 | 88 000 | 应付账款——南方公司 | 146 250 |
| 生产成本——乙产品 | 32 000 | 应交税费 | 51 000 |
| 库存商品——甲产品（5 000 件） | 570 000 | 盈余公积 | 360 000 |
| 库存商品——乙产品（2 200 件） | 110 000 | | |
| 库存现金 | 1 200 | | |
| 银行存款 | 160 800 | | |
| 应收账款——明星公司 | 93 600 | | |
| 其他应收款 | 20 400 | | |
| 合计 | 2 742 000 | 合计 | 2 742 000 |

大地公司 20××年 5 月发生的经济业务见实验模块一的资料，请登记下列账簿，编制 5 月份的试算平衡表（见表 35 至表 40）。

（1）银行存款日记账；

（2）明细分类账："原材料——A 材料""应收账款——明星公司""管理费用"；

（3）总分类账："生产成本"。

表 35　银行存款日记账（三栏式）

第　　页

| 20××年 | | 记账凭证 | | 结算凭证 | | 摘要 | 对方科目 | 收入 | 支出 | 结余 |
|---|---|---|---|---|---|---|---|---|---|---|
| 月 | 日 | 字 | 号 | 种类 | 号数 | | | | | |
| 5 | 1 | | | | | 期初余额 | | | | |
| | | | | | | | | | | |
| | | | | | | | | | | |
| | | | | | | | | | | |
| | | | | | | | | | | |
| | | | | | | | | | | |
| | | | | | | | | | | |
| | | | | | | | | | | |
| | | | | | | | | | | |
| | | | | | | | | | | |

续表

| 20××年 | | 记账凭证 | | 结算凭证 | | 摘要 | 对方科目 | 收入 | 支出 | 结余 |
|---|---|---|---|---|---|---|---|---|---|---|
| 月 | 日 | 字 | 号 | 种类 | 号数 | | | | | |
| | | | | | | | | | | |
| | | | | | | | | | | |
| | | | | | | | | | | |
| | | | | | | | | | | |

**表 36　明细分类账(数量金额式)**

材料名称:A 材料

| 20××年 | | 凭证 | | 摘要 | 收入 | | | 发出 | | | 结存 | | |
|---|---|---|---|---|---|---|---|---|---|---|---|---|---|
| 月 | 日 | 字 | 号 | | 数量 | 单价 | 金额 | 数量 | 单价 | 金额 | 数量 | 单价 | 金额 |
| 5 | 1 | | | 期初余额 | | | | | | | | | |
| | | | | | | | | | | | | | |
| | | | | | | | | | | | | | |
| | | | | | | | | | | | | | |
| | | | | | | | | | | | | | |
| | | | | | | | | | | | | | |
| | | | | | | | | | | | | | |
| | | | | | | | | | | | | | |
| | | | | | | | | | | | | | |
| | | | | | | | | | | | | | |
| | | | | | | | | | | | | | |
| | | | | | | | | | | | | | |

**表 37　明细分类账(三栏式)**

会计科目:应收账款

二级或明细科目:明星公司　　　　　　　　　　　　　　　　　　　　第　　页

| 20××年 | | 凭证 | | 摘要 | 借方 | 贷方 | 借或贷 | 余额 |
|---|---|---|---|---|---|---|---|---|
| 月 | 日 | 字 | 号 | | | | | |
| 5 | 1 | | | | | | | |
| | | | | | | | | |
| | | | | | | | | |
| | | | | | | | | |
| | | | | | | | | |

续表

| 20××年 | | 凭证 | | 摘要 | 借方 | 贷方 | 借或贷 | 余额 |
|---|---|---|---|---|---|---|---|---|
| 月 | 日 | 字 | 号 | | | | | |
| | | | | | | | | |
| | | | | | | | | |
| | | | | | | | | |
| | | | | | | | | |
| | | | | | | | | |
| | | | | | | | | |
| | | | | | | | | |

**表 38　多栏式明细账(按借方设置)**

会计科目:管理费用　　　　第　　页

| 20××年 | | 凭证 | | 摘要 | 工资 | 办公费 | 差旅费 | 折旧费 | 其他 | 合计 |
|---|---|---|---|---|---|---|---|---|---|---|
| 月 | 日 | 字 | 号 | | | | | | | |
| 5 | 1 | | | | | | | | | |
| | | | | | | | | | | |
| | | | | | | | | | | |
| | | | | | | | | | | |
| | | | | | | | | | | |
| | | | | | | | | | | |
| | | | | | | | | | | |
| | | | | | | | | | | |
| | | | | | | | | | | |
| | | | | | | | | | | |
| | | | | | | | | | | |
| | | | | | | | | | | |
| | | | | | | | | | | |

表 39　总分类账(三栏式)

会计科目:生产成本　　　　第　　页

| 20××年 | | 凭证 | | 摘要 | 对方科目 | 借方 | 贷方 | 借或贷 | 余额 |
|---|---|---|---|---|---|---|---|---|---|
| 月 | 日 | 字 | 号 | | | | | | |
| 5 | 1 | | | | | | | | |
| | | | | | | | | | |
| | | | | | | | | | |
| | | | | | | | | | |
| | | | | | | | | | |
| | | | | | | | | | |
| | | | | | | | | | |
| | | | | | | | | | |
| | | | | | | | | | |
| | | | | | | | | | |
| | | | | | | | | | |
| | | | | | | | | | |
| | | | | | | | | | |

表 40　大地公司本期发生额及期末余额试算平衡表

20××年 5 月　　　　单位:元

| 账户名称 | 期初余额 | | 本期发生额 | | 期末余额 | |
|---|---|---|---|---|---|---|
| | 借方 | 贷方 | 借方 | 贷方 | 借方 | 贷方 |
| | | | | | | |
| | | | | | | |
| | | | | | | |
| | | | | | | |
| | | | | | | |
| | | | | | | |
| | | | | | | |
| | | | | | | |
| | | | | | | |
| | | | | | | |
| | | | | | | |
| | | | | | | |
| | | | | | | |

续表

| 账户名称 | 期初余额 | | 本期发生额 | | 期末余额 | |
|---|---|---|---|---|---|---|
| | 借方 | 贷方 | 借方 | 贷方 | 借方 | 贷方 |
| | | | | | | |
| | | | | | | |
| | | | | | | |
| | | | | | | |
| | | | | | | |
| | | | | | | |
| | | | | | | |
| | | | | | | |
| | | | | | | |
| | | | | | | |
| | | | | | | |
| | | | | | | |
| | | | | | | |
| | | | | | | |
| | | | | | | |
| | | | | | | |
| | | | | | | |

# 实验模块三　资产负债表与利润表

## (一)实验目的、实验准备与实验要求

1. 实验目的

通过设置编制资产负债表和利润表的单项实验，帮助学生掌握编制会计报表的一般程序，掌握编制和报送这两张报表的基本技能。

2. 实验准备

准备实验用品：蓝色或黑色墨水笔、印泥、印鉴、计算器或算盘、总账、日记账、资产负债表、利润表等。

3. 实验要求

(1)搜集、整理和审核有关资料；

(2)掌握资产负债表编制方法；

(3)掌握利润表编制方法；

(4)掌握会计报表报送方法；

(5)完成会计报表、财产清查和账务处理程序部分的实训项目。

**(二)实验资料**

(1)东海公司20××年3月31日各账户余额如表41所示。

**表41　东海公司20××年3月31日各账户余额**　　单位:元

| 账户名称 | 借方余额 | 账户名称 | 贷方余额 |
|---|---|---|---|
| 库存现金 | 72 080 | 坏账准备——应收账款 | 7 270 |
| 银行存款 | 407 860 | 坏账准备——其他应收款 | 1 000 |
| 其他货币资金 | 100 000 | 存货跌价准备 | 25 630 |
| 交易性金融资产 | 200 000 | 短期借款 | 320 000 |
| 应收票据 | 240 000 | 应付票据 | 162 000 |
| 应收账款(借方余额合计) | 461 600 | 应收账款(贷方余额合计) | 140 140 |
| 应付账款(借方余额合计) | 93 600 | 应付账款(贷方余额合计) | 526 000 |
| 其他应收款 | 50 000 | 应付职工薪酬 | 120 500 |
| 原材料 | 352 660 | 应交税费 | 74 020 |
| 在途物资 | 32 760 | 其他应付款 | 98 000 |
| 生产成本 | 885 660 | 累计折旧 | 1 403 500 |
| 库存商品 | 100 260 | 累计摊销 | 25 000 |
| 固定资产 | 5 662 500 | 固定资产减值准备 | 60 430 |
| 在建工程 | 240 632 | 长期借款 | 1 000 000 |
| 无形资产 | 280 000 | 　其中:一年内需偿还的长期借款 | 500 000 |
| 本年利润 | 120 000 | 实收资本 | 4 800 000 |
| 材料成本差异 | 5 550 | 资本公积 | 148 000 |
| | | 盈余公积 | 32 892 |
| | | 利润分配——未分配利润 | 360 780 |
| 合计 | 9 305 162 | 合计 | 9 305 162 |

(2)东海公司20××年3月31日结账前各损益类账户的累计余额如表42所示。

**表42　东海公司20××年3月31日结账前各损益类账户的累计余额**　　单位:元

| 账户名称 | 借方余额 | 贷方余额 |
|---|---|---|
| 主营业务收入 | | 250 000 |
| 其他业务收入 | | 100 000 |
| 营业外收入 | | 20 000 |
| 投资收益 | | 50 000 |
| 公允价值变动损益 | | 10 000 |
| 资产处置损益 | | 20 000 |
| 主营业务成本 | 180 000 | |

续表

| 账户名称 | 借方余额 | 贷方余额 |
|---|---|---|
| 其他业务成本 | 90 000 | |
| 税金及附加 | 8 000 | |
| 销售费用 | 10 000 | |
| 管理费用 | 12 000 | |
| 财务费用 | 5 000 | |
| 资产减值损失 | 2 000 | |
| 营业外支出 | 12 000 | |
| 所得税费用 | 32 750 | |

## (三)实验结果

(1)根据实验资料编制资产负债表(见表 43)。

**表 43　资产负债表**

编制单位:东海公司　　　　20××年 3 月 31 日　　　　单位:元

| 资产 | 期末余额 | 年初余额（略） | 负债及所有者权益 | 期末余额 | 年初余额（略） |
|---|---|---|---|---|---|
| 流动资产: | | | 流动负债: | | |
| 货币资金 | | | 短期借款 | | |
| 交易性金融资产 | | | 应付票据 | | |
| 应收票据 | | | 应付账款 | | |
| 应收账款 | | | 预收账款 | | |
| 预付账款 | | | 应付职工薪酬 | | |
| 其他应收款 | | | 应交税费 | | |
| 存货 | | | 其他应付款 | | |
| 其他流动资产 | | | 一年内到期的非流动负债 | | |
| 流动资产合计 | | | 其他流动负债 | | |
| | | | 流动负债合计 | | |
| 非流动资产: | | | 非流动负债: | | |
| 固定资产原值 | | | 长期借款 | | |
| 累计折旧 | | | 其他非流动负债 | | |
| 固定资产净值 | | | 非流动负债合计 | | |
| 固定资产减值准备 | | | 负债合计 | | |
| 固定资产净额 | | | 所有者权益(或股东权益): | | |
| 在建工程 | | | 实收资本(或股本) | | |
| 无形资产 | | | 资本公积 | | |
| 其他非流动资产 | | | 盈余公积 | | |
| 非流动资产合计 | | | 未分配利润 | | |
| | | | 所有者权益(或股东权益)合计 | | |
| 资产总计 | | | 负债及所有者权益(或股东权益)总计 | | |

（2）根据实验资料编制利润表（见表44）。

**表44 利润表**

编制单位： 20××年3月 单位：元

| 项目 | 行次 | 本月数 | 本年累计数（略） |
|---|---|---|---|
| 一、营业收入 | | | |
| 减：营业成本 | | | |
| 税金及附加 | | | |
| 销售费用 | | | |
| 管理费用 | | | |
| 财务费用 | | | |
| 资产减值损失 | | | |
| 加：公允价值变动收益（损失以“－”填列） | | | |
| 投资收益（损失以“－”填列） | | | |
| 资产处置收益（损失以“－”填列） | | | |
| 二、营业利润（亏损以“－”填列） | | | |
| 加：营业外收入 | | | |
| 减：营业外支出 | | | |
| 三、利润总额（亏损总额以“－”填列） | | | |
| 减：所得税费用 | | | |
| 四、净利润（净亏损以“－”填列） | | | |